海军工程大学研究生教材基金资助

军事装备学概论

俞 翔 刘杰峰
肖剑波 谢海燕 蓝晶晶 编

国防工业出版社
·北京·

内容简介

本书旨在探讨军事装备活动的本质及其对装备建设发展和保障管理起长远指导作用的客观规律,紧贴发布施行的一系列军事装备法规的规范和要求,阐述新体制、新形势下装备活动的基本原理,主要包括军事装备的作用与影响、发展历程与规律、军事装备思想等学科基础理论,以及军事装备发展、保障、管理等主要工作的程序和要求等,为读者进一步学习专业课程或从事相关研究奠定基础,为开展装备实践活动提供理论指导。

本书可作为军事装备相关专业本科和研究生课程教材或教学参考书,也可供从事装备专业工作的人员学习参考。

图书在版编目(CIP)数据

军事装备学概论/俞翔等编.—北京:国防工业出版社,2024.3

ISBN 978-7-118-13315-8

Ⅰ.①军… Ⅱ.①俞… Ⅲ.①军事装备—概论 Ⅳ.①E23

中国国家版本馆 CIP 数据核字(2024)第 095996 号

※

国防工業出版社出版发行

(北京市海淀区紫竹院南路 23 号 邮政编码 100048)

天津嘉恒印务有限公司印刷

新华书店经售

*

开本 710×1000 1/16 **印张** 17½ **字数** 308 千字

2024 年 3 月第 1 版第 1 次印刷 **印数** 1—1500 册 **定价** 96.00 元

(本书如有印装错误,我社负责调换)

国防书店:(010)88540777 书店传真:(010)88540776

发行业务:(010)88540717 发行传真:(010)88540762

PREFACE 前言

进入21世纪，以信息技术为主要标志的高新技术在军事装备领域广泛应用，装备远程精确化、智能化、隐身化、无人化趋势明显，军事装备在战争中的重要性也在不断提升。习近平深刻指出："随着军事技术不断发展，武器因素的重要性在上升，如果武器装备上存在代差，仗就很难打了，"①并强调要把武器装备建设放在国防和军队建设优先发展的战略位置来抓。装备要发展，理论要先行。在长期的装备发展、保障和管理实践活动中，通过不断的总结和探索，逐步形成了军事装备学基本原理和理论体系，这些对军事装备实践活动规律系统的理论抽象和概括，对于指导具体的军事装备实践具有十分重要的意义，也是军队院校研究生学员能力素质形成和职业发展潜力的有力支撑。

军事装备学作为一门学科时间并不长，有关的专门论著和教材也不多。现有的军事装备学教材、专著大多出版于2002年至2010年间。随着国防和军队改革的全面深化，一系列新的装备法规制度陆续颁布执行，军事装备发展、保障、管理的内在机制和外部环境发生了重大变化，军事装备理论研究和实践面临许多前所未有的新情况、新问题，军事装备学原有教材部分内容也与当前我军编制体制、装备技术现状和发展存在较大差异，与信息化、智能化战争及其装备活动的要求不相适应。为此，在海军工程大学研究生教材基金支持下，我们编写了研究生教材《军事装备学概论》。

《军事装备学概论》旨在探讨装备活动的本质及其对军事装备建设发展和管理保障起长远指导作用的客观规律，紧贴新发布施行的一系列军事装备法规的规范和要求，阐述新体制、新形势下装备活动的基本

① 总政治部．习近平国防和军队建设重要论述选编(二)[M]，北京：解放军出版社，2015，第131页。

原理，为研究生进一步学习专业课程或进行相关研究提供理论基础，为开展与装备相关的实践活动提供指导。本书可以作为军事装备相关专业本科和研究生课程教材或教学参考书，也可供从事装备专业工作的人员学习参考。

本书内容分为四个部分：

第一部分为总论，除对军事装备学学科理论进行阐述外，还对军事装备的地位作用、对军事的影响，以及发展历程、规律和趋势等进行论述，并从古代、近代、现代三个历史阶段，从中国、外国两个维度对军事装备思想进行简要介绍和阐述。

第二部分为军事装备发展，阐述了装备需求论证、装备发展战略以及装备建设规划计划等装备建设战略管理相关内容，并从装备科研、试验鉴定和装备订购等环节阐述装备发展的具体实施。

第三部分为军事装备保障，阐述了装备保障的概念内涵、基本任务、地位作用，以及装备保障的思想和原则、类别和方式等基础理论，分析了信息化战争装备保障的特点和要求，论述了装备调配保障、维修保障、保障指挥等装备保障主要工作的程序和要求。

第四部分为军事装备管理，阐述了军事装备管理的内涵、原则、要求，以及方法、手段、体制、法规等基础理论，从军事装备日常管理、战场军事装备管理、军事装备安全管理、军事装信息管理等方面详细论述新时代军事装备管理的具体任务、原则和途径。

为确保本书编写质量，我们成立了由教学骨干和装备专家组成的课题组，集体研究了编写提纲，认真听取了机关、部队和其他院校相关专家的意见。由于时间紧促，水平有限，再加之当前部分新的装备法规尚未颁布，大量制度机制正在试行，新的理念和方法有待固化，现阶段编写教材难度较大，因此不可避免存在不少问题，甚至错误，恳请各位读者多提宝贵意见，我们一定会虚心接受，并在下一步修改过程中予以纠正。

作者

2023 年 7 月

CONTENTS 目录

第一部分 总论

第一章 绪论

第二章 军事装备的作用与影响

第六章　军事装备科研、试验鉴定与订购

第三部分　军事装备保障

第七章　军事装备保障的基础理论

第八章　军事装备保障的主要工作

第四部分　军事装备管理

第九章　军事装备管理的基础理论

第十章　军事装备管理的主要工作

第一部分

总　论

第一章 绪 论

随着军事实践的发展和军事理论研究的逐步深入，军事学科也随之不断分化和融合，加之军事装备的不断发展及其在国防、军队建设和军事斗争中地位作用的日益提高，军事装备学作为一门独立的学科，越来越为人们所重视。我们要学习研究军事装备学，需要首先探讨其学科的概念、性质、地位、体系及研究对象、内容、方法等。

第一节 军事装备与军事装备学的概念

要给“军事装备学”界定一个简明而准确的概念，关键是要弄清“军事装备”一词的含义。

一、军事装备的概念

（一）我军关于军事装备的相关概念

《中国人民解放军军语》是规范全军军事用语的权威性、法规性工具书。分析《中国人民解放军军语》中军事装备相关概念，可以较为清晰地看出我军关于军事装备相关概念的发展和变化。

1982 年版《中国人民解放军军语》中分别规范了“装备”“武器装备”“武器”三个词目。对“装备”一词的解释是：“①用于作战和作战保障的武器、弹药、车辆、机械、器材、装具等的统称；②配发装备，如以某种武器装备部队。”[①]对“武器装备”一词的解释是：“武器及其配套的弹药、仪器、器材、备附件的统称，是装备的一部分。”[②]对“武器”一词的解释是：“亦称兵器。直接用于杀伤敌有生力量和破坏敌作战设施的器械，如刺刀、枪、炮、坦克、战斗飞机、战斗舰艇、火箭、导弹、化学武器、生物武器、核武器等。”[③]由此可见，我军当时对“装备”“武器装备”“武器”的解释是有明显区别的，三者所指的范围由大到小，前者包括后者，后者

---

① 全军军事术语管理委员会，军事科学院．中国人民解放军军语，北京：战士出版社，1982，第 140 页。
② 全军军事术语管理委员会，军事科学院．中国人民解放军军语，北京：战士出版社，1982，第 141 页。
③ 全军军事术语管理委员会，军事科学院．中国人民解放军军语，北京：战士出版社，1982，第 140 页。

只是前者的一部分。三者中,只有“装备”还可以作为动词表示配备这种行为。

1997年版《中国人民解放军军语》,除“武器”一词基本保持原释义外,对“装备”和“武器装备”做了重新规范。对“武器装备”一词的解释是:“用以实施和保障作战行动的武器、武器系统和军事技术器材的统称,主要指武装力量编制内的武器、弹药、车辆、机械、器材、装具等。”[①]对“装备”一词的解释是:“①武器装备的简称;②向部队或分队配发武器及其他制式军用物件的活动。如以武装直升机装备陆军集团军。”[②]由此可见,此时“装备”已被解释为“武器装备”的简称,使“武器装备”和“装备”由原来具有不同内涵和外延的两个不同概念,变成了同一概念的简称与全称。

2011年版《中国人民解放军军语》,保留了“武器”“装备”两个词目,增加了“武器系统”“装备体系”词目,删除了“武器装备”词目。对“武器”一词的解释是:“亦称兵器,能直接用于杀伤敌有生力量,毁坏敌装备、设施等的器械与装置的统称。”[③]对“武器系统”一词的解释是:“由武器及其技术装备等组成,具有特定作战功能的有机整体。通常包括武器本身及其发射或投掷工具,以及探测、指挥、控制、通信、检测等分系统或设备。”[④]对“装备”一词的解释是:“①武器装备的简称。用于作战和保障作战及其他军事行动的武器、武器系统、电子信息系统和技术设备、器材等的统称。主要指武装力量编制内的舰艇、飞机、导弹、雷达、坦克、火炮、车辆和工程机械等。分为战斗装备、电子信息装备和保障装备。②向部队或分队配发武器及其制式军用设备、器材、装具等的活动。”[⑤]对“装备体系”一词的解释是:“由功能上相互关联的各种类各系列装备构成的整体。通常由战斗装备、综合电子信息系统、保障装备构成”。[⑥]

从《中国人民解放军军语》相关词目可以看出如下变化。一是“装备”涵盖的范围更加广泛。“装备”概念的限定性描述从1982年版的“用于作战和作战保障”到2011年版的“用于作战和保障作战及其他军事行动”,其适用的场合从

---

① 全军军事术语管理委员会,军事科学院. 中国人民解放军军语,北京:军事科学出版社,1997,第198页。

② 全军军事术语管理委员会,军事科学院. 中国人民解放军军语,北京:军事科学出版社,1997,第198页。

③ 全军军事术语管理委员会,军事科学院. 中国人民解放军军语,北京:军事科学出版社,2011,第524页。

④ 全军军事术语管理委员会,军事科学院. 中国人民解放军军语,北京:军事科学出版社,2011,第524页。

⑤ 全军军事术语管理委员会,军事科学院. 中国人民解放军军语,北京:军事科学出版社,2011,第524页。

⑥ 全军军事术语管理委员会,军事科学院. 中国人民解放军军语,北京:军事科学出版社,2011,第524页。

作战行动扩展到了非战争军事行动以及其他所有具有军事目的的行动;概念的主体也从“武器、弹药、车辆、机械、器材、装具等”扩展到了“武器、武器系统、电子信息系统和技术设备、器材等”。二是“武器装备”概念由小到大。1982 年版,“武器装备”只是“装备”的一部分,前者是后者的种概念,后者是属概念。到 1997 年版,“武器装备”与“装备”成了同一概念,在“装备”概念变化不大的情况下,“武器装备”一词的外延得到了较大的扩展。到 2011 年版,取消了“武器装备”词目,而直接用“装备”表示,进一步表明“武器装备”不仅包括了作战装备,还包括了保障装备等其他用于军事目的装备。三是“武器”向“武器系统”拓展。几个版本的《中国人民解放军军语》对“武器”一词的解释变化不大,然而在 2011 年版出现了“武器系统”“装备体系”词目,将武器及其技术装备组成的有机整体称为“武器系统”,将功能上相互关联的各种类各系列装备构成的整体称为“装备体系”,体现了现代装备的复杂性和系统性。其基本概念的演变如图 1 - 1 所示。

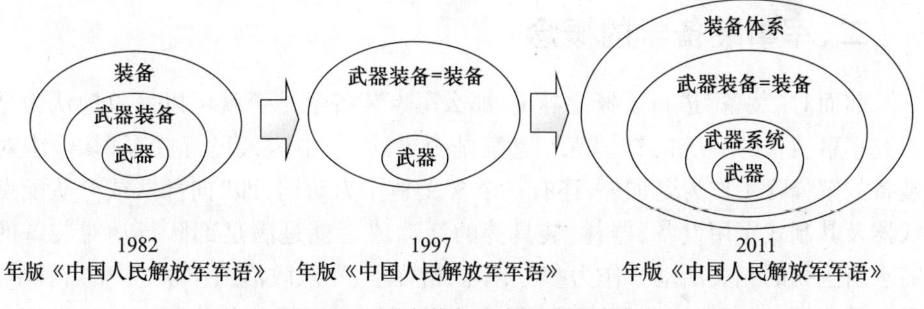

图 1 - 1 军事装备基本概念的演变

此外,军语中的“装备”必然是军事用语,具有军事的属性。因此,在军事应用的语境中,对“装备”无须用“军事”二字加以修饰,只是在必要时才加上“军事”二字来使用,如《军事装备学》等。本书对“军事装备”“装备”不加区分。

除军语对“装备”概念进行了界定外,2021 年颁发执行的《军队装备条例》中也对名词属性的“装备”一词进行了明确,是指“实施和保障军事行动的武器、武器系统、信息系统、弹药、保障装备、技术设备、软件,以及相关器材等的统称”,其范围在 2011 年版《中国人民解放军军语》的基础上进行了扩充,将软件等也纳入装备范畴。

(二)外军关于军事装备的相关概念

《苏联军事百科全书》有关军事装备概念的主要词目有“装备”和“武器”等。对“装备”一词的解释是:“①各种武器和保障武器使用的器材的总称,包括:各军种分队、部队、兵团装备的武器(发射工具和弹药),武器导向、发射、控制系统及其他技术器材;②安装在坦克、战斗车辆、飞机、舰艇上的武器和仪器(坦克武器、舰艇武器等);③国家军事技术装备数量增长和质量发展以及用它装备军队的过程。"对"武器"一词的解释为:"在武装斗争中用于杀伤和歼灭敌人的器械和工具。"由此可见,"装备"和"武器"是有区别的,二者所指的范围大小不同,前者包括后者,后者属于前者的一部分;二者均可作为名词表示某一物质,其中"装备"还可以作为动词表示某一行为,而且所指的行为泛指国家军事技术装备数量增长和质量发展以及用它装备军队的过程。

《美国军事百科全书》也有"装备""武器"两词的解释。对"装备"一词的解释是:配发给个人或者组织的一切用具,包括服装、工具、器皿、车辆、武器以及其他类似物品。对"武器"一词的解释是:用于杀伤敌方有生力量和破坏敌方设施的器械。由此可见,美军对"装备"和"武器"所界定的范围同样是前者大、后者小,前者包括后者,后者属于前者的一部分,而且对"装备"界定的范围比《苏联军事百科全书》所界定的范围宽泛。

二、军事装备学的概念

前面对"装备"进行了概念界定,那么军事装备学是否就可以简单地认为是研究军事装备的系统的知识呢?答案是否定的。《中国人民解放军军语》中对装备的解释除了作为名词外,还有一个含义是作为动词,即"向部队或分队配发武器及其制式军用设备、器材、装具等的活动。"也就是满足部队行动对装备的需求所进行的相关活动。作为参考,军队指挥学、军队政治工作学、军事后勤学、军事管理学、军事训练学等与军事装备学属于同一层级的其他军事学门类的一级学科,所研究的都是指挥、政治工作、后勤、管理、训练等相关活动,因此,在探讨"军事装备学"概念的时候,应该将"装备"看作使部队获得适用的装备并保持完好的相关动作和活动。

因此,军事装备学的基本定义可以表述为:军事装备学是研究军事装备发展、保障及管理的规律,指导军事装备实践活动的军事科学。

对于这个概念的理解应把握以下几点:一是军事装备学不是一般的学问,也不是关于军事装备某一方面的理论,而是科学化、系统化的学科理论体系。二是军事装备学不是研究军事装备某一方面活动的规律,而是研究军事装备全系统、全寿命、全要素管理的一系列实践活动的规律。三是军事装备学研究的不是具体装备,而是军事装备总体和围绕总体所进行的装备实践活动,一般不研究具体的军事装备的原理与设计制造技术问题。四是军事装备学不仅要对军事装备实践活动规律进行正确的理论抽象和概括,而且要用于指导军事装备的实践活动。

第二节　军事装备学学科理论概述

军事装备学作为军事科学中一门相对独立的学科，其学科发展、学科性质、研究方法、研究对象与理论体系，是军事装备学学科理论必须研究和明确的问题，也是学习和掌握军事装备学理论的基础。

一、学科发展

1983 年以前，我国的学位条例中没有把军事学列入国家的学科门类。1983 年 12 月，根据中国人民解放军学位领导小组的建议，国务院学位委员会决定增设军事学学科门类。

1990 年之前，因装备工作长期分散在国防科技、国防工业、军事工作、后勤工作等各个部门之中，军事装备理论长期处于分散状态，没有成为一门相对独立的军事学科；1990 年 11 月，国务院学位委员会、国家教育委员会颁布了《授予博士、硕士学位和培养研究生学科、专业目录》，在军事学门类 8 个一级学科中的军制学之内设立了二级学科军事装备学，正式成为了一门学科。

1992 年，中国国家标准《学科分类与代码》（GB/T 13745—92）中，也把军事装备学列为军事科学中军制学的一个二级学科。

1997 年 7 月，国务院学位委员会、国家教育委员会又颁布了修订后的《授予博士、硕士学位和培养研究生学科、专业目录（1997 年颁布）》，将军事装备学从军制学中分离出来，与军事后勤一起并列为军事学一级学科。

2001 年 2 月，中央军委批准印发的《中国军事科学体系研究》，将军事装备学列为军事学的 14 个一级学科之一。

2011 年 3 月，国务院学位委员会和教育部联合颁布的《学科授予和人才培养学科目录》中，把军事装备学单独列为军事学门类下的一级学科。

2022 年，新版《军事学门类学科专业目录》中，军事装备学继续列为一级学科，其下设军事装备论证、军事装备试验鉴定、军事装备采购、军事装备运用、军事装备保障、军事装备管理二级学科。与此同时，设立“后勤与装备保障”专业学位类别，下设联合作战后勤与装备保障、军兵种后勤与装备保障、后勤专业勤务保障、装备专业勤务保障专业领域。军事装备学在新时代背景下继续快速发展。

随着军事装备学成为独立学科，有关军事装备学的专著和教材陆续出版。如 2000 年、2007 年由国防大学余高达、赵潞生主编的《军事装备学》《军事装备学（第二版）》，2002 年由国防科技大学温熙森等编著的《军事装备学导论》，

2004 年由军械工程学院龚传信主编的《军事装备学教程》,2006 年由装备指挥技术学院李霖主编的《军事装备学概论》,2015 年由军械工程学院刘铁林著的《军事装备学概要》等。此外,军事装备思想、各军种装备学、军事装备保障学、军事装备管理学等装备基础理论、军种装备理论和专项装备理论等方面的著作和教材大量涌现,军事装备学学科体系得以快速建立。

二、学科性质

军事装备学学科,具有以下四个主要特性。

(一)军事学术、科学技术的融合性

军事装备作为一种专门用于军事斗争的物质手段,决定了其军事属性的本质。而军事装备学主要研究军事装备发展、保障及管理的规律,基本上属于社会科学范畴的军事学科;同时,军事装备是科学技术的物化,军事装备学又区别于一般的军事科学,涉及并包含着大量的科学技术理论。因此,它具有军事学术和科学技术相融合的特征。

(二)知识结构的综合性

军事装备学不仅涉及政治、经济、军事、科技等多个领域的许多学科知识,而且涉及军事思想与军事历史、战略学、军队指挥学、军事管理学、军事训练学、军事后勤学、国防经济学等军事学科知识,并与这些学科的部分理论相交叉、相渗透,因此是一门集多种学科知识于一体的综合性学科。

(三)研究范围的广泛性

军事装备学,既要研究古今中外军事装备的历史和现状,又要研究军事装备未来的发展趋势;既要研究军事装备及其实践活动的一般规律,又要研究其在不同国家、不同军队、不同军兵种、不同军队层次的特殊规律;既要研究军事装备的总体指导规律,又要研究其各个方面、各个环节的具体指导规律和方法,因此是一门研究范围十分广泛的学科。

(四)时代特征的鲜明性

每一时期的军事装备都代表了当时的科学技术及生产力水平,明显地带有时代的烙印。现代科学技术日新月异,军事装备飞速发展,军事装备理论的研究具有很强的动态性,必须及时研究和充分反映当代军事装备及军事装备实践活动的新特点、新规律,因此是一门具有鲜明时代特征的学科。

三、研究对象和内容

军事装备学以军事装备发展、保障和管理的实践活动为主要研究对象，既研究由军事装备实践活动到理论的抽象，又研究军事装备理论在实践中的应用。其基本任务是：依据军事装备活动的历史经验、现实条件和可能发展，运用科学的方法，揭示军事装备活动规律，并将其升华为系统、完整的科学理论体系，用以指导军事装备的实践活动。

军事装备学研究的主要内容包括：军事装备及军事装备学的概念，军事装备学的学科地位、性质、研究对象、研究方法及学科体系；军事装备在国防和军队建设、军事斗争及军事变革中的地位作用；军事装备思想；军事装备发展的历程、规律及趋势；军事装备发展的社会经济基础、科学技术基础及军事需求牵引；军事装备发展战略、军事装备体制及发展规划与计划；军事装备的研制、试验鉴定、订购及生产；军事装备的采购及国际合作；军事装备的调配及维修保障；军事装备动员及保障指挥；军事装备管理体制、军事装备技术管理与监督及装备日常管理；军事装备的经费、法规制度及军事装备的人才建设；战略、战役、战术各层次，陆军、海军、空军、火箭军等各军种的装备理论，以及不同规模、不同样式作战的装备保障理论和实践应用。

四、研究方法

军事装备学作为一门军事学学科，其研究方法是以辩证唯物主义和历史唯物主义为指导，应用调查与研究、观察与比较、归纳与演绎、分析与综合、抽象与具体、定性分析与定量分析相结合等军事科学研究的基本方法。

（一）历史分析方法

军事装备学研究需要依据马克思主义发展的观点、动态的观点，采用历史分析方法，尽可能根据军事装备产生与发展的历史上已有的事实和事件，包括各种偶然事件、曲折和反复，从整个范围全面考察其连贯性，考察其存在形式起因、演变及其联系和制约的因素。历史分析方法是军事学科的主要研究方法之一，通过对军事装备相关核心期刊发表文章的统计，其中54%采用历史分析方法[①]。

一些著名的军事理论家，也大量采用了历史分析方法。如克劳塞维茨认为，只有通过对战争史例的研究才能建立起战争理论。克劳塞维茨进一步指出研究战争史例的四个着眼点：第一，用史例说明某种思想；第二，用史例说明某种思想

---

① 刘铁林．军事装备学概要，北京：解放军出版社，2015，第125页。

的运用;第三,用史例证明自己的论点;第四,通过详细叙述某一事实或列举若干史实从中汲取某种教训。马汉构建起“海权论”的一系列著作,同时也是海军战争史著作,马汉通过“直接讲述历史,并侧重讲述海上战争史,企图为海权在历史上所起的‘支配作用’,提供使人们理解的资料”。

然而,对于军事装备及其活动历史的研究,其目的还是用来指导现实的装备活动实践以及未来的装备发展。只研究历史理论,不注重研究现实理论,就没有创新和发展,也就没有现实指导意义;只注重历史、现实理论研究,不注重未来理论研究,就没有强大的生命力,也就没有理论的先导作用。只有把历史、现实和未来研究三者有机结合,才能使军事装备理论在继承和创新中不断发展。

(二)逻辑分析方法

军事装备学研究要求通过装备实践活动,揭示军事装备活动的内在规律,就是要透过装备活动纷繁的表象,认识装备活动的本质。这个过程的实现,一般采用逻辑分析方法。所谓逻辑分析方法,就是通过分析和综合、抽象和概括、比较和类推、归纳和演绎等逻辑手段,从规律性和必然联系的角度来叙述事实和事件,从而排除一切偶然的、非本质的、非典型的东西。

恩格斯指出:“如果我们有正确的前提,并且把思维规律正确地运用于这些前提,那么结果必定与现实相符……”①,这就说明了认识本质的两个根本条件。第一个条件是“有正确的前提”。所谓“正确的前提”,就是在实践基础上获得的丰富的、可靠的感性材料。第二个条件是在正确的前提下“正确地运用思维规律”,即进行正确的科学抽象,对感性材料实行去粗取精、去伪存真、由此及彼、由表及里的思维加工过程。

由大量的个性材料做出一般性结论这一科学抽象过程需要进行归纳和演绎,以及分析和综合。归纳是由个性上升到一般的推理方法,它通过对现象的分类、比较、统计等方式帮助人们认识事物的本质。演绎是由一般到特殊的推理方法,它帮助我们预见某种现象的本性,指导我们去认识那些尚未深入研究过的事物的特殊本质。分析是为了把对象分解为各种因素,分出它的某种属性,单独地考察它们。综合是把对象的各个组成部分合成一个整体,把对象作为统一的整体来加以考察。军事装备学研究应当把归纳与演绎、分析与综合结合起来,演绎要以归纳为基础和前提,归纳需以演绎作为指导和验证,既要通过分析考虑装备活动的具体细节,又要通过综合得到装备活动的总体规律,这样取长补短、互相渗透,形成完整的军事装备学学科理论。

---

① 马克思恩格斯全集(第20卷),北京:人民出版社,1971,第661页。

(三)系统科学方法

军事装备系统由不同的系统单元和环节组成。这些系统单元和环节都不是孤立存在和运动的,它们相互渗透和制约,从而形成一个相当复杂的军事装备大(巨)系统。同时,军事装备活动作为一个系统,又是更高层次系统的分系统或子系统,它与国家国防系统以及社会环境和国际环境之间,发生着密切的联系。这种联系表现为物质、能量、信息的输入和输出,从而保证军事装备活动得以正常运行。任何一方面的输入和输出受阻或者中断,都会使它的运行受到不同程度的影响。因此,为了全面认识军事装备和探究军事装备活动的运行规律,指导军事装备的建设和发展、保障军队战斗力的生成和提高,需要运用系统科学的基本原理和方法来进行研究。

在军事装备学中应用系统科学方法,就是运用系统科学的基本思想,从装备活动的整体出发,研究装备活动系统与其子系统(或要素)之间,装备活动系统内各子系统之间,装备活动系统与所处的外部环境之间的相互关系和相互作用,从而从整体上和动态上来把握装备活动的性质和内在联系。

这里需要指出的是,装备活动属于人类活动,人作为具有高度自我意识的组元,使装备活动具有明显不同于自然系统和其他人工系统的特点、复杂性与研究难度。因此,在应用系统科学方法论研究军事装备学时,需要十分重视学习、借鉴和应用国内外研究人类活动系统的理论与方法论成果。

(四)仿真分析方法

军事装备学的仿真分析方法是以装备活动为对象,利用分布交互仿真技术,将各种人在回路装备活动模型用计算机网络连接起来,在分布式虚拟环境中,进行装备活动仿真,以完成与装备有关的作战理论研究、装备训练方法研究、装备论证研究、装备作战效能评估、装备保障研究,乃至装备全寿命周期研究。这种方法将模拟仿真技术引入军事装备学研究中,能够克服传统研究方法以定性为主、无定量不直观的不足。

建模是仿真分析的基础,军事装备活动模型主要可分为四种基本表示形式:形象模型、模拟模型、数学模型、其他模型。军事装备活动模型不是客观事物的具体表现,而是客观事物经过抽象的简化的表示,其目的是解决军事装备活动客观事物中存在的问题,而不仅仅是为了描述客观事物。随着计算机技术、自动化技术的迅速发展,军事装备活动的仿真研究日益受到重视,基于仿真的研究方法逐渐成为军事装备学研究的主要方法之一,并且将得到更广泛的应用和发展。

(五)实践检验方法

军事装备理论研究离不开实践检验。实践检验方法就是通过有目的、有计划的实践活动,考察和检验军事装备活动方案的正确性,以获取实战或近似实战经验和数据的方法。战争是检验军事装备学研究成果的根本标准,但是在和平时期,军事装备学研究的新成果不可能随时拿到战争实践中去检验,需要通过试验和演习这两种最接近战争的实践方式来检验其效果。

军事装备试验通常应用于装备技术领域,如技术装备、装备器材的性能、效能试验和破坏性试验等。演习是检验军事装备学术和装备技术的综合性手段。以军事装备学术研究、战术和技术论证为主要目的的装备演习,一般称作装备保障试验性演习。这种演习可以是实装实兵演习,也可以是首长——参谋部演习,还可以借助于计算机等现代化手段进行网络模拟演习。

五、理论体系

关于军事装备学学科理论体系的组成和具体内容,在学术界还没有完全的共识。本书综合《军事装备学(第二版)》以及相关文献,认为军事装备学学科理论体系划分为基本理论、应用理论两个部分,如图 1-2 所示。

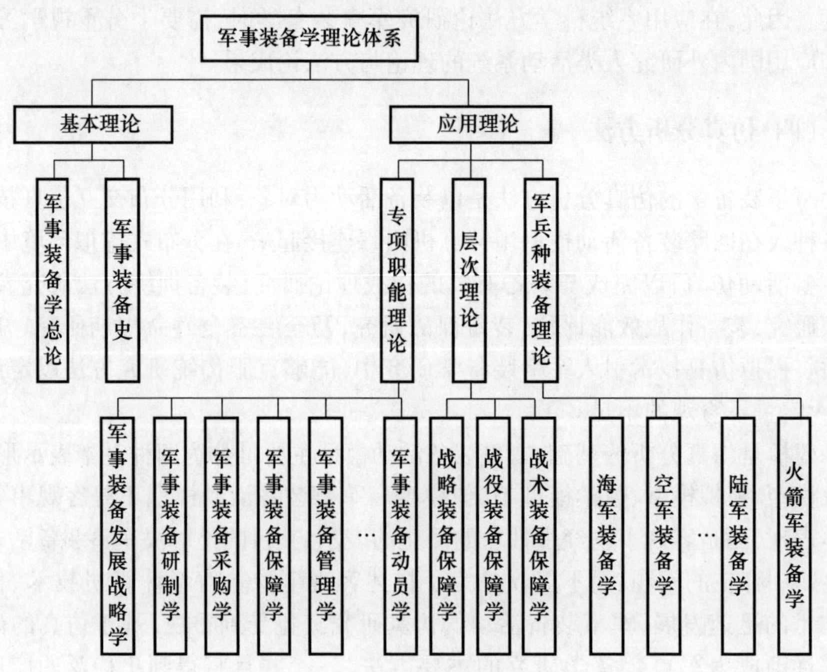

图 1-2 军事装备学学科理论体系

基本理论是对军事装备及军事装备活动一般规律的研究，是从总体和宏观的角度，对军事装备及军事装备实践活动加以抽象和概括而得出来的共同规律，对军事装备各种实践活动和各分支学科理论研究具有普遍指导作用。基本理论主要包括军事装备学总论和军事装备史。

应用理论是对军事装备及军事装备活动个别规律和具体规律的研究，是从各专项装备职能、各层次、各军兵种的角度，对各自的军事装备及军事装备实践活动加以抽象和概括而得出来的特殊规律，是军事装备基本理论的具体化。它对不同的专项装备职能及不同层次、不同军兵种的装备实践活动和相应的分支学科理论研究起着具体指导作用。应用理论主要由军事装备的专项职能理论、层次理论和军兵种装备理论三部分组成。

(1)专项职能理论，即根据军事装备全寿命、全系统管理的主要专项职能区分，分别设置相应的分支学科理论。例如，建立军事装备发展战略学、军事装备研制学、军事装备采购学、军事装备调配保障学、军事装备维修保障学、军事装备管理学、军事装备财务学和军事装备指挥学、军事装备动员学等，以便分别指导军事装备各专项职能活动。

(2)层次理论，即根据军队组织体制的层次区分，分别设置相应的分支学科理论。考虑到战役、战术层面的装备活动主要为装备保障，因此分别建立战略装备保障学、战役装备保障学和战术装备保障学等，分别研究战略、战役、战术各层次的装备保障工作规律，以便指导各层次的军事装备保障实践活动。

(3)军兵种装备理论，即根据军队的军兵种构成区分，分别设置相应的分支学科理论。例如，陆军装备学、海军装备学、空军装备学、火箭军装备学等，分别研究各军种装备及装备工作的特殊规律，以便指导各军种的装备实践活动。

应该注意的是，《军事装备学(第二版)》中将装备技术理论作为军事装备学学科理论体系的组成部分。然而，包括龚传信①、李霖②、刘铁林③、李力钢④等在内的众多学者均认为，装备技术理论并不属于军事学学科理论体系。他们认为，装备技术理论主要是从技术角度阐述各种军事装备的技术原理、构造、性能、设计制造方法、操作与维修等，而军事装备学主要从社会科学的角度掌握和认识军事装备发展、保障、管理等实践活动的特点规律和机制，而不研究具体的军事装备的原理与设计制造技术问题。虽然它也需要应用装备技术原理和技术数据，但只是利用其作为理论研究和工作的依据，而非核心组成部分。从知识体系角

---

① 龚传信．军事装备学教程，北京：解放军出版社，2004，第16页。

② 李霖．军事装备前沿理论与改革实践，北京：国防工业出版社，2010，第6页。

③ 刘铁林．军事装备学概要，北京：解放军出版社，2015，第81页。

④ 李力钢，徐光明．关于军事装备学理论体系构成的思考//军事装备研究．王利勇．北京：国防大学出版社，2014，第263－266页。

度讲,以枪械技术、火炮技术、军用雷达技术、舰船技术、军用航空航天装备技术、导弹技术、核武器技术等为主的装备技术理论,不应属于军事装备学理论,甚至不属于军事学门类,而应属于工学门类。

思考题

1. 论述“装备”一词内涵和外延的演变过程。
2. 军事装备学是否可以认为是研究军事装备的系统知识?为什么?
3. 结合我军装备管理体制的发展变化情况,试论军事装备学所具有的鲜明时代特征。
4. 装备技术理论是否应该纳入军事装备学学科理论体系?为什么?

第二章　军事装备的作用与影响

现代技术特别是高技术军事装备正在发挥越来越重要的作用,我们必须充分认识军事装备在军事斗争、国防和军队建设、国家综合实力中的地位作用,高度重视和加强军事装备建设。同时,军事史告诉我们,军事装备的发展直接引起作战方式的变革,并导致军事领域的其他方面也发生变化,这种影响无疑是军事装备的军事功能最高而集中的体现。

第一节　军事装备的地位作用

军事装备是实现国家意志和维护国家利益最权威的工具和手段,建设和发展军事装备是任何一个国家所追求的重要目标,无论在战时还是在平时均如此。

一、军事装备是军事斗争的重要物质基础

军事斗争是国家、阶级、民族、政治集团之间为达到一定的政治、经济目的,以军事手段为主进行的相互威慑或对抗活动。无论是军事威慑,还是以战争为最高形式的军事对抗,都必须以军事力量为基础,而军事装备作为物质基础,在其中具有极为重要的作用。

(一)军事装备是军事威慑力量的重要成分

军事威慑是军事斗争的方式之一,是国家或者政治集团之间通过显示武力或表示使用武力的决心,以期迫使对方不敢采用敌对行动或使行动升级的军事行为。军事威慑方式运用得当,可以达到“不战而屈人之兵”的目的,不仅可以达到预期的战略目的,还可以减少消耗和破坏,是军事斗争的重要手段,甚至成为有些军事家追求的“最完美的战略”。当今世界各主要国家的军事战略,都十分强调威慑这一手段的运用。

军事威慑是以力量为基础的。在诸多的威慑力量要素中,军事力量是最直接的现实力量。其中军事装备作为军事力量构成的基本要素,无疑是军事威慑力量的重要成分。军事装备的水平和规模,很大程度上决定着军事威慑的效能。

如果一个国家或政治集团没有先进的和一定规模的军事装备,就不可能构成强大的威慑能力。因此,军事装备在军事威慑中具有十分重要的地位作用。

在军事威慑领域,核威慑是现代军事威慑的核心。核威慑是以具有巨大杀伤力和破坏力的核武器为后盾,向可能危害自己的敌方进行恫吓的军事行为。到目前为止,还没有哪一种武器装备能够取代核武器的战略威慑作用,核武器是制约大国之间爆发战争的一个重要的乃至根本性因素。

核威慑成功的第一个案例是1948—1949年第一次柏林危机。根据1945年《波茨坦公告》,战后柏林被分割成四部分,由美国、苏联、英国、法国四国分别占领,但整个柏林城的地理位置是在苏联占领区之内。1948年3月,苏联退出与西方盟国讨论德国问题的会议。1948年4月1日起,苏军开始执行临时交通管制,对柏林通往联邦德国的陆路交通实施完全封锁。为了打破苏联的封锁,保证柏林城市的正常运行,西方国家用大规模空运的方式对柏林进行补给。为了慑止苏联有可能的进攻,美国政府公开宣布在欧洲部署"可装载核弹装置"的B-29战略轰炸机,发出核威胁。在双方僵持数个月后,苏联解除了对柏林的封锁。在其后的几个月中,双方分别建立了两个德国政权,而柏林则成为联邦德国位于民主德国境内的飞地。在这次危机中,在拥有单方面核打击能力的前提下,美国政府实践了以核武器的报复为代价,让对手(苏联)因感到得不偿失而放弃进攻的威慑政策。第一次柏林危机中核威慑的成功,为美国几年后"大规模报复"等战略的出台奠定了思想和实践基础,启发了美国政府之后以核武器使用为核心的冷战战略思维。此后,在1958—1959年第二次柏林危机,1961年第三次柏林危机,1962年古巴导弹危机,1967年第三次中东战争,1973年第四次中东战争中,都可以看到核威慑所发挥的作用,总体而言是制止了冲突的升级或者战争规模的扩大。

核武器虽然具有空前的杀伤破坏力,但在双方形成相互威慑的情况下,使用核武器的风险增大,难以在实战中随意使用,尤其是对小规模冲突实施威慑的可信度降低。20世纪60年代以后,美国、苏联等核大国开始反思核力量与常规军事力量的不同作用,在保持核威慑能力的同时,逐步注重常规军事威慑力量的建设。美国为确保常规威慑力量强健有效,启动了"第三次抵消战略"。俄罗斯认为常规威慑力量"能起到核武器所无法发挥的作用",不断加强部署"战略性非核威慑力量"。英国、法国等国根据各自的战略需求,进一步强化了常规力量建设的力度。

20世纪60年代至70年代以来,军队的武器装备和作战行动对信息的依赖程度逐渐增加,信息不仅仅是一种保障资源,更是战斗力资源。有人认为,攻击的威力可与核突击相类似,可以使攻击的对象陷于瘫痪。利用信息进行威慑和反威慑,对局部战争和地区冲突具有重要的制约作用。此外,发展深海、太空等新作战领域和空间的威慑力量也已成为了各国关注的重点。

（二）军事装备是发生战争或制约战争的重要因素

尽管战争的终极根源取决于一定的政治或经济利益冲突，但在决定是否采取战争这种方式来解决双方的利益冲突时，敌对双方都不得不考虑集中反映双方军事力量物质基础的军事装备的数量和质量。历史证明，当敌对双方军事装备的数量和质量对比严重失衡时，就可能成为战争爆发的一个重要诱导因素。

19 世纪 60 年代，德意志统一越来越成为了德意志全民族的共识。当时，有两个德意志大国具备统一的实力，一个是普鲁士，另一个是奥地利。从表面上看，奥地利的胜算更大。1865 年的奥地利比普鲁士人口多 78%，军队多 38%，国防预算多 54%，国力和军力都明显占优。然而，普鲁士军队装备的是后膛装填的撞针枪，而奥地利军队士兵手中仍然是落后的前装枪。后膛装填的撞针枪射击速度可以达到 10～12 发/分钟，而前装枪射速只有 2 发/分钟。另外，采用后膛装填方式，士兵可以始终采用隐蔽性最好的卧姿射击，而使用前装枪的士兵不得不站起来给步枪装填弹药，从而成了对方的靶子。普军的另一件秘密武器是他们的电报网络。由西门子公司为普鲁士打造的当时最先进的电报网络，让普军总参谋部能够精确到小时地掌握各军、师、团的确切位置。此外，普军在通往边境的铁路线路上也占有明显优势，普鲁士有 5 条，而奥地利只有 1 条。普军总参谋长赫尔穆特·冯·毛奇和“铁血宰相”奥托·冯·俾斯麦充分认识到了普军在装备上的巨大优势，极力劝说普鲁士国王威廉一世发动对奥地利的战争，提醒国王“延误的每一天都可能意味着无法估量的损失”。最终普奥战争爆发，奥地利 1.98 万人被俘，2.44 万人伤亡或失踪，而普军只有 9172 人死伤或失踪。普鲁士赢得了对奥地利帝国战争的胜利，完成了德意志的统一。

20 世纪 30 年代后期，德国的装备数量和质量已在欧洲大陆处于领先地位。1937 年，希特勒在一次秘密会议上确定了发动战争的日期，他认为在这个时期之后，德国新式的军事装备“再推迟下去就有陈旧的危险，特别是特殊武器的秘密不能永远保持下去”。军事装备的优势也是促使希特勒于 1939 年挑起第二次世界大战的重要因素之一。

近年来，美国之所以多次采取以武力的方式来解决阿富汗、伊拉克、利比亚等危机，其中一个重要的因素，就是其拥有在数量和质量上远远超过对方的高技术装备，形成了军事实力上的绝对优势，以保证战争的胜利。由此可见，敌对双方装备的数量和质量对比存在明显落差或严重失衡时，就可能成为优势一方发动战争的一个物质因素。

同时也应该看到，具有先进的装备也可能成为制止战争发生的重要因素。核武器就是一个典型的例子。美国和苏联都拥有大量核武器，由于核战争可能造成两败俱毁的后果,致使双方都不敢轻举妄动发动核战争,从而成为冷战时期制约核战争爆发的重要原因。在军事高技术迅猛发展的今天,拥有先进的军事信息技术和军事航天装备的国家能及时侦察发现敌国的战争意图,从而及早采取措施将战争消灭在萌芽状态。

(三)军事装备是影响战争进程和结局的重要因素

战争的进程和结局受政治、经济、军事、科学技术等多种因素的影响,一般来说,在军事上除了受主观指导因素的影响外,还取决于作战人员的军事素质和武器装备的作战性能。正如恩格斯所说:“暴力的胜利是以武器的生产为基础的。”①在作战人员军事素质大体相近的情况下,武器装备的作战性能起着重要的影响作用。

首先,军事装备的性能影响战争的进程。通常作战装备的毁伤威力大、精确度高、机动性能好,指挥装备的灵便、隐蔽、准确、快速等功能全,保障装备的保障能力强,战争的进程就快。反之,战争的进程就慢。

在越南战争中,为了掐断敌方补给线上的咽喉要道、河内以南 70 千米处的清化大桥,美军飞行员从 1965 年起出击 871 架次,损失了 11 架飞机,仍然未能将其瘫痪。1972 年,美国将刚刚研制成功的激光制导炸弹“宝石路”炸弹轰炸这座桥,14 架喷气式战机完成了以往 871 架次都未能完成的任务,这座桥终于被炸毁。后来证实,1972—1973 年,在河内和海防附近投掷的“宝石路”直接命中率为 48%,而数年前在同一地区投掷的非制导炸弹命中率仅为 5. 5%。到了海湾战争期间,一架战机用一枚精确制导导弹所取得的战果,与第二次世界大战中 1000 架战机用 9000 枚炸弹所取得的战果相同,而且没有任何附带损伤,也就是说,轰炸效率提高了约 9000 倍。同样的,第二次世界大战中,普通坦克平均需要开 17 炮才能摧毁 1 辆敌人坦克,而在海湾战争中,采用了激光测距仪、光热瞄准镜和数字弹道计算机的 M1 坦克,几乎实现了每一发炮弹消灭一个目标的完美愿望。

在军队的机动性上,军队摩托化之前,大规模的行军速度平均为每天 15 千米。当然,也有红军昼夜行军 120 千米,飞夺泸定桥的奇迹,但是这只是小规模部队的轻装行军。而在第二次世界大战初期,坦克的速度为 30 ~ 60 千米/小时,是第一次世界大战索姆河会战初上战场坦克时速的 8 ~ 10 倍,歼击机的最大航速达到了 570 千米/小时,德军充分发挥装甲机械化部队的快速闪击能力,并集中运用航空兵和空降兵,以连续不断的“闪电攻击”锁定胜局。“在 27 天之内攻占了波兰,1 天之内征服了丹麦,23 天之内攻陷了挪威,5 天之内侵占了荷兰,18

---

① 马克思恩格斯军事文集(第 1 卷),北京:战士出版社,1981,第 12 页。

天之内占领了比利时，39 天之内使法国宣布投降，12 天之内占领南斯拉夫，21 天之内征服了希腊，11 天之内攻占了克里特岛。在 8 个月时间内，德军横扫欧洲大陆。”①

而在现代技术条件下，大型运输机在数小时内即可将大量作战人员和坦克、火炮等重装备运送到几千千米以外的作战地区，实施远距离机动作战，飞机的作战半径已达 500～1000 千米以上，作战效能已是第二次世界大战时的 100 倍，远程导弹的射程可达数千千米乃至上万千米，海军装备的远战和机动作战能力明显提高，使得海空作战的节奏也明显加快；加之作战保障、后勤保障、装备保障等装备的综合、快速保障功能日趋增强，指挥自动化装备逐步完善，更使得诸军兵种合同作战和联合作战的协同配合更加紧密，战役战斗的行动更加紧凑，战争的进程大大加快。

其次，军事装备的性能影响战争的结局。列宁曾指出：“如果没有充分的装备、给养和训练，即使是最好的军队，最忠于革命事业的人，也会很快被敌人消灭。”②战争的实践充分证明，随着军事装备性能的不断提高，它对战争胜败的影响也逐渐增大。拥有大量先进装备的一方更易在战场上占据优势，更易取得战争的胜利，这一战争的一般规律更加充分和深刻地被人们所认识。在现代条件下，交战双方的军事装备总体水平如果出现“代差”，就很难形成同一层次上的对抗，尤其在目的、规模、时间有限的中、小规模局部战争中，劣势一方很难取得战争的胜利。

抗日战争时期，我国军民虽然奋起杀敌，但仍付出巨大的牺牲，很重要的原因在于武器装备远远落后于敌人；第二次世界大战期间，波兰军队虽然斗志顽强，但用骑兵战刀与德军的坦克大炮较量，战斗力显然不在同一个档次，战争结果可想而知。

第五次中东战争中的贝卡谷地之战，就充分展现出了新型装备对于战争胜负所起到的巨大作用。1982 年 6 月 6 日，以色列对黎巴嫩境内的巴勒斯坦解放组织和叙利亚驻军发起突然袭击，第五次中东战争爆发。6 月 9 日凌晨，在叙利亚向贝卡谷地增派部队和以军东路部队进攻受挫的情况下，以军定下决心立即摧毁黎巴嫩境内的叙军“萨姆”导弹。13 时 30 分左右，以“鹰眼”预警机和波音 707 电子战飞机首先升空监视叙军飞机动向；特种部队摧毁了贾拜尔巴拉克山顶的叙军雷达站；同时地面部队进入攻击位置并迅速展开。接着，以军出动经过特别改装“侦察兵”等无人机模拟以战机雷达信号，诱使叙军制导雷达开机和导弹开火，以军电子战飞机捕获电磁信号后迅即协同陆基电子干扰设备对叙军雷

① 郭胜．现代闪击战，北京：国防大学出版社，1990，第 79 页。

② 列宁军事文集，北京：战士出版社，1981，第 433 页。

达进行干扰,以军战机同时投掷干扰箔条开辟空间安全通道。在以军强电子压制下,叙军的警戒雷达、引导雷达、无线电指挥通信系统完全失灵。14 时 12 分,以军出动各类战机 96 架,在地地导弹和地面炮兵的配合下,使用反雷达导弹、集束炸弹和普通炸弹等,分 3 波次突击,彻底摧毁叙军 17 个"萨姆"导弹连。叙军仓促间出动 60 余架米格-21PF、米格-23BM 飞机迎战,因受以军电子干扰,起飞后与地面失去联络,防空导弹发射后也失去控制,损失惨重。10 日,以军又出动 92 架飞机,击落叙军 25 架战机和 5 架直升机,摧毁叙军在贝卡谷地残存的 2 个地空导弹连,并协助地面部队重创贝卡谷地的叙军坦克部队,最终迫使叙军于 11 日 12 时起停火。以军采取电子先行、先机致盲、多方协同、由点到面的战术,以极小代价达成了作战目的。贝卡谷地之战也被认为是世界战争史上一次极具典型意义的战斗,充分显示了电子战在战争中的巨大作用,标志着战争已进入高技术时代。

二、军事装备是国防和军队现代化的重要组成部分

军事装备现代化在国防和军队现代化中处于决定性的地位,是实现国防和军队现代化的先决条件,也是衡量其现代化程度的重要尺度或标志。

(一)军事装备建设是军队建设的重要内容

首先,军事装备是军队战斗力赖以生成的基本要素。在军队力量的构成中,人和装备以及使二者结合起来的体制编制是构成军队战斗力的三大基本要素。按科学方法编组的有一定数量和质量的人,能反映时代特定科技水平、具有一定战术技术性能和数量的装备,是军队战斗力赖以生成的物质要素。军事装备的数量和质量对军队的战斗力具有现实的决定性作用。

其次,军事装备发展是提高军队战斗力的重要途径。军队战斗力的提高,除了应提高军人的政治素质、军事素质和实行科学合理的体制编制等途径外,加速军事装备的发展,提高军事装备的现代化程度,是提高军队战斗力的重要途径。从军队战斗力逐步提高的历史进程来看,军事装备的发展起着重要的甚至决定性的作用。

我军历来强调全面提高军人素质、优化体制编制,同时也非常重视通过军事装备的改善来提高军队的战斗力。早在革命战争年代毛泽东就明确指出:"非提高新式技术建设新式军队不可,须知没有现代新式技术装备的足够数量的军队,要实行反攻,收复失地是不可能的。"①还多次强调"加强技术装备以便战胜敌人"②。中华人民共和国成立以后毛泽东又强调指出:"必须掌握最新的装备

---

① 毛泽东军事文选(内部本),北京:战士出版社,1981,第 168 页。

② 毛泽东军事文集(第 2 卷),北京:军事科学出版社、中央文献出版社,1993,第 445 页。

和随之而来的最新的战术。……以便迅速把我军提高到足以在现代化战争中取胜的水平。”[①]邓小平也指出：要改善军队的武器装备，提高战斗力。江泽民也多次强调：要提高部队的战斗力，就必须在任何时候、任何情况下都要重视改进武器装备，忽视这一点是不对的、危险的。[②] 并进一步强调：“提高我军武器装备的现代化水平，增强武器装备的高科技含量，是一项紧迫的任务。”[③]胡锦涛强调：要“把军队战斗力生成模式切实转到依靠科技进步特别是以信息技术为主要标志的高新技术进步上来。”[④]2014 年 12 月，习近平在全军装备工作会议上指出：“武器装备是军队现代化的重要标志，是国家安全和民族复兴的重要支撑。建设一支掌握先进装备的人民军队，是我们党孜孜以求的目标。”[⑤]

中华人民共和国成立的前 30 年，我国坚持自力更生，在基础十分薄弱的前提下发展了“两弹一星”及核潜艇等国之重器，一举奠定了我国大国地位。改革开放以来，我国武器装备领域的大国重器研发更是捷报频传。2007 年，我国自主研制的大型、全天候、多传感器空中预警与指挥控制飞机“空警” – 2000 开始服役，彻底摆脱了对引进国外预警装备的依赖。2016 年 11 月，我国研制的第四代隐身战斗机歼 – 20 和大型运输机运 – 20 正式现身，是我国进入大国空军俱乐部的亮丽名片。从 1966 年 10 月 27 日我国首次成功进行导弹与核弹头结合发射试验，到 2016 年 12 月 7 日火箭军齐射 10 枚东风导弹开展实战化训练，我国战略威慑与核反击能力大幅提升。2017 年 4 月 26 日，我国首艘国产航空母舰在大连正式下水，标志着我国具备了独立建造航空母舰的能力。2019 年 4 月 23 日，人民海军 055 型大型驱逐舰在世人面前惊艳亮相，标志着人民海军武器装备建设进入世界一流水平。从一系列新型空空、空地、地空导弹，到先进战略导弹、巡航导弹；从新一代武装直升机、新型主战坦克，到指挥自动化系统、战术软件，尤其是党的十八大以来，一大批信息化程度高、具备世界先进水平的武器装备列装部队。[⑥]

（二）军事装备现代化是国防现代化的重要标志

军事装备的现代化不仅涉及国防现代化的各个方面，而且对国防现代化的

---

① 毛泽东军事文集（第 6 卷），北京：军事科学出版社、中央文献出版社，1993，第 337 页。

② 余高达，赵潞生．军事装备学（第二版），北京：国防大学出版社，2007，第 26 页。

③ 新华社．江泽民在观看北京军区科技强军成果演示时的讲话，解放军报，1999 – 4 – 7（1）。

④ 总政治部．树立和落实科学发展观理论学习读本，北京：解放军出版社，2006，第 210 页。

⑤ 李宣良，李清华．习近平出席全军装备工作会议时强调：加快构建适应履行使命要求的装备体系，为实现强军梦提供强大物质技术支撑，人民日报，2014 – 12 – 5（1）。

⑥ 朱启超．铸造强国利器 70 年——新中国国防科技和武器装备发展历程与启示，光明日报，2019 – 10 – 5（7）。

各个方面有着十分重要的影响,在国防现代化中起着决定性的作用,也是国防现代化的重要标志。

首先,军事装备现代化是国防科学技术和国防工业现代化的集中体现。只有建立具有现代化水平的科研体制、研究手段和科学的管理体制,具有达到世界先进水平的基础研究课题和应用研究课题,才能研制具有现代化水平的军事装备;只有建立具有一定规模的集约型的国防工业生产体系,具有现代化水平的生产工具、生产结构、生产组织和劳动力构成,才能生产出现代化的军事装备。

1991 年,苏联轰然垮塌。1993 年,俄罗斯总理切尔诺梅尔金、海军司令格鲁莫夫在乌克兰总理库奇马的陪同下来到黑海造船厂,研究把"瓦良格"号航空母舰建造完毕并移交给俄罗斯的可能性。此时,航空母舰已经完成了 70% 的进度,只差 30% 就可以正式交付。厂长马卡洛夫却报告道:"'瓦良格'号不可能再完工了……"大家问道:"为了将舰完工,工厂究竟需要什么?"马卡洛夫回答道:"苏联、党中央、国家计划委员会、军事工业委员会和九个国防工业部、600 个相关专业、8000 家配套厂家,总之需要一个伟大的国家才能完成它,然而这个国家已经不存在了。"所有在场的人终于明白——在国家解体的情况下,再要将"瓦良格"号建成已经没有可能。20 年后,这艘命运多舛的舰艇在中国被续建、改造,成为了中国这个崛起中大国的第一艘航空母舰"辽宁舰"。在"辽宁舰"的基础上,我国又研制建造了第一艘国产航空母舰"山东舰"。国产航空母舰设计研制工作涉及了 532 家配套单位,其中包括国有企业、民营企业、科研院所甚至高等院校,可以说国产航空母舰的研制依靠的是整个社会、整个国家、整个国民经济、整个国家工业体系的配套。①

与我国国产航空母舰顺利完成研制建造、交接入列相比,印度因其国家工业体系的不足,使得其国产航空母舰建造之路要艰辛得多。《外交学者》评论认为,21 世纪初,国际防务界普遍认为印度海军在建造和运用航空母舰方面比中国海军拥有更加丰富的实践经验,毕竟从 20 世纪 60 年代起,印度海军就开始使用航空母舰。但 2010 年之后,形势发生了显著变化。印度国产航空母舰"维克兰特",从建造到服役,可能将耗费 13 ~ 14 年时间,而中国"山东舰"比"维克兰特"号建造时间要晚数年,服役时间则至少早 3 年,排水量还多 2 万吨。这种对比具有极强的代表意义,反映了中印两国造船工业和军工行业的巨大差距。

其次,军事装备现代化也有利于促进国防现代化的全面发展。对军事装备现代化建设投入的大量资金,其中大部分进入了国防科学技术和国防工业领域,支持和促进了最前沿科学技术的研究和发展,支持和促进了国防工业企业的建

① 央视网. 央视记者带您近距离探访国产航母研制总指挥披露最新进展,http://m.news.cctv.com/2017/08/03/ARTloxESWOCRQCrQJP3Q4b5Q170803.shtml。

设和发展。

美国波音公司，就是靠军用飞机起家，生产了如 B－17、B－29 轰炸机，以及 B－47、B－52 战略轰炸机，在军用飞机领域积累了大量资金和技术后，于 20 世纪 60 年代主要业务转向民用飞机，目前已经成为了全球最大的飞机制造商。同样，洛克希德·马丁公司也正是坐拥了五角大楼巨大的市场份额，成为了名副其实世界军工“第一巨头”，控制着世界防务市场 40% 的份额。

三、军事装备是综合国力的重要体现

军事装备在战争中的地位和作用，决定了它们是国家军事实力的重要组成部分，是综合国力的重要体现。

（一）军事装备建设可以促成世界格局发生变化

世界格局是指在国际舞台的主要政治力量从自身的利益出发，在一定历史时期内相互制约所形成的一种稳定的结构状态，一种力量对比态势。它的形成，是国际上各种力量不断发展、对抗，以至达到相对平衡、稳定的结果。在旧的世界格局形成和维持中，军事力量建设特别是军事装备建设曾起过至关重要的作用。世界在向新格局过渡中，包括军事装备建设在内的军事力量建设将会继续发挥其特殊重要的作用。

20 世纪 40 年代中期，在世界旧格局形成时，美国和苏联都曾借助其大量先进的军事装备，显著增强了军事力量，争得了军事主动，进而赢得了政治上和经济上的主动，从而控制了大片地域的利益。20 世纪 50 年代以来，美国和苏联进一步增大投入，大力发展军事科技和军事新装备，企图利用新的军事手段和更强的军事力量，维持已经到手的势力范围，并且争夺、扩充新的势力范围。首先，他们把关注点集中到核武器的研制上。从中小当量的核弹头研制起，越搞越大，直至搞出五六千万吨级以上的弹头。然后又越搞越小，搞出千吨级、百吨级甚至更小的弹头。光有核弹头还不行，还需要远程投送手段，于是，又搞出远程轰炸机、洲际导弹、核潜艇、巡航导弹等。利用核保护伞维持自己的势力范围，同时也利用核进攻能力作为相互争夺、扩充势力范围的有力后盾。为了打破现格局，美国与苏联曾展开过长达数十年的冷战。其核心内容是通过军备竞赛夺取对抗优势，利用对抗优势制约对方，以便形成更加有利的新格局。除核武器外，美国与苏联还互为主要对手，加紧研制和生产了大量先进的常规武器。

星移斗转，进入 21 世纪的第三个十年门槛的世界，正处在百年未有之大变局。我国不仅已经成为世界体系中不可或缺的重要组成部分，而且日益走向世界舞台的中央。美国独自掌控地区和国际局势的意愿、决心和能力明显下降，

“多强”之间国际地位变化的均衡化趋势日显突出。七国集团影响日渐式微，二十国集团作用日益突出，政治重心开始“东升西降”。新的世界格局，为我国发展提供了百年未有之机遇，也伴生着百年未有之不确定性。面对机遇和挑战，我国更加重视军事装备建设，加快机械化、信息化、智能化融合发展，以必要的军事装备种类、数量、质量形成与大国地位相适应的军事实力，在促成多极化世界格局中发挥应有的作用。

（二）合理的军事装备建设有利于综合国力增长

增长综合国力的重要因素很多。其中，军事科技发展与军事装备建设起着特殊的作用。主要表现在三个方面。

首先，军事科技与军事装备本身就是综合国力的重要组成。其发展、建设和水平，可以直接作为衡量综合国力的一个重要方面。

其次，军事科技发展与军事装备建设推动其他因素发展的作用明显。合理的军事科技发展与军事装备建设不仅直接推动着国防力量的增长，而且还直接或间接推动着政治、经济、民用科技、外交等力量的增长。

20 世纪初，美国还属于二流发达国家。由于它紧紧抓住了两次世界大战的机遇，大力发展军事科技与军事装备，有力地推动了其他因素的发展，因而综合国力大幅度增长，直至名列世界第一。至今，美国仍在坚持大力发展军事科技与军事装备，继续维持其超级大国的地位。

最后，军事科技发展与军事装备建设几乎可以渗透到组成综合国力的各因素中，并且转化为促其快速增长的激素，发挥着独特的积极作用。

20 世纪 60 年代至 70 年代，我国“两弹一星”研制的一举成功和辉煌成就，对增强全国人民的凝聚力，激发爱国热情，调动各行各业的积极性，加快我国社会主义建设起到了巨大的、难以估量的作用。“两弹一星”的成功，极大地提高了我国的国际地位，使我国政治影响力、经济实力、外交地位等均迈上了新的台阶，使得国际反华势力再也不敢小瞧中国。正如邓小平所说：“如果 60 年代以来中国没有原子弹、氢弹，没有发射卫星，中国就不能叫有重要影响的大国，就没有现在这样的国际地位。这些东西反映一个民族的能力，也是一个民族、一个国家兴旺发达的标志。”①

第二节　军事装备发展对军事的影响

军事装备的发展将直接引起作战方式的变革，并导致军事领域的其他方面

---

① 邓小平文选（第 3 卷），北京：人民出版社，1993，第 279 页。

也发生变化，这一切变革或变化最终都可归结为军事装备对军事的影响。以下从军事装备的发展对作战方式或战术、战役、战略、作战指挥、后装保障、军队的体制编制的影响等多个方面来研究。

一、军事装备发展对作战方式的影响

作战方式，是指战争过程中的用兵方法，即组织兵力、武器实施战斗的方式方法。军事装备的发展引起作战方式的变革，包括导致原有作战方式的淘汰和新的作战方式的产生、应用与完善。

从古到今，要在战场上有效地杀伤敌人以及抵御敌人的进攻，必须依靠手中的装备并充分发挥装备的效能，即有什么装备就有什么样的作战方法，作战方式、方法也就必然会随着装备的发展而变化。恩格斯说："一旦技术上的进步可以用于军事目的并且已经用于军事目的，它们便立刻几乎强制地，而且往往是违反指挥官的意志而引起作战方式上的改变甚至变革。"[①]恩格斯的这一论断，客观地揭示了军事装备对作战方式变革的作用。朱德更是简单明了地说："有什么样的枪，打什么样的仗"。

当青铜兵器和铁兵器出现以后，远古时期没有队形的搏斗便被有严格组织的战斗队形——"阵"（如古罗马军队的方阵）所取代。弓箭发明以后，较远距离的射箭便成为一种作战方式。我国春秋战国时期，步战逐渐取代了车战，就是因为弩的发明增强了步兵的远战能力，使步兵能在宽大的正面上有效地阻止密集的车阵进攻，从根本上动摇了战车的地位。

火药的发明，迎来了军事发展的新时代。17 世纪末，西方发明了燧发枪和预先造好的子弹，从而产生了充分发挥火枪火力的宽正面、浅纵深线式战术。19 世纪以后，线膛枪取代了滑膛枪，线膛炮代替了滑膛炮，使作战中的线式队形受到了严重威胁。在 1870—1871 年的普法战争中，普军士兵为了在线膛枪的弹雨下减少伤亡，开始采用散兵战术。

第一次世界大战中，飞机和坦克这两种新型装备被用于作战，开始出现了坦克战和空战等崭新的作战方式。第二次世界大战中，飞机的大量使用导致出现了空降作战和空袭作战等新战法；航空母舰和舰载机的使用更使海战方式发生重大变革，并使战列舰在海战中的地位最终被航空母舰所取代。

20 世纪 60 年代至 70 年代初，美军凭借空军装备的优势，在越南战争中创造了新的空中合同作战的方式，各种类型的作战飞机和保障飞机在空中混合编队，形成互相协同、互相支援的空中作战群，提高了空中力量的整体作战能力。

---

① 马克思恩格斯军事文集（第 1 卷），北京：战士出版社，1981，第 17 页。

20世纪80年代特别是90年代以后,由于美军装备了性能先进的空中预警机(E-2、E-3)和联合监视目标攻击雷达系统飞机(E-8),形成了可以进行实时指挥的空中指挥控制中心,所以在后来的对利比亚的空袭、海湾战争和对南联盟的空袭等作战中,美军进一步将空中合同作战方式发展和完善为空中联合作战。

20世纪90年代以来,由于高性能飞机和直升机、弹道导弹和各种精确制导武器、军用航天器、各种电子信息系统大量装备部队,又出现了与之相适应的全球性空中机动作战、远程精确打击作战、导弹攻防对抗作战、"非线式作战"、"非接触作战"、信息战、"陆海空天电诸军兵种联合作战"和"联合连续作战"等新的作战方式。

进入21世纪后,随着美军在阿富汗、伊拉克等战争中逐步加大无人作战飞机、战斗机器人和无人潜航器等无人装备执行作战任务的比重,战争呈现出作战力量编组灵活、作战行动丰富多样,以及无中心、分权化等特点,并出现了适应无人智能装备的有人/无人协同作战、无人集群作战等作战方式。

随着更新的高技术装备不断研制成功,现有的作战方式、方法将继续发生变化。例如,天基作战平台的部署将使发生在太空的"天战"不可避免地成为未来的一种重要的作战方式;脑控技术等人体增能技术的快速发展,有可能使得士兵变成与电脑直接连接的"半机械人",到那时人机融合的作战方式将成为可能。

二、军事装备发展对作战理论的影响

作战理论作为军事理论的"皇冠",是军事学术最活跃的部分,其生命力在于不断创新,应随着战争发展、军情变化、装备进步和作战对手变化而不断发展。作战理论的发展按照研究方式可分为历史反思型和前瞻预测型两种。

历史反思型模式是指以前人的理论成果和以往的战争实践为研究对象,从中探索战争规律和战争指导规律,并使之上升为新的理论,用以指导新的战争实践。在这种模式下,装备的发展对作战理论的影响主要是通过战争实践而发生的。装备的改进和更新,改变了军队的组织、结构、作战方式,并在战争实践中不断得到检验。军事理论家通过总结战争实践经验,寻求其规律,抽象出指导战争的一般性原则,从而不断丰富和发展了作战理论。在世界各国作战理论发展史上,历史反思型作为一种基本的研究模式,对作战理论的发展起着重要作用。

在冷兵器时代,《孙子兵法》代表着当时作战理论研究的最高成就,达到了"前孙子者,孙子不遗;后孙子者,不遗孙子"的高度,其创造性提出的"上兵伐谋""不战而屈人之兵""知己知彼""攻其不备,出其不意""兵贵胜、不贵久""避实就虚”“因敌制胜”等一系列作战原则,直至今日仍然闪烁着真理的光辉。

在火器时代,特别是到了18世纪末期,来福枪与火炮被大量用于战争,使得作战主要建立在火炮的运用和骑兵的机动力之上,如著名的奥兹特里茨战役就是机动作战的典型。拿破仑晚年在口述形成的《拿破仑文选》中,就对大范围迂回等作战理论进行了总结和提炼,为后人留下了一笔丰富的军事遗产。

20世纪30年代,德国的古德里安和苏联的图哈切夫斯基在总结富勒与利德尔·哈特的机械化战争理论及第一次世界大战经验教训的基础上,并根据当时坦克和飞机等装备的现实情况,各自发展了德军和苏军的机械化作战理论,即“闪击战”理论和大纵深作战理论,用于指导第二次世界大战中两国的战争实践。

前瞻预测型模式是指对未来的战争形态、作战样式进行超前研究,并在此基础上设计用于指导未来战争的新理论。科学技术的进步为人们提供了充分发挥创造性思维的有利条件。目光敏锐的军事理论家透过科学技术进步的曙光,根据军事装备的发展,通过科学预测,可以获得对未来战争的超前性认识,从而把作战理论研究超前于战争和军队建设的实践。高技术装备出现以后,作战理论研究又表现出新的特点,即在现代局部战争实践的基础之上,通过系统分析,并运用模拟仿真的技术和方法,创立新的适应现代战争需要的作战理论,并指导军事装备的发展。

20世纪初,美国的马汉、意大利的杜黑从铁甲舰、飞机等新的装备发展之中预见到了战争的发展趋势,主动对未来战争进行设计,分别提出了“制海权”理论和“制空权”理论。

20世纪80年代以来,美军基于作战飞机、武装直升机、新型坦克和自行火炮以及电子信息技术装备的发展与应用,提出并实施了“空地一体作战”的作战理论。20世纪90年代中期,美军在新式飞机、精确制导武器和能覆盖全球的综合电子信息系统的基础上,又提出了“主导机动、精确交战、全维防护、定向后勤”的2010年的联合作战理论。在1999年北约军队对南联盟的空袭中,美军还运用了“联合连续作战”等新的作战概念。

进入21世纪,武器装备远程精确化、智能化、隐身化、无人化趋势更加明显,人工智能、物联网、大数据等高新技术在军民两个领域相互转化,加之世界主要国家军事战略不断调整、军事力量建设持续加强,作战理论呈现出多点开花的态势。美军为了获取信息优势,并将其转化为决策和行动优势,最终实现信息制胜,提出了“网络中心战”“知识中心战”等理论。俄军强调围绕统一目标,实施跨军种、跨领域、跨机动的一体化联合,发挥整体作战效能,提出了“地空一体机动战”“全方位机动防御”等理论。此外,日本自卫队提出“跨域防卫”“离岛防卫作战理论”,法军提出“作战水泡”理论等,都强调军种、领域的深度联合。

三、军事装备发展对作战指挥的影响

作战指挥,是伴随战争和军队的出现而产生的,军事装备的发展极大地提高了作战指挥的作用和要求。随着社会生产力、科学技术、武器装备和战争的发展,作战指挥经历了一个从低级到高级、从简单到复杂、从将帅个人指挥到通过参谋部和指挥信息系统指挥、从以手工手段指挥到以指挥自动化手段指挥的发展过程。

在冷兵器时代,军事装备决定了作战样式是短兵相接,这就要求军事指挥员要亲临战场、立马横刀,现场调兵遣将、喝令三军、直接指挥。指挥手段和工具主要是击鼓、鸣锣、吹号、挥旗、施放烟火等。

进入黑火药时代以后,火枪、火炮和车、船、飞机等输送装备的使用,使战争的规模、流动性和作战空间不断扩大,战场情况越来越复杂,作战指挥的难度也越来越大,迫使指挥员从直接参战状态中摆脱出来,并建立了收集、处理大量信息和协助指挥员工作的指挥机构——参谋部。参谋部于 19 世纪初在拿破仑的军队中产生,19 世纪中叶,普鲁士的老毛奇使参谋部机构得到进一步完善。在作战指挥手段上,望远镜、电话、电报等现代指挥工具相继出现和运用。

20 世纪以后,第一次世界大战、第二次世界大战及战后局部战争的发展,军事装备中出现了坦克、飞机、现代军舰、远程火炮、高射炮、直升机、潜艇、化学武器、核武器等与一般火器完全不同的现代兵器,作战由平面空间向立体空间扩展,并出现了许多新的作战形式和样式。作战指挥也随之出现了较大的发展。全世界大多数国家的军队,营以上作战部队均建立了参谋部,并逐步完善了以基本指挥所为核心的各种不同类型的指挥所和指挥附属设施相配套的野战指挥机构,形成了纵横一体的较完善的作战指挥体系。传统的有线通信、无线通信手段有了飞快的发展,军用有线电话直接通到分队指挥员,各种类型和功能的无线电台和无线电话逐步普及到基层的指挥员;同时,雷达、声纳指挥器材得到广泛运用,各种新的光学、夜视指挥器材出现并开始运用于指挥领域。

第二次世界大战结束后,尤其是 20 世纪 60 年代以来,一系列崭新的现代军事装备,特别是以先进的侦察监视装置、精确制导武器、电子战装备和指挥自动化系统为代表的信息化装备的研制成功,使现代战争和战场日趋多维化、立体化和信息化。需要利用的各种信息呈几何级数增长,战场信息的获取、处理、传输和利用以及指挥决策等已不是指挥和参谋人员依靠自身的能力可以胜任的,急需实现指挥自动化。而计算机技术和通信技术的发展又提供了这种可能,于是出现了以电子计算机为主体的集指挥、控制、通信和情报于一体的指挥自动化系统,即 C^3I 系统。沿袭了几千年的手工作业指挥方式,最终被自动化指挥所取代,从而较好地解决了军队分工与作战协同之间的矛盾,极大地提高了军队的指挥效能和整体作战能力。现在,指挥自动化系统正在向新型的一体化的综合电子信息系统,即一体化的指挥、控制、通信、计算机、情报、监视和侦察(IC^4ISR)系统发展。

四、军事装备发展对后装保障的影响

后勤与装备保障(简称后装保障)的主要任务,就是以人力、物力、财力及技术力对军队的人员和装备提供保障。军事装备的发展对后装保障的变革具有重要的影响。一方面,武器装备的发展直接对后装保障提出新的需求,装备保障在后装保障中所占的比重和地位明显上升;保障装备的发展直接为保障能力的提高和保障方式的变革创造了有利条件。另一方面,军事装备的发展引发军队建设和作战的一系列变革,间接地要求后装保障进行相应的变革。军事装备的发展导致后装保障的内容、任务和方式不断发生变化。

冷兵器时代,后装保障的内容主要是粮草、衣甲、兵器等供应,刀枪箭等冷兵器伤员和一般病员的治疗,各种冷兵器的简单修理。保障方式也比较简单。物资供应主要采取军队携带和就地取给方式,有所谓"兵马未动,粮草先行"和"因敌于粮"之说;交通运输主要采取陆上的人畜力运输和水上借助于人力、风力及水流动力的船运;装备修理主要由使用者个人修理及少量的"工匠"修理。

热兵器时代,随着火器的出现和各种摩托化、机械化武器装备及空中、海上武器装备的产生与发展,弹药、油料、维修器材等成为物资供应的重要内容,各种枪伤、炮伤、烧伤及化学、细菌武器伤员等多种伤情构成复杂的救治内容,军事装备维修的地位与作用明显上升,对大量人员、物资、装备实施前送后送的交通运输成为后装保障的中心环节。后装保障方式也发生相应的变化。物资供应发展为部队携行、后方供应、就地取给、取之于敌、生产自给等多种供应方式;伤病员的救治发展为自救互救、火线抢救、紧急救治、早期治疗、专科治疗等构成的分级阶梯治疗方式;交通运输发展为由汽车、火车、飞机、舰船、管线等构成的多种手段和地面、空中、水上多种运输方式;装备修理发展为战场修理和后方修理构成的逐级修理方式,战场修理出现了伴随修理、定点修理、巡回修理等多种方式。

20 世纪 80 年代以来,随着现代技术特别是高技术武器装备的不断产生,军队物资供应的种类和数量不断增多,各种物资已达三四百万种,直接属于或用于武器装备的弹药、油料、维修器材等物资,在整个物资中的比重大大上升。海湾战争中,美军日消耗物资近 20 万 ~30 万吨,比朝鲜战争时增加了近 100 倍;美军一个装甲师一昼夜作战就消耗 5000 吨弹药、30 万加仑油料等。其中技术含量高的物资比重也日趋增大。美军在海湾战争的空袭和地面作战阶段,使用的精确制导弹药种类分别占使用弹药总种类的62%和40%;在空袭科索沃战争中,使用精确制导弹药所占的比重高达90%以上。装备维修在后装保障中的地位和作用越来越突出。由于高技术军事装备在战争中的作用不断增大,而它们的结构复杂、技术含量高,在战争中的损坏率高,为保持部队的战斗力,特别需要及时而有效的装备维修。后装保障方式也发生了重大变革,以地面为主的平面保障方式被多维立体保障方式所取代,多环节的逐级保障方式被少中转的越级保障方式所取代,由后向前的单向保障方式被全方位多向保障方式所取代,固定的基点保障方式与灵活的机动保障方式相结合。特别是保障装备信息化程度的不断提高,不仅使后装保障资源实时可视,保障行动实时可控,而且对装备实施远程检测维修和伤病员实施远程诊断治疗将成为一种新的保障方式。

五、军事装备发展对军队体制编制的影响

军队体制编制随着军队的出现而出现、发展而发展,经历了由简单到复杂、由低级到高级的发展过程。军队体制编制变革受多种因素的影响,其中军事装备的发展是重要的因素之一。正如马克思所说:“随着新作战工具即射击火器的发明,军队的整个内部组织就必然改变了,各个人借以组织军队并能作为军队行动的那些关系就改变了,各个军队相互间的关系也发生了变化。”[①]在一定意义上讲,军队的体制编制主要是人和装备的结合方式,装备的发展以至更新换代,必然引起军队体制编制的改变乃至变革。

首先,军事装备发展导致军兵种的产生与消亡。军种是按主要作战领域和主战兵种,对军队构成成分划分的基本种类。兵种是按主战装备和作战任务等,对军种构成成分划分的基本种类。纵观古今中外的各军兵种,绝大多数都是随各种武器装备的产生而产生,并以主要武器装备的名称、作战性能和作战领域来命名的。

冷兵器时代,陆军一般只有步兵、骑兵、车兵几个兵种。进入热兵器时代后,火炮的发明产生了炮兵。自动武器、坦克、化学武器的出现以及其他各种技术装备的发展,使陆军又增加了装甲兵、工程兵、通信兵、防化兵等新的兵种和各种专业勤务部队。20世纪初,飞机的出现导致首先在军队中建立了航空兵,随着航空兵器数量的增加和作战效能的提高,航空兵又升格为空军,并逐渐分为了航空兵、地空导弹兵、高射炮兵、空降兵、雷达兵等兵种。对空防御武器的发展,产生了防空兵。导弹核武器的出现,导致了战略火箭军的建立。随着舰船种类的增多,海军逐渐增加了水面舰艇部队、潜艇部队、海军航空兵、海军岸防兵、陆战队

① 马克思恩格斯军事文集(第1卷),北京:战士出版社,1981,第53页。

等多个兵种。据预测，航天武器的发展，将产生一个在外层空间作战的军种——天军。随着大量信息武器和新概念武器的产生，还将会产生许多新的兵种。在新的军兵种不断出现的同时，一些老的兵种被逐渐削弱，直至消亡。古代步兵由于弓弩的发明而使车兵被逐步淘汰；坦克和机枪等现代军事装备强大的火力使骑兵在战场上的生存能力急剧下降，导致这个古老的兵种最终退出了战争舞台。

其次，军事装备发展影响军队军兵种结构比例的变化。由于各军兵种的主要武器装备不断发展，作战效能不断提高，为了实现各军兵种最佳的有机组合并提高整体作战效能，各军兵种的结构比例必然要进行相应的优化调整。

第一次世界大战期间，各国陆军在武装力量中的比重都在95%以上。随着海、空军军事装备的发展，第二次世界大战期间陆军比重下降到70%左右，战后这个比例又进一步减小，海、空军的比例则不断上升。例如：美国陆军占军队总员额的36.5%，海军（含陆战队）占35.6%，空军占27.7%；英国陆军占51.7%，海军占21.5%，空军占26.8%；法国陆军占54%，海军占11.8%，空军占17.3%。在陆军中，由于火炮、坦克、直升机和各种技术装备大量装备部队，步兵的比重逐渐下降，炮兵、装甲兵等技术兵种的比重越来越大，陆军航空兵、电子对抗部队等新兵种已占有一定比重。随着军事装备进一步的发展，各军兵种在军队总体构成中的比例还将发生相应的变化。

最后，军事装备的发展影响军队编组形式。军事装备的发展是军队编组形式发展变化的主要影响因素之一，对军队编组形式的发展变化有着十分重要的制约和促进作用。

近代工业革命之前，科学技术和社会生产力水平提高比较缓慢，装备的发展也比较缓慢，因而军队编组形式的变革也相对缓慢，多以密集战斗队形作战，因此，部队多采取十、百、千的整数编制，并根据使用不同武器分别编组为投石队、弓箭队、短剑队、长矛队、狼牙棍队、大刀队等各种步兵队和车兵、骑兵。

19世纪后期的工业革命后，坦克、飞机、舰艇、航空母舰、无线电、雷达以及先进枪炮等一大批自动化、机械化武器装备相继问世并广泛应用，为实现各种武器装备的功能互补及整体作战效能的发挥，军队中各兵种的混合编组程度大大提高，并逐渐由师以下的战术单位发展和形成军以上的军种战役军团。

21世纪以后，随着军事装备高技术化特别是信息化程度的不断提高，部队的编组形式向着一体化、多能化、小型化的方向发展。远程的精确制导武器和先进的信息、指挥装备系统，使陆、海、空战场连成一个各军种可以共同作战的统一作战空间，从而促使诸军兵种进一步合成进程的加快和范围的扩大，将由兵种合成编组向军种合成编组过渡，逐渐向陆、海、空、天、电一体化部队的高度合成方向发展。由于武器射程、精度、杀伤力和机动力的增强，使得部队编组的规模越来越小。与第二次世界大战时比较，现在陆军一个营的防御正面已扩大了5倍以上,海军航空母舰编队的进攻能力增加了100倍以上,空军联队的作战能力增加了数十倍甚至数百倍。

思考题

1. 试论军事装备的信息优势在军事斗争中的作用。

2. 军队战斗力的三大基本要素是什么？军事装备的数量和质量是如何影响军队战斗力提升的?

3. 以自己职掌或者熟悉的武器装备为例,说明我军武器装备建设成就和未来发展趋势。

4. 试述智能化装备对作战方式的影响。

5. 试论军事装备发展对后勤与装备保障的新需求。

第三章　军事装备的发展历程、规律和趋势

从远古人类以石块、木棒作为“武器”到当今遍布陆、海、空、天、电、网多域空间的庞大的装备体系，军事装备伴随着人类文明进步所走过的历程，提炼出的一般规律，以及分析得到未来的发展趋势，是军事装备学研究的重点。这对于构建军事装备学学科基础理论，充分认识军事装备自身特点，做好军事装备工作具有重要意义。同时，本书作为海军院校教材，对海军装备的发展历程、规律和趋势一并进行研究和阐述，可以为学员更好地了解和掌握职掌装备，立足岗位开展装备工作提供借鉴和参考。

第一节　军事装备的发展历程

随着科学技术的进步、社会生产力的提高和战争的需要，军事装备经历了冷兵器、热兵器、核武器和信息化武器装备等不同发展时期。海军装备的发展总体上遵循了军事装备发展的一般历程，其作战性能的提高具体体现在舰船的动力、舰载武器等方面的进步和提高上。

一、军事装备发展一般历程

对于军事装备发展的历史进程，可以有不同的理解和划分方法。如果从能量运用和作用机理的角度考察，可以将军事装备的发展划分为冷兵器、热兵器、机械化武器装备、核武器和信息化武器装备等不同阶段。冷兵器是直接利用或拓展人的体能；热兵器是直接利用火药燃烧产生的化学能量进行杀伤，或将化学能量转化成物理能量进行杀伤破坏；机械化武器装备是利用化石燃料等转换为机械能作为驱动力，将火力与机动力合为一体；核武器是利用原子核物理反应所产生的巨大能量进行杀伤破坏；信息化武器装备则是在机械化武器装备基础上升级换代，通过电子计算机开发利用和延伸拓展人类的智能，侧重于信息与知识的运用和转化。

值得说明的是，在对战争形态进行划分时，通常是以主战武器装备的技术属性为依据的，因此，按照上述对军事装备历程的划分，可以将战争划分为冷兵器战争、热兵器战争、机械化战争、核武器战争、信息化战争等形态。

（一）冷兵器时期

冷兵器时期是指使用石兵器、铜兵器和铁兵器直到火器出现以前的漫长历史时期，大致从原始社会晚期至公元10世纪。冷兵器是直接利用人的体能或利用简易机械装置拓展人的体能发挥杀伤作用的兵器。冷兵器可从不同角度进行区分，按材质可分为石、骨、蚌、竹、木、皮革、青铜、钢铁兵器等；按用途可分为进攻性兵器和防护装具，而进攻性兵器又分为格斗兵器、远射兵器和卫体兵器3类；按作战使用可分为步战兵器、车战兵器、骑战兵器、水战兵器和攻守城器械等。

（二）热兵器时期

火药的发明和原始火器的诞生，标志着热兵器时期的开端。热兵器的主要作用机理是以化学能直接杀伤破坏，或利用化学能做功转化为物理能进行杀伤破坏，其作战效能主要通过威力、射程、射速、机动性等物理量加以衡量，火力的强弱成为影响作战胜负的重要因素之一。从冷兵器到热兵器，是军事装备发展史上的一次重大革命。但由于生产力水平低下，原始火器问世后并未很快完全取代冷兵器，世界各国大都经历了一个漫长的热兵器与冷兵器并用时期：我国从10世纪到19世纪中叶，欧洲从14世纪初到17世纪中叶。热兵器时期先后经历了火药和原始火器、枪炮等主要发展阶段。

（三）机械化武器装备时期

机械化武器装备主要指军用舰艇、潜艇、飞机、坦克、装甲车辆等武器系统。它们都以机械化运载发射平台为基础，典型特征是通过化学能与物理能的转化，将火力与机动力合为一体。19世纪末，科学技术的新突破，资本主义大工业生产方式的确立，再加上列强争夺殖民地和势力范围的战争危机日益加剧，为新式武器的发展注入了活力。第一次世界大战前后，机械化武器装备相继研制成功并登上战争舞台，使主要作战武器从人背马驮进入机械动力运载状态，将人对武器的直接操作转化为人通过机械实现对武器的操纵。到第二次世界大战前夕，主要军事大国已拥有包括航空母舰、飞机、坦克和新型自行火炮等在内的系列化大型机械化装备的研制与生产能力，并且建立了庞大的海军舰队、航空师和装甲师，机械化装备的发展已经趋向成熟。机械化武器装备使军事装备的使用范围从陆地扩展到空中、地面、水上、水下等立体空间，从而极大地改变了战争的面貌。

（四）核武器时期

1945年7月16日，美国率先爆炸成功第一枚原子弹，人类由此跨入了核武器时期。核武器系统包括核武器以及运载发射、指挥控制、作战保障等系统,其中,核武器又分为裂变武器(原子弹)和聚变武器(又称热核武器,包括氢弹和中子弹)两大类。热兵器是直接利用化学能,而核武器是直接利用原子核反应产生的物理能量作为杀伤破坏因素。由于核爆炸释放的能量巨大,反应过程又非常迅速(微秒级),因此会在爆心及其周围形成高温、高压和强电磁辐射,产生冲击波(水面或水中核爆炸的冲击波还会引起巨浪破坏效应)、光辐射、早期核辐射、放射性沾染和核电磁脉冲等主要杀伤破坏效应。核武器的发展促进了作为核武器投掷发射系统的战略轰炸机和导弹的发展,20 世纪 70 年代以来,生存能力更高、机动能力更强、反应速度更快的机动式、分导式战略核弹头弹道导弹成为各国发展的重点,核巡航导弹也异军突起。导弹核武器的发展又促进了现代防御系统的发展,苏联(俄罗斯)和美国都曾部署过直接拦截弹道导弹的战略反导系统。

(五)信息化武器装备时期

信息化武器装备是在机械化武器装备的基础上发展起来的。信息化武器装备主要指具备信息获取、处理、控制、利用等功能的军事装备,其典型特征是以信息为主导要素,从机械化操纵扩展到自动化、智能化控制。20 世纪 90 年代初,高新技术武器装备的快速发展和广泛使用,标志着信息化武器装备时期的初步形成。信息化武器装备是现代战争的基本手段,促进了战争形态从机械化战争向信息化战争的转变。

二、海军装备发展历程

随着战争需求和社会生产力的进步,海军装备从原始简单的古代战船、冷兵器,发展到现代的大吨位、多系统、高性能的舰艇以及多兵种装备,直至形成结构优化、功能齐全、具备综合作战能力的海军装备体系,经历了长达数千年的漫长过程,可分为古代、近代和现代三个时期。

(一)古代海军装备时期

按古代战船与船用兵器的发展,古代海军装备分为划桨战船和风帆战船两个时代。

1. 划桨战船

划桨战船,主要靠人力划桨摇橹推进,顺风时辅以风帆,所以也称为桨帆船。划桨战船时代,海军的战船经历了从单层甲板平底船到单层桨战船、三层桨战船、五层桨战船等多层桨战船的演进。海战武器最早主要是船载士兵手持的冷兵器(矛、剑、弓、标枪等);船只本身由于船首装有冲角,也常常成为武器;后来发明了抛石弹射机和弩;直到14世纪末15世纪初,才开始使用火炮。最初海战的战法主要是接舷(跳邦)肉搏和冲撞,有时也用火攻。实质上是陆战向海上的变相延伸。但是,在战术上也是有发明和进步的。例如,采用"船舷切桨"法;利用"乌鸦座""钳子"钩住敌船厮杀的战法;派机动小船偷袭桨手的战法,等等。

16世纪以前,无论东方还是西方,都是划桨战船占统治地位的时期。但是,划桨战船有自身不可克服的局限性。由于它以人力划桨为动力,为提高船的速度,就必须增加船的桨数,进而也必须相应增加划桨的人数。在船舶长度难以再增加的情况下,只能采用交叉或重复设桨的办法,这势必使战船变得愈加笨重,从而妨碍战船的机动力,同时也使战斗人员的人数受到限制。因此,战争实践的需要诱发了舰船史上的动力革命,随着人类认识自然、利用自然能力的不断提高,促使了风帆战船的兴起。

2. 风帆战船

风帆战船,装有火炮,竖有多桅帆,以风帆为主要动力并辅以桨橹,能远离海岸在远洋航行作战,作战方法主要是双方战船在数十米至千米距离上进行炮战,并辅以接舷战。

人类早在桨船时代,甚至远古时期就懂得了运用风帆。10世纪至12世纪就已出现较地道的帆船。但是海军从桨船时代过渡到风帆战船时代,却花了大约四五百年之久,直到15世纪末16世纪初才开始进入风帆战船新时代;17世纪中叶才最终完成从划桨战船时代到风帆战船时代的彻底转变。这是因为在火炮发明之前,帆船作为作战平台并不合适,因为操纵风帆意味着无法逼到离敌人较近的距离,使火药发明之前的武器得以发挥作用。桨船更容易操纵,作战双方可以使用剑或长矛互相格斗。桨船还有一个好处:它装上攻坚用的撞角,桨手全力划船,对准敌船的船身一侧撞去,真的可以把敌船撞沉;而结实的木制帆船尽管经受得住这种撞击,但做不到高速撞沉对方。对帆船来说,风小了速度上不去,风大了海面波涛汹涌,不想翻船的船长都不会冒险出海。

风帆战船时代火炮在战船上的运用,几乎是与风帆船只的发展同步前进的。风帆与火炮的结合,带来了海战方式的革命,撞角冲击和登船肉搏过时了,"隔离战斗"开始了。特别是16世纪初舷侧炮问世后,风帆战船用火炮作战便越来越普遍。风帆战船由两桅、三桅发展到四桅、多桅。战船吨位也越来越大,出现了1500吨以上的巨型风帆战列舰,中国明朝郑和下西洋中所使用的大型宝船,排水量达3000吨以上,达到了19世纪以前木帆船的顶峰;火炮也越装越多,最多超过了100多门。英国还率先按火炮门数和用途将战舰分成巡洋舰和战列舰两种,共6个等级。英国首创了适合风帆战船的"战列线战术",又根据战船与火炮性能的发展用“机动战术”取代了“战列线战术”。

从16世纪末到19世纪中叶,木质风帆战船在海战中前后存在了近300年。此后,随着工业革命的兴起,蒸汽机的发明和广泛应用、木质船体向钢铁船体的转化及远洋奔袭战的出现,风帆战船越来越难以适应高机动力海战的要求。这样,以蒸汽机为动力的钢铁战船便逐渐取代木质帆船,成为海战的中坚。

(二)近代海军装备时期

蒸汽机的发明,冶金、机械、燃料等技术的应用,使得造船的材料、动力装置、武器、航海设备和建造工艺发生了根本变革,为近代海军装备的发展奠定了物质基础,历次战争的需求则极大促进了装备发展。从19世纪初至20世纪40年代,先后经历了蒸汽动力的钢铁战舰,多舰种、多兵种装备形成,以及潜艇、航空母舰与舰艇配套装备快速发展等主要阶段。

1. 蒸汽动力的钢铁战舰初期

19世纪初,风帆战船开始向蒸汽舰船过渡。1815年,美国建成第一艘以蒸汽为动力的明轮战舰,排水量2745吨,航速小于6节,装有火炮32门。1836年螺旋桨出现后,蒸汽机逐步成为战舰的主动力装置,航速提高数节至十几节,但仍以桅帆作辅助动力。同时,舰炮口径加大,爆炸弹取代实心弹,后装线膛炮逐步取代前装滑膛炮,旋转炮塔炮取代舷炮,破坏力不断提高。这一变化迫使大型舰艇在舷部和甲板装设装甲防护带,于19世纪60年代初出现装甲舰和装甲巡洋舰,并逐渐成为舰队的主力。此后,钢铁逐步成为主要造船材料,船体结构更加坚固耐用,排水量增至万吨以上。

2. 多舰种、多兵种装备形成阶段

19世纪下半叶,水雷和鱼雷陆续装备舰艇。1877年英国研制出鱼雷艇,1892年俄罗斯研制成布雷舰,接着各国陆续建造鱼雷艇和布雷舰并用于海战。水雷和鱼雷的威胁迫使大型军舰设置水下防雷结构,并专门建成了对付鱼雷艇的鱼雷炮舰,以后逐渐演变成驱逐舰。20世纪初,出现了具备一定作战能力的潜艇,扫雷舰艇、水上飞机也相继出现,探测鱼雷、水雷的水中听音器和无线电通信技术得到应用。同时,舰艇开始采用蒸汽轮机动力装置和柴油机动力装置,航速进一步提高。1906年,英国建成当时火力最强的“无畏”号战列舰,航速达21节。日俄战争后,出现了近代护卫舰和水上飞机母舰。第一次世界大战中,潜艇发挥了重大作用,使得反潜舰艇问世,水面舰艇普遍加装反潜武器,并出现了航空母舰。战后,随着造船焊接工艺、分段建造技术广泛应用和机械、设备的标准化,各国成批建造了战列舰、巡洋舰、驱逐舰、护卫舰、航空母舰、小型舰艇和潜艇,勤务舰船也得到相应的发展;适应水面舰艇防空需要,出现了装备大量高射炮的防空巡洋舰。

3. 潜艇、航空母舰与舰艇配套装备快速发展阶段

第二次世界大战中,海战从水面、水下扩展到空中,多次进行大规模登陆作战,使航空母舰和潜艇成为海军的重要突击兵力。航空母舰吨位加大、性能改进,舰载机的研制和使用技术渐趋成熟,投弹、鱼雷攻击命中概率不断提高,打击效果超过重型舰炮,战争期间先后参战多达 220 艘,击沉各种舰船共 700 余艘、200 多万吨,逐步取代了战列舰的主力舰队地位。潜艇性能全面提高,战争中击沉各种舰船共 5300 余艘、2000 多万吨,战争期间,各国先后建造潜艇 1600 多艘。同时,随着磁控管等电子元器件、微波、模拟计算机等关键技术的突破,出现了舰艇雷达、机电式指挥仪等新装备,形成舰炮武器系统;潜艇对水面舰艇和海上交通线的严重威胁,以及对目标在海洋环境中的磁性、水压、光电、音响、温度等特定物理场的研究,推动了潜艇、反潜舰艇、反水雷舰艇、水中武器、水中探潜和攻潜装备的发展;为满足海上作战规模扩大、海空协同和登陆作战的需要,勤务舰船和登陆作战舰艇空前发展;海军基地作战指挥、海岸防御、舰艇和飞机驻泊(屯)、勤务保障、装备修理等保障体系的建设得到加强。

(三)现代海军装备时期

20 世纪 40 年代以后,军备竞赛和海洋争夺日益加剧,核技术、舰艇制造与飞机适配技术、导弹及精确制导技术、航空航天技术、海洋技术等一系列军事高技术的出现,极大地推动了现代海军装备的发展。

20 世纪 40 年代至 50 年代初,舰载导弹、反潜鱼雷相继出现。20 世纪 50 年代,航空母舰开始采用斜角甲板、蒸汽弹射器、升降机、拦阻装置和助降系统,装备喷气式飞机和机载核武器;第一艘核潜艇"鹦鹉螺"号建成服役;导弹开始装备大、中型舰艇;反潜舰艇、登陆作战舰艇得到进一步发展。20 世纪 60 年代,出现导弹驱逐舰、导弹护卫舰和战略导弹核潜艇、核动力巡洋舰、核动力航空母舰、直升机母舰、两栖攻击舰、猎雷舰、遥控扫雷艇。1967 年第三次中东战争后,许多国家普遍重视发展导弹艇,出现卫星跟踪测量船、卫星通信船、武器和设备试验船等,航行补给船、海洋调查船和电子侦察船在技术上也有新发展。直升机开始普遍装备大、中型水面舰艇。军用快艇开始装备燃气轮机动力装置,并采用水翼和气垫技术。20 世纪 70 年代,军用卫星、数据链、相控阵雷达、水声监视系统、超低频对潜通信、电子信息技术和电子计算机的广泛应用,使现代海军装备逐步实现电子化、自动化、系统化,并向智能化方向发展;搭载垂直/短距起降飞机的中小型航空母舰、大型航空母舰、通用两栖攻击舰等相继出现,导弹已成为战斗舰艇的主要武器。大中型舰艇普遍搭载直升机,战斗舰艇普遍装有火控系统和指挥控制系统。燃气轮机已被水面舰艇广泛采用。舰艇各系统的自动化程度普遍提高。20 世纪 80 年代以后,随着高新技术特别是电子信息技术迅猛发

展和广泛应用，各国海军为了适应未来信息化战争的需要，加快海军高技术装备发展，新型潜射弹道导弹、中远程巡航导弹、反舰导弹、反潜导弹、舰空导弹、制导鱼雷、制导炮弹等一系列精确制导武器及相应的电子信息系统装备海军，进一步增强了现代海军的综合作战能力。

进入21世纪后，第四代攻击型核潜艇先后服役，其共同特点是：服役期内不换料，在航时间长；自然循环性能好，安静性提高；普遍装备巡航导弹，注重对陆打击能力；信息化、自动化程度高。水面作战舰艇继续呈现多样化发展。在航空母舰方面，美国最新型的"福特"级航空母舰服役，整体自动化程度大幅提高，操作人员由"尼米兹"级的3190人减为2000人左右，采用电磁弹射装置取代传统的蒸汽弹射器，搭载新一代F－35系列战斗机和无人作战飞机。驱护舰方面，新型动力装置、全电推进系统得到长足发展，舰艇生命力进一步提高，隐身性能和作战能力不断提升。

第二节　军事装备的发展规律

军事装备发展规律，与科学技术发展和战争实践活动有着直接的联系，又与其所处的社会环境和时代背景密切相关。纵观军事装备产生和发展的历史，探讨和总结军事装备发展的基本规律，既是军事装备学理论研究的重要内容，又是加强装备工作宏观指导的客观要求。本节探讨军事装备发展的一般规律和近年来海军装备发展的新规律。

一、军事装备发展一般规律

（一）与军事需求和现实条件相适应规律

军事装备发展是在科学技术推动下实现的，同时也离不开军事需求的牵引作用，并在国家整体经济实力的基础上进行，要与国家现实条件相适应。军事装备发展与军事需求和现实条件相适应，是军事装备发展的外部规律。

1. 军事装备发展要与军事需求相适应

发展军事装备的根本目的就在于满足军事活动和战争实践的需要，没有军事需求，军事装备发展也就无从谈起。军事装备在发展全程中始终离不开军事需求的牵引。

由于军事装备是直接服务于军事活动的，因此，军事装备发展始终与军事需求的变化有着直接的、密切的内在联系。战争及其他军事活动的理论与实践，不断对军事装备的数量、品种、水平、性能、结构等提出新的需求，牵引和主导军事装备发展的基本方向,以满足军事的需要。在技术可以满足的条件下,任何一项现实的新的军事需求都可能牵动军事装备的发展;而在技术还一时难以满足时,军事需求将会促进新技术和新装备的加速发展。

第二次世界大战中德国斯图卡俯冲轰炸机的研制和开发,就是军事需求牵引武器装备发展的典型例子。当时英国等国空军以执行战略轰炸任务为主,针对的是面状目标,对于投弹精度要求相对不高。但德军以陆军为主,其空军所起的作用主要是配合陆军作战,任务是对地攻击,打击点状目标。在第二次世界大战时还没有精确制导技术,炸弹从空中落下受到惯性和风力的影响很难命中点状目标。为了准确命中这些目标,德国提出了俯冲轰炸的方式,并研制开发了斯图卡俯冲轰炸机。执行轰炸任务的飞机在接近目标时,机头对准目标急速俯冲,在距离目标数百米时投放炸弹并迅速拉起机头以避免撞地,这样炸弹就会沿着飞机原先的飞行线路准确地命中目标。斯图卡俯冲轰炸机为了适应高速俯冲、迅速拉起的需要,采用了非常牢固的机体结构、固定的起落架、双折线结构机翼设计和安装俯冲减速板等。为了加强对敌军的心理威慑,斯图卡俯冲轰炸机还专门安装了呼啸装置,在飞机俯冲时发出尖利的声音。斯图卡俯冲轰炸机在德国进攻波兰、法国的闪击战中,以及在苏联的东线战场上都有着出色的表现。

此外,还有大量军事需求牵引装备发展的例子。如为了满足阿富汗战争中,对基地组织和"塔利班"活动的空旷山区长期监控,对于高价值恐怖分子发现即歼灭的作战需求,美军在原本用于情报获取的"捕食者"MQ-1 无人机上加装"海尔法"导弹,形成了第一款察打一体 MQ-1L 无人机。并于 2001 年 10 月 17 日首次使用该型无人机发射导弹,摧毁了"塔利班"组织的一辆坦克,开创了无人机使用精确制导武器攻击地面目标之先河,形成了无人机作战的新模式。

总体来说,对武器杀伤力的追求,推动了枪炮技术的发展,最终导致核武器的出现。而在核武器不能轻易付诸实战的情况下,精确制导武器则成为杀伤性武器发展的重点。为满足精确打击的需求,又必须进一步提高信息化、自动化、智能化的指挥控制能力和信息对抗能力。联合作战的提出与付诸实施,也必然要求有相应的信息化、一体化的军事装备体系。

2. 军事装备发展要与科学技术发展相结合

军事装备是科学技术在军事领域应用和物化的结果,没有科学技术的进步,就谈不上军事装备的发展。科学技术始终是军事装备发展最主要的推动力。只有当科技发展到一定水平,特别是出现重大科学发现和技术发明以后,军事装备才会出现明显的整体跃升。

各种现代军事装备从原理、结构的研究、设计到使用和改进,都是建立在现代自然科学、技术科学发展的基础上的,都离不开现代自然科学提供的理论武装和技术科学的突破。实际上,从常规武器到战略武器,从传统武器到高技术武器，其创新或研制与改进都离不开自然科学和技术科学的发展。

众所周知，利用核物理学的发展，美国、苏联等国开发出了原子弹、氢弹、中子弹等核武器；又以空气动力学、材料科学、推进技术和自动控制技术等的发展为基础，研制出了弹道导弹，为核武器提供了新的投掷运载手段；以微电子学、计算机技术和传感器技术的成就为条件，人们开发出了精确制导武器，为高技术战争提供了更加高效的火力突击手段；利用人工智能技术，人们不仅实现了对军事装备特别是作战平台和弹药的有效控制，而且还开发出人工智能导弹、无人操纵火炮、无人驾驶坦克、无人机等能自主寻找、辨别和摧毁目标的人工智能武器；利用信息探测技术，人们已经发展了各种新型的光学探测器材、夜视器材、多功能雷达、地面传感器等侦察、探测装备，为现代作战提供了更灵敏、更高效的“耳目”；利用束能技术，人们已经或正在开发高能激光武器、粒子束武器和微波武器等一大批新概念武器，它们靠激光束、粒子束、微波束等所具有的束能来毁伤目标；利用隐身技术，人们发展了一批新型的隐身作战平台和弹药，使其雷达信号特征、红外辐射特征、可见光特征和声学特征等可探测性特征迅速降低，极大地提高了作战平台的生存力和突防力；利用航天技术，人们研制出卫星、航天飞机、空间站等航天军事装备，为天战奠定了一定的物质基础。可以肯定，随着高技术的进一步发展，将会有更多的新型军事装备出现在未来战场上。

总体上看，当今世界哪一个国家的科技水平高，其军事装备的研制开发和生产水平也就高。这也就是高技术装备的研制与生产高度集中在美国、西欧国家和俄罗斯等少数国家的原因。而广大发展中国家正是由于科技水平不高，在高技术装备的发展中大都缺乏研究开发能力，只能依靠从上述国家购买。

研究发现，现代军事装备的发展需要解决一些关键技术问题，如电子技术、材料技术、发动机技术和制造技术等。如果这些基本技术不过关，或者发展水平不高，军事装备的发展很难达到较高水平，更难以取得重大突破。这些关键技术是任何国家特别是发展中国家要独立发展军事装备必须解决的难题。

3. 军事装备发展要以国家经济实力为基础

军事装备的发展需要消耗大量人力、物力资源，除了需要技术支撑之外，还需要大量的经费投入，即必须以国家的经济实力为基础。经济实力显然是能否以及怎样发展军事装备的又一个决定性因素。如果一个国家仅有先进的技术，而缺乏必要的经济实力，军事装备的发展也难以满足军事上的需求。这就是说，军事装备的发展对经济有极大的依赖性，而国家的经济实力（经济可承受性）往往制约军事装备的发展。西方国家的学者认为，只要国防开支不超过国内生产总值的7%，就不会影响国民经济正常发展。和平时期的国防投入占国内生产总值的3%左右为宜。发达国家高于3%，发展中国家低于3%；小国高于3%，大国低于3%；发展中的大国可低于3%，但不能低于2%，否则将影响到军队和装备的发展。

20 世纪 80 年代以来西方国家军队重要装备采购计划的实施,都不同程度地受到价格因素的制约,最典型的是美军采购 B-2 轰炸机的事例。20 世纪 80 年代初,美军开始研制具有隐身性能的 B-2 轰炸机,当时计划采购 132 架,总费用 366 亿美元,单价约 2.77 亿美元;后来因为提高了对电子设备的技术要求,到 1990 年总费用增加到 702 亿美元,单价达 5.3 亿美元。受军事战略调整和军费削减的影响,以及美国国会的激烈反对,美军被迫将 B-2 轰炸机的计划采购数减至 75 架,总费用约 611 亿美元,单价又升到 8.1 亿美元。即使这样,国会仍不顾军方的反对,决定取消 B-2 轰炸机的大部分生产费,只在 1991 财年国防预算中给美军留下已批准生产的 15 架 B-2 轰炸机的生产费,1992 年又决定将 B-2 轰炸机的最终装备数量定为 20 架。从 132 架到 20 架,如此大幅度地削减采购数量,其原因尽管是多方面的,但经济因素的影响无疑是最重要的。

从 20 世纪 50 年代以来,军事装备的造价增长迅速,单件装备造价的增长如表 3-1 所示。此外,军事装备所需要的费用还不能光算上其造价,实际上其全寿命的维持费用将更大。著名军事评价员杜文龙在《舰船知识》上撰文指出,美国"尼米兹"航空母舰,如果按服役 30 年计算,每艘航空母舰维持费用为 111 亿美元,舰上 90 架舰载机的采购和维护费用为 198 亿美元,导弹驱逐舰、导弹巡洋舰等护航舰艇的费用为 67 亿美元,油、水和食物的费用为 55 亿美元。粗算下来,一艘"尼米兹"级航空母舰编队全寿命费用高达 430 多亿美元,若按 20% 的通货膨胀率来计算,将近 600 亿美元,年均耗资 20 多亿美元,称为"吞金兽"毫不为过。

表 3-1　单件军事装备造价的增长(单位:美元)

种类	20 世纪 50 年代	20 世纪 80 年代	增长倍数
步枪	50	200	4
主战坦克	7 万	300 万	43
战斗机	10 万	4000 万	400
重型轰炸机	50 万	2 亿	4000
航空母舰	5000 万	50 亿	100

4. 军事-技术-费用综合平衡

由于军事装备的发展必须受到军事因素、科技因素和经济因素的影响和制约,因此各国在制定装备发展计划时,必须系统综合考虑这些因素的作用,以做出最佳选择。这就是说装备发展计划或研制项目必须是军事上有效、生存能力强和效费比高的,否则是不可取的。鉴于此三项判据或原则中包括军事效能、技术水平和成本费用等因素的共同作用,故将其简称为军事装备发展的军事-技术－费用综合平衡原则或规律。

军事上有效，是指所研制的装备必须具备所要求的技术和战术性能，能确保可靠地达到军事应用的有效性。

例如，20世纪50年代，美国计划研制的“奈基－宙斯”反导防御系统，于20世纪60年代计划研制的“奈基－X”“哨兵”和“卫兵”等三种反导防御系统，均因军事效能的可靠性不高而被取消。其中，“奈基－宙斯”系统不能拦截多弹头，不能识别真假目标，不具备高空杀伤目标的能力；“奈基－X”系统对于采用最新突防手段的洲际弹道导弹的袭击不能提供可靠的防御，其拦截高度低，即使摧毁了来袭的核弹头，核爆炸也会造成极大的危害；“哨兵”系统和“卫兵”系统对真假目标的识别能力差，雷达跟踪引导能力有限。

生存能力强，是指所研制的装备必须能在敌方的侦察监视和攻击等复杂环境条件下仍能确保生存（或具有充分高的生存能力），并继续以足够高的效率完成其任务。随着装备技术水平的不断提高，这一原则越来越重要。

例如，没有足够高的电子对抗能力和防护能力的坦克、飞机、舰艇，现在在战场上很容易被敌方的精确制导武器所摧毁。因此，那些只强调进攻能力不重视防护能力的新型装备的研制是不可取的。前述“卫兵”反导系统设备庞杂、不能机动、抗精确打击和核爆炸能力差，易被摧毁，是被取消的重要原因。英阿马岛战争中，英国最新式的“谢菲尔德”号导弹驱逐舰被一枚“飞鱼”反舰导弹击沉，主要是因为甲板材料使用不当、防护能力差的结果。不重视生存能力就会受到无情的惩罚。

效费比高，是指在装备的研制、采购和使用维修中应以尽可能少的投资达到尽可能高的效果。特别是高技术装备，由于其研制和生产费用以及使用维修费用越来越高，对经济因素的考虑就越来越重要，以使所发展的装备是造得起的、用得起的、经济上合算的。

美国海军最新的万吨级驱逐舰“朱姆沃尔特”号于2016年10月服役，该舰单从隐身性能、全电综合推进、网络集成、80单元多用途导弹垂直发射系统等方面而言，无疑代表了当今造舰的最高水平。但由于费效比过低等原因，使得该舰采购量由计划的32艘削减为3艘。一方面，第一艘“朱姆沃尔特”级驱逐舰造价高达38亿美元，几乎赶上了航空母舰造价，而且其155毫米口径隐身主炮，炮弹价格高达80万美元一枚。另一方面，在未实现全舰队隐身的情况下，单舰隐身作用有限；激光武器、电磁炮等定向能武器还处在研发阶段，综合电力系统的作用没有完全发挥。再加上其远程防空反导能力弱，反潜能力一般等问题，使得其作战能力大打折扣。因此，在当前的海洋战场环境下，“朱姆沃尔特”级驱逐舰深海支援战斗能力不足，浅海孤舰生存概率不高，且造价高昂，显然不值得大批量列装。

与此类似的还有美国在20世纪60年代放弃的核动力飞机研制计划。甚至美国“海狼”级攻击核潜艇也是由于造价太高,达到了23亿美元,而当初针对的对手苏联解体,再好的武器没有了用武之地,费效比显著下降,因此生产了3艘后,改为生产减配版的“弗吉尼亚”级核潜艇。

(二)军事装备发展的矛盾对抗运动规律

军事装备的发展演变是复杂的、典型的矛盾运动过程。矛盾对抗性反映了军事装备发展过程中的一种内在的逻辑联系,其集中表现在战术技术上的激烈对抗。这种对抗性大致包含三种规律:攻防对抗规律;用更先进的技术否定原有技术的否定之否定规律;从逐渐改进到完全创新的量质互变规律。在矛盾对抗运动中不断否定与完善,构成了军事装备发展演变过程中的内在规律。

1. 攻防对抗规律

从作战角度来说,发展军事装备要解决这样几个问题:发现(以及监视、定位、跟踪、识别)目标,向目标发起进攻(运载与推进),命中目标,杀伤(或毁伤)目标,杀伤效果的评估,勤务(后勤与装备技术)保障,对上述每一个环节及全过程的指挥与控制。在很大程度上可以说,军事装备及其系统就是在发现与反发现、运载与反运载、命中与反命中、摧毁与反摧毁、保障与反保障、指挥控制与反指挥控制等这样一种激烈的战术、技术的攻防对抗中发展起来的。

在冷兵器时代,有了长矛、弓箭等进攻性武器之后,人们便制造出了防御这些进攻性武器的盾牌和盔甲。到黑火药时代,为了防御火枪、火炮的进攻,人们修筑了坚固的城墙、城堡要塞等防御工事;为了摧毁坚固的防御工事,人们又不断改进火炮技术。火炮技术的不断改进和防御工事的不断加固就这样构成了黑火药时代军事技术史的主旋律。在自动枪发明以后,特别是当机枪大量用于战争以后,人们又发明了坦克。坦克是集进攻与防御于一体的名副其实的矛盾的对立统一体。为了对付坦克的进攻,人们又相继研制出了各种反坦克武器。

到了现代,有了飞机,人们就研制出高射炮和各种防空导弹;有了潜艇,人们就研制出了反潜用的深水炸弹和导弹;为了对付地基雷达、航空侦察和卫星侦察等先进侦察监视装备的威胁,就出现了与之对抗的伪装与隐身技术以及反辐射导弹;为了对付精确制导武器的攻击,研制出了雷达和红外对抗等电子战技术;为了不被敌方武器毁伤,研究出了各种掩体技术、装甲防护技术、发射井加固技术等;为了对付弹道导弹的远程打击,在其飞行(运载或推进)的全过程中,发展助推段拦截、中段拦截和末段拦截的反导防御技术;为了对付敌方的指挥、控制、通信、情报、侦察与监视系统,研究出包括通信对抗、雷达对抗、光电对抗乃至指挥自动化系统对抗等各种对抗技术,等等。

实际上,每一种新的进攻性装备的出现,都会导致另一种有效的对抗装备的问世。从古代到现代，这种相生相克的矛盾对抗关系，始终贯穿于军事装备发展和更新换代的全过程，而且未来还将按照这种逻辑发展。

2. 否定之否定规律

与进攻和防御的对立统一相联系，不仅用防御来对付进攻，还有用更先进的装备来代替原有装备的“否定之否定”。从冷兵器时代到今天的高技术装备时代，军事装备发展的否定之否定规律一直在起作用。

例如，公元11世纪开始，使用方镞箭的十字弓取代了普通弓；公元13世纪时，威力强大且使用灵便的英国长弓又淘汰了十字弓；15世纪法国制造出了新式的马拉机动野战火炮取代了笨重的铸铁炮，后来德国人设计出了性能优异的野战火炮，不久西班牙又制造出了比德国火炮还要好的火炮等。在现代，特别是在第二次世界大战后，美国与苏联之间曾发生过的长达40年之久的激烈的军备竞赛，更是完全按照这种否定之否定规律进行的。就战斗机的研制而言，从20世纪40年代末到80年代初，苏联针对美国的F－84研制出了性能较好的米格－15，美国便立即研制出了性能较米格－15优越的F－86，接着苏联又研制出了比F－86更好的米格－17；美国研制F－5和F－4，苏联则推出米格－21和米格－23；美国研制出了非常现代化的F－15和F－16，苏联就又针锋相对地研制出了苏－27和米格－29；接着是美国的F－117A、F－22A、F－35和俄罗斯的苏－37、苏－47等新一代隐身飞机。两国坦克、导弹、潜艇、核武器的发展等也是如此。

无论过去还是现在，任何一个国家军事装备的发展，都是明显地针对着现实作战对象或潜在对手进行的，试图在军事装备的战术技术性能上“否定”对手，而并非漫无边际、不切实际地全面追求军事装备的高、新、精、全。在技术复杂性和难度越来越大、研制和采购费用越来越高的情况下，这种“否定之否定”无疑是最佳选择。

3. 量质互变规律

军事装备发展也是一个量质互变的过程。从冷兵器到使用黑火药的火枪、火炮，再到现代兵器，都是从数量的变化发展到质量的根本性变化，即军事装备都是在首先经过逐步改进以后才出现崭新的一代。

火枪向现代自动步枪的演进就是一个典型。最初是结构简单的火门枪，后来经过火绳枪、滑膛枪、来福枪、半自动枪等一系列逐渐改进的过程，枪的结构越来越复杂、零件越来越多、性能越来越先进，最后终于导致了全自动枪的问世。飞机、军舰、火炮、导弹等的发展无一不是如此。现代军事装备的发展从20世纪60年代以后几乎都要经过一个不断的现代化改装的量变过程（如电子设备的零部件或组件越来越多），然后再研制出非常先进的全新一代。在美苏军备竞赛的年代里，双方战略导弹的数量不断增加，都达到了超饱和状态，最后导致了质变——研制出全新的反导拦截武器。

军事装备发展全过程的这种矛盾运动,使得任何一种新式装备,都只能显赫一时,不可能永远所向无敌。从 19 世纪以来曾多次出现的某一种武器致胜论的观点,无一不在战争的实践中以失败而告终。

军事装备的发展,不仅受其技术系统自身矛盾运动规律的制约,而且受各种外部环境条件的影响。军事装备发展的环境条件是十分复杂的,包括政治、军事、经济、科技、文化传统等各个方面的因素。它们互相交织、互为补充,又互相制约,共同作用于装备的发展演变过程中,形成了一幅幅色彩斑斓的历史画卷。

二、海军装备发展的新规律

海军装备发展的特点是投资大、技术高、周期长、见效慢。面对安全形势不断变化、任务领域不断拓展,军费日益紧缩的现状,为确保海军装备的发展满足对战略的支撑作用,各国不断创新思路,改革采办程序,装备发展不断呈现出新的规律。

(一)基于战略需求,既注重均衡发展,又强调重点突出

战略需求是牵引装备发展的强大动力,海军装备的发展始终受军事需求的制约。各海军强国为保持和夺取海上优势,始终围绕战略调整发展装备。作为战略实施的支撑工具,理想状态的海军兵力结构首先是均衡发展。冷战后,各国海军兵力规模虽有大幅削减,但始终保持着一支种类齐全、结构均衡的海上力量。追求结构均衡,并非各种装备齐头并进,而是根据不同时期的战略需求,突出建设某种装备和力量。

美国海军在 20 世纪 90 年代提出“由海向陆”战略后,装备发展重点调整为对陆攻击和近海作战装备。21 世纪初,面对恐怖袭击等不对称威胁,重点发展反恐和支援特种作战的装备。目前,美国又在“空海一体战”构想的指导下,积极发展应对潜在对手“反介入/区域拒止”能力的作战装备。日本海上自卫队在冷战时期,为封锁苏联海军太平洋舰队的潜艇,重点发展了具备较强反潜能力的“八八舰队”。20 世纪 90 年代后期,为应对地区弹道导弹扩散的威胁,在原有“宙斯盾”舰的基础上,重点发展了海基弹道导弹防御系统。近年来,为支撑海洋扩张战略,将战略防御重点转向西南,并进一步充实反潜作战和岛屿攻防作战装备。

(二)减少装备型号,合理搭配力量,应对不同任务需求

满足多样化任务需求是海军装备发展面临的共性问题,尽管各国海军强调

发展多功能平台,但多功能并不意味着全能。过分强调发展功能多、性能强的高技术装备在预算上难以支撑,经济、合理的方法是发展不同能力等级的平台,通过“力量搭配”满足海上作战的需求。

20 世纪 70 年代,美国海军曾采用“高低搭配”的建设原则,即批量建造中低档护卫舰和少量建造高档巡洋舰相结合的方针,合理分配有限的造舰费用,同时又能满足作战需求。依据“按费用设计”(“费用限额设计”)原则,研制了低档的“佩里”级导弹护卫舰;后来又根据“按需求设计”的原则,发展了高档的“提康德罗加”级导弹巡洋舰。舰载机的高低搭配是指 F-14“雄猫”重型战斗机(高端机,主要承担夺取制空权的任务)与 F/A-18“大黄蜂”战斗攻击机(低端机)的搭配。

强国海军近期提出的“力量搭配”概念实际上是“高低搭配”的发展,核心思想是通过整合各种力量,力求以最经济的方式、最少型号的装备覆盖各种任务领域,完成所有作战任务。在此原则指导下,美国海军通过大力发展经济适用的近海战斗舰,搭配各型“阿利·伯克”级驱逐舰,完成过去由驱逐舰、护卫舰、水雷战舰等舰种承担的作战任务。空中力量方面,通过发展 F-35 联合攻击战斗机,搭配现役 F/A-18E/F 飞机完成过去需要多型飞机执行的作战任务,从空战到对地攻击,覆盖多种任务的需求。

英国海军为保持持续稳定的水面舰艇作战能力,规划的未来水面舰艇部队除以 45 型驱逐舰为核心外,还将通过发展三种不同能力等级的舰艇,用于替换现役护卫舰、水雷战舰艇等,满足各种任务需求。在三级舰中,第一型(C1)属于高端舰,拥有最强的反潜和对陆攻击能力,具备建制水雷对抗功能,并能够运载部队,最适宜于作战,是海上打击大队不可或缺的组成部分。目前,英国海军已经开始研制该型舰,即用于替换 23 型和 22 型护卫舰的 26 型多用途护卫舰。第二型是中端舰(C2),旨在用于遂行较小规模的稳定局势作战,保护海上交通线安全和海峡护航行动,而更常见的是执行低强度作战任务。第三型属于低端舰,一种能远洋航行的海岸巡逻舰,用于执行海上保安和扫雷任务。该型舰未来将替代专业水雷战舰艇、海岸巡逻舰、测量船和护渔船。

(三)联合研制,系列发展,提高协同作战能力

现代海战中,联合作战已经成为基本形态,军兵种间联合作战日益常态化,从而对海军装备发展提出了更高的要求。外国海军不仅重视本国不同军兵种武器装备的通用性,以提高联合和协同作战能力,而且重视盟国间武器装备的通用性。军种间和国家间联合研制成为海军重点装备发展过程中的一种重要模式。这种模式不仅有利于提高武器装备的通用性,而且有助于分担研制成本,共享先进技术,降低建造和日常保养费用等,因此受到各主要国家海军的广泛关注。

英法两国曾经联合研制新型航空母舰，甚至还打算共用航空母舰。2006年，英法两国就共同开发新一代航空母舰达成一致意见，同意制定一个两国通用的基础设计方案，用于建造“伊丽莎白女王”级和PA2航空母舰，两者在设计上有超过90%相同之处。尽管由于预算原因，法国政府暂时搁置了建造新航空母舰的计划，但英国通过联合研制获取了多项国外先进技术，为多国联合研制大型装备提供了可资借鉴的经验。

美军21世纪的主力战斗机F-35不仅是其国内海空军联合研制的装备，还是一项规模庞大的多国合作项目，澳大利亚、英国、加拿大、丹麦、意大利、荷兰、新加坡和土耳其等国均出资参与研制。该战斗机采用“一机多型”设计，分为常规型(CTOL)、航母舰载型(CV)和短距起飞/垂直降落型(STOVL)三种系列型号，以期满足不同国家、不同军兵种的要求。

(四)降低成本，提高效费比，满足经济可承受性

经费紧张是各国海军装备发展过程中面临的一个无法回避的问题，随着国际安全形势日趋缓和，经济可承受性日益成为影响海军装备发展的最重要因素之一，不仅经济不景气的中小国家海军如此，美国等发达国家海军也深受预算的制约。由于成本上涨，费用超支，加之需求不迫切，美国海军新一代“朱姆沃尔特”级驱逐舰只建3艘即告终止，转而采购相对低廉的“阿利·伯克”级FLIGHT Ⅲ型驱逐舰。因此，为确保海军装备，特别是重点装备的顺利发展，各国海军发展装备越来越关注费用，特别是全寿期费用。装备发展中不再一味追求装备的先进性和技术的尖端性，而是以满足需求为基本目标，在性能和费用之间进行权衡选择，即在设计上不一定都采用最先进的技术，但一定是采用能够满足任务需求的技术，性能不一定是最优的，效费比一定是最好的。在设计时考虑全寿命费用，宁可在研制阶段多投入，也要尽量压低服役后的使用维修费用，通过延长维修周期降低费用；尽量采用成熟技术，通用化技术，提高自动化程度，减少人员编制，达到降低费用的目的。

(五)渐进式发展，控制技术风险，确保性能不断提升

为确保装备性能的先进性，最佳的选择是尽可能多地采用创新性技术，但是过多采用创新性技术可能增加项目的技术风险，并可能导致项目进度拖延，采办费用大幅增长，最终导致项目“被终止”。鉴于此，在确保项目按计划进度实施，费用在可接受范围内变更的同时，为最终获得高性能装备，国外海军很多项目中都采取了渐进式的发展策略，即不要求装备性能一次性达到理想状态，而是通过不断采用新技术进行改进和升级，逐步达到理想目标。采用渐进式发展策略不仅有助于降低技术风险、进度风险和控制成本，而且有助于随时吸取相关领域的

最新技术,满足不断变化的作战需求。

美国在建造“福特”级航空母舰时,采取“渐进式”采办策略,在该级各艘舰的建造过程中逐步融合各种新技术、新装备和新设计。英国海军45型驱逐舰计划采用众多新技术,但出于降低技术风险和控制成本的考虑,这些新技术并不是一步到位,而是采用渐进式发展的模式,首舰仅具备有限的作战能力,其他提高舰艇作战能力的装备和系统将在后续舰上陆续装备,最终达到全部能力要求。

主要国家海军航空平台的发展中也采取了渐进式的发展策略,法国海军的“阵风”M战斗机,首批上舰的F1型主要为空战型,F2型增加了对海、对陆攻击能力,F3型机将换装有源相控阵雷达、新一代导弹告警接收机等电子设备,并装备法国ASMP空地导弹,整体作战能力不断增强。美国海军的F-35项目,初始生产分为三个阶段进行,最早生产的F-35 Block Ⅰ型只装备AIM-120先进中程空空导弹和GBU-31联合直接攻击弹药,2009年推出的F-35 Block Ⅱ型具有更多的功能;最终的F-35 Block Ⅲ型才是能够满足作战需求文件所提出的全部功能要求的机型,且飞机服役后,还要经历几次大的改进升级。

第三节　军事装备的发展趋势

进入21世纪以来,科学技术的突飞猛进和新军事变革的快速推进为军事装备发展创造了新的环境,以信息化武器装备为主体的高新技术武器装备开创了军事装备发展的新时代,军事装备的发展呈现出崭新的特点和发展趋势。

一、军事装备发展总体趋势

现代军事装备的发展趋势,总的可以概括为信息化程度越来越高,攻防对抗更加激烈,信息对抗软硬兼备,新型武器不断出现。在信息化条件下,军事装备体系的构成主要可以划分为战场感知装备、指挥控制装备、信息化作战平台、精确打击武器、信息战装备以及由颠覆性技术研发而形成的太空和新概念武器装备等。不同类型的装备发展趋势各有不同。

(一)战场感知装备:全域化、全谱化、实时化

战场感知装备是能够以自身携带的感知器材获取战场信息、兵力信息、装备信息的军事装备的统称。军队的作战能力是全体系的对抗,战场感知居于此体系的中心环节,贯穿于战争的始终,涵盖平时与战时,成为决定战争胜负的关键因素。随着侦察监视技术、平台技术的发展,感知装备向全域化、全谱化、实时化方向发展。

全域化是指战场感知涵盖陆海空天网电各个领域，尤其随着水下探测技术、太空侦测技术的发展，显著提升了战场感知能力。当前世界军事强国加紧构建以天基、空基、陆基、海基侦察监视平台为主体的立体信息获取网络，提供广域、实时、高精度的态势信息。天基重点加强以侦察卫星、导弹预警卫星、海洋监视卫星、通信卫星、测地绘图卫星及国防气象卫星等6类卫星为主的太空侦察体系。美国2012年新版《国防部空间政策》首次将空间态势感知能力与其他4种任务领域能力相并列，参联会2013版《空间作战条令》明确将空间态势感知作为独立的空间任务领域。俄罗斯政府审议通过《2016—2025年联邦航天计划》，以“建设先进高效的太空应用体系、巩固进入空间能力优势”为发展方向，重点发展太空感知系统。空基重点加强以无人机、侦察飞机、预警机等为主的侦察预警体系，空基侦察具有快速部署、不间断侦察、精度高等特点，美军已装备了100多架E-2、E-3、E-8等各型预警机，美俄正在研发新一代无人侦察机、预警机以提升空基感知能力。陆基重点加强由不同波段、不同类型的雷达构成的多层次、大纵深、全方位陆基雷达网，突出远程预警雷达的建设。俄罗斯陆基空间监视网目前编目管理的约有8500个空间目标，大部分为低轨目标。海基重点加强以舰载雷达、水下侦听网络等为主的海基侦察体系。美国联手日本在西太平洋建立了一套复杂的水面、水下侦听网络来收集情报，目前还在不断通过水声探测技术发展提升水下侦测精度，对周边国家的军事活动构成实质威胁。

全谱化是指能够在全频谱的范围内获取信息。过去，由于技术条件的限制，战场感知装备都以可见光装备为主，随着技术的发展，感知装备频段从可见光拓展到无线电、微波、太赫兹、红外线、可见光、紫外线、X-射线等几乎整个频谱波段，极大地丰富了战场感知能力。其中，采用太赫兹波段的探测技术，甚至可以使一些战场感知装备穿透地表，获取地下隐蔽的目标或采取伪装措施的目标信息。正是由于太赫兹探测技术独特的军事应用前景，被公认为高科技领域的必争之地。美国喷气推进实验室、国防高级研究计划局(DARPA)等机构宣称已经研制了能够透过云层、灰尘和其他遮蔽物进行视频合成的太赫兹探测雷达。有些战场感知装备拥有多种感知能力，如美国的EP3侦察机，就安装有80多副各类天线，能够获取通信和雷达两类信号，并能对话音信号进行识别。

实时化是指战场信息和情报在作战单位间无缝和无时滞传播，实现全天时、全天候地感知战场。随着陆海空天网电感知装备数量的增多，战场信息的实时准确感知成为可能。如美国2011年1月试飞了两种超级无人机“幽灵眼”和“全球观察者”，它们分别可以连续飞行一周和10天。“全球观察者”无人机采用氢燃料动力，在2万米高空飞行，可观察到半径965千米范围内的景物，覆盖整个阿富汗，性能直逼军用卫星，满足了战区作战实时化信息获取的需要。海湾战争中，美军从发现目标到发射打击需要1天左右时间；科索沃战争，这一时间缩短到1小时左右；阿富汗战争中，美军从发现目标起数分钟内即可发动空中打击，尤其是美军在“捕食者”无人机上配备了导弹后，基本上做到了发现即摧毁。

（二）指挥控制系统：栅格化、全球化、智能化

指挥控制系统是链接战场感知装备、武器平台、指挥控制中心等一系列装备的综合系统，具有信息处理、信息分发、战场态势显示、指挥决策等能力，是现代信息化条件下，实施作战的指挥枢纽和神经网络。随着信息技术，特别是人工智能技术的发展，指挥控制系统呈现出栅格化、全球化和智能化的趋势。

栅格化，即各种网络的无缝、智能链接，增强了网络系统的抗摧毁和抗干扰能力。20世纪90年代，美军各军种C^4ISR系统各自分立开发，技术体制不统一，互联互通能力差，特别是这些系统只能链接和处理通过计算机网络的信息，而对其他设备的数字化信息，如战场前端的传感器、作战要素的火器、射击系统等仍不具备兼容互通的能力。为了克服这些不足，美军于1999年首次提出建立“全球信息栅格”（GIG）计划。GIG将传感器网、信息传输网、武器网无缝、智能地链接在一起，它是“网络中心战”的神经中枢，对于增强部队的信息共享能力、指挥控制能力有着重要的作用，也是将“信息优势”转化为“决策优势”的基础与关键。美军原计划于2020年全面完成全球信息栅格建设。

全球化就是通过栅格化的网络、太空的卫星实现全球化的、实时的作战指挥。美军在GIG的建设过程中逐渐发现规模过于庞大且异常复杂、成本高昂、难以适应新技术变化、存在安全漏洞等问题。为此美国军方又提出了一系列新理念、开发了一系列新项目，以对网络中心战理念进行“修正”。最典型的项目就是联合信息环境（JIE）。联合信息环境利用统一安全架构、数据中心整合和云服务等，整合了各种情报信息，形成统一、虚拟化的情报资源池，实现统一调配和集中运行维护，提高了情报信息的维护、管理和使用效率。同时，对海量战场情报进行快速融合、处理、分析，提高了决策效率，并在同一网络环境下提供信息共享和处理服务，以及时、准确地为用户提供所需信息。联合信息环境建设进一步提高美军信息基础设施的互联互通互操作能力，提高其信息作战体系的顶层规划和综合集成水平。

智能化是指挥控制系统的终极目标。对战场目标信息的智能化处理，对作战目标的智能化打击，将极大地提升作战指挥的效率。随着计算机能力的不断提升，战场感知的实时化和作战平台的无人化，作战行动的智能化决策控制将是必然的发展趋势。美国国防高级研究计划局早在2007年就启动了“深绿”计划，旨在将仿真技术嵌入指挥控制系统，提高指挥员临机决策的速度和质量，目

标是将美军战术级作战任务规划周期缩短75%。2009年以来,美国国防高级研究计划局先后启动了“洞察”、可视化数据分析、深度学习、文本深度挖掘与过滤、高级机器学习概率编程等大量基础技术研究项目,这一系列研究项目的实施,为推动美国海军指挥控制智能化提供了有力支撑。预计到2035年前,美国海军初步建成智能化作战指挥体系;至2050年前,美国海军的智能化作战指挥体系将发展到高级阶段,武器装备系统与信息系统、指挥控制系统全面实现智能化。

(三)作战平台:隐身化、无人化、远程化

作战平台是实施作战的基础。现代坦克、飞机、舰艇是作战平台的典型代表。随着军事技术的发展,作战平台的战术技术性能也得到了根本性的改变。

隐身化是作战平台发展的一个标志和里程碑。隐身化是指利用各种不同技术手段,减少武器装备自身的辐射特性和对外来电磁、红外、光及声等反射特性,以降低其可探测性,提高生存能力。例如,利用雷达隐身、红外隐身、声隐身、磁隐身和可见光隐身等技术的隐身轰炸机、隐身战斗机、隐身巡航导弹、隐身舰船、隐身坦克和隐身装甲车等。

近年来,各军事强国无论是对原有主战平台的改进还是新主战装备的研制,都采用了雷达隐身、红外隐身、可见光隐身等多种隐身技术。例如,美国SR－72战略侦察机、斯特瑞克装甲车辆,法国的“拉菲耶特”护卫舰,英国的“海鬼”号护卫艇等都采用了隐身技术。美军设想,2020年前要全部实现新型作战飞机隐身化,其新一代轰炸机和战斗机将采用综合隐身技术,使其具有全方向和多频谱的隐身能力。同时,随着新型隐身材料的研制成功,未来可能研制出隐身军服,使隐身人出现在战场上或其他某些特殊场合。

无人化也是未来作战平台的一个重要发展。无人化作战平台要求具备智能化自主搜索、判断和识别、抗干扰及有效毁伤目标能力,能够实施无人作战行动。例如,无人机、无人作战飞机、无人战车及无人舰艇(潜航器)等无人作战平台可以实施战场侦察、跟踪监视、目标指示、通信中继及反潜反舰、对地攻击等。

目前,全球已有70多个国家的军队装备了军用机器人,种类超过150多种,其中,美军装备的无人作战飞机已超过其飞机总数的50%,地面无人作战装备超过1.2万个。2011年2月4日,美国X－47B无人作战飞机验证机首飞成功,2013年5月和6月又分别完成了在航空母舰上的自主起飞和降落。X－47B无人机同时具备较强的隐身能力,它在航空母舰上的起飞和降落标志着无人、远程、隐身的攻击能力将成为现实,对未来作战样式将产生重要影响。美军计划2030年前无人平台占作战力量比例达到50%,2035年前由无人机承担75%的攻击任务。

2015 年,叙利亚战场俄军使用 6 部“平台” - M 型履带式战斗机器人和 4 部“暗语”型轮式战斗机器人,仅用 20 分钟以“零伤亡”击毙 70 余名武装分子并夺取高地,是军事史上首例以机器人为主力的地面作战行动。

远程化就是实现洲际快速打击。过去主要是核武器的洲际打击,现在发展常规洲际打击。

2010 年 12 月 3 日,美国空军的 X - 37B“轨道试验飞行器”在轨运行近 225 天,成功自主着陆,其在轨飞行速度可达到马赫数 20,2 小时以内就可以对全球任意目标实施打击,这标志着可重复使用的空间飞行器关键技术取得重大突破。美国空军正在研制的下一代战略轰炸机采用的是一种“快速全球打击”系统,可以对全球范围的突发事件做出快速反应。美国空军在研的战略侦察机 SR - 72 将具有马赫数 10 的飞行速度,现有的任何防空导弹和战斗机都无法对其进行拦截。

(四)打击武器:精确化、系列化、高速化

打击武器是各种导弹、炮弹、炸弹、水雷、鱼雷等攻击性、毁伤性武器的统称。

精确化就是打击武器的精度越来越高,实现精确打击、点对点打击。现在导弹、炮弹、炸弹都实现了精确制导。精度在不断提高,有些已达到 1 米量级。现在子弹也在制导化。美国发明了一种激光制导的子弹,可以精确命中 2 千米外的目标。

系列化就是打击武器的多用途、多平台、多种制导方式,以满足不同作战条件下的使用。例如,美国的“幼畜”导弹,就采取了多种制导方式,包括红外制导、激光制导、雷达制导等。美国的“战斧”巡航导弹可以在舰艇上发射,也可以在空中平台上发射,增强了打击目标选择的灵活性。

高速化就是打击武器的超高声速飞行,也包括平台的超高速飞行。现在的巡航导弹大部分都是亚声速,速度慢容易被击落。提高打击武器或平台的飞行速度,既可以提高突防能力,更可以增强打击效果。

目前,美国、俄罗斯、欧洲、日本等国均进行了高超声速导弹的研发试验,主要包括高超声速巡航导弹、高超声速助推滑翔导弹。高超声速助推滑翔导弹兼具弹道导弹的全球打击能力和巡航导弹的机动突防能力两种优势。美国近年来实施了多个助推滑翔技术开发计划,包括“先进高超声速武器”(AHW)、“高超声速技术飞行器” - 2(HTV - 2)。俄罗斯推出“YU - 71”与“YU - 74”助推滑翔武器,兼顾战略与战术用途。随着超燃冲压发动机等技术的发展,高超声速巡航导弹取得了重大的突破。高超声速巡航导弹在反应速度、突防能力和毁伤能力比亚声速、超声速巡航导弹更具优势,美国重点发展“吸气式高超声速武器”,俄罗斯、印度联合开发巡航速度马赫数 6 ~ 7 的“布拉莫斯” - 11 高超声速巡航导

弹，法国国家航空航天研究院正在开发马赫数 8 以上的超燃冲压发动机，力图“以快制胜”。

（五）信息对抗装备：多能化、智能化、综合化

信息对抗装备主要包括电子对抗装备和网络对抗装备。由于武器装备的信息化、网络化程度不断提高，使用电磁频谱和网络，形成一体化的武器装备体系，是现代武器装备的一个典型特征。作战的对抗就是体系的对抗，因此针对广泛使用电磁和网络的武器装备的对抗就成为现代战争的首选，而且这种对抗贯穿于战争的始终。

多能化、综合化的装备发展体现在电子对抗装备领域，即发展多频谱的对抗装备和多手段的对抗装备，如干扰、欺骗、致盲、打击等。随着电磁频谱作战域的逐步确立，电磁频谱正成为与陆海空天和网络空间并列的独立作战域。

世界主要军事强国高度重视电磁频谱优势，推动技术发展并研制大量电子战新装备。美军以“第三次抵消战略”为牵引，将电子战列入其核心领域，陆续发布《电磁频谱战略》《电子战战略》等战略有力推动电子战装备发展。据美国媒体报道，美国海军将有 6 种以上有人和无人飞机装备新一代干扰机。EA－18G 电子战飞机目前是美国海军的主要电子战平台，它具备全频谱、多手段的对抗能力，既可以实施干扰、欺骗和压制，还可以实施反辐射打击，对特定目标进行硬摧毁。第五代战机 F－35B 将会成为海军陆战队干扰机平台。人工智能技术的发展将引领电子战进入认知时代，各国大力开发认知电子战装备，如“认知干扰机”“行为学习自适应电子战装备”“自适应雷达”等，具备自主感知、实时响应、高效对抗以及评估反馈的认知电子战装备将成发展趋势。

智能化、综合化的发展体现在网络对抗装备领域。由于网络的栅格化、自主化发展，网络对抗将同时向着更加智能化、多能化等方向发展，以形成集侦察、渗透、攻击于一体的网络对抗武器。网络对抗武器以计算机病毒为主要攻击手段、以计算机网络系统为攻击对象、以达到瘫痪计算机网络系统或彻底摧毁计算机网络系统为目的，它也是由一个庞大的体系构成。

2010 年 6 月，一种被称为“震网”的计算机病毒在很多国家蔓延，伊朗受损最大。这种病毒具有攻击目标指向性强、技术复杂精妙、能够跨越专用网络的物理隔离等特点，是一个实用的“网络攻击武器”。2012 年，在中东地区又出现了针对特定战略目标进行攻击的如“火焰”“高斯”等病毒。总体上看，新型病毒正在向着更隐蔽、更复杂、更智能、更迅捷、更有针对性的方向发展。对付这样的病毒，简单的杀毒不能解决问题，需要建立更加先进、完善、严格的网络防御手段与网络安全制度，甚至需要网络安全立法与执法做保障。当然，如此专业、复杂、指向性强的病毒不是一两个黑客在短时间内开发出来的，它需要团队的长时间集

体协作,有的可能还有国家行为的支持。2017 年 8 月,特朗普将美军网络司令部升级为美军第十个联合作战司令部,组建 133 支网络任务部队,总人数达 6300 人。各国基于大数据、人工智能等在加速发展网络空间作战的装备和技术,提升具备覆盖主要网电目标的情报侦察能力,发展分析评估、战略威慑、软杀伤、欺骗接管和舆情操控等多种军事行动网络攻击能力,形成多手段、多层次、覆盖整个军用网络的纵深防御体系的网络防御能力。

(六)太空和新概念武器:创新性、实战化、非对称

随着科技发展的突飞猛进,太空武器与新概念武器成为战斗力新的增长点,相关技术不断成熟转化,逐步进入实战,并且呈现出对其他国家的非对称打击。

太空武器,是指用于外太空作战的武器。美国最早研究"空间武器化"和"空间战"概念,俄罗斯侧重发展非对称空间对抗能力。全球主流军事专家认为:未来战争,谁得到了太空,谁就占领了地球的制高点;谁占领了制高点,谁就能取得战争的主动权。

2016 年 12 月,美国国防部发布新版《太空政策》,强化太空威慑能力,推进太空控制能力实战化发展。2016 年 3 月俄罗斯政府审议通过了《2016—2025 年联邦航天规划》,将投入巨资意图发挥其在空间技术领域的传统优势,实现俄罗斯的再度崛起。2015 年英国发布首个《国家空间政策》。2015 年日本出台《宇宙基本计划》。各国均旨在加强航天技术的军事应用,强化太空力量运用。各国为争夺制天权,还大力推进各型太空武器研制。例如,自杀式攻击卫星,直接破坏对手的太空卫星网络;绑匪卫星,可重复抓获小型卫星,使其无法完成任务;太空无人机,用于实施空天打击、攻击与干扰他国卫星。各国通过发展太空武器一方面是遏制太空战的发生,另一方面是对其他国家航天系统进行非对称打击。

科技发展同样推动了新概念武器装备的发展,新概念武器是指在工作原理和杀伤机理上有别于传统武器、能大幅度提高作战效能的一类新型武器,主要包括定向能武器、动能武器装备、军用机器人、非致命武器等。当前以激光武器和电磁武器等为代表的新概念武器不断走向实用化,形成新质作战能力,助推新型作战样式。

新概念武器实用化步伐加快,首当其冲的是激光武器,如美国海军加大力度研制舰载激光武器,用于大型水面舰艇;美国空军发展机载激光武器,携带高功率激光武器;美国海军陆战队研究便携式激光武器,用于单兵作战;俄罗斯研究反无人机激光武器,丰富打击无人机的手段;日本计划发展用于 27DD 的舰载激光武器,用于对付巡航导弹、反舰导弹和其他高精度武器。高功率微波武器已被美国空军确定为增程型联合防区外空对面导弹之一进行发展,用于提升美军作战飞机的突防能力。电磁轨道炮作为火炮革命性的发展,未来将用于防御导弹、

打击水面目标,将可能引发海军作战方式的变革。军事专家普遍认为,新概念武器是能够"改变战争游戏规则"的重要突破口。

二、海军装备发展重点趋势

随着以信息技术为核心的高技术的迅猛发展及其在军事装备领域的广泛应用,海军装备呈现出"以平台为中心"向"以网络为中心"转变的发展趋势,各种数字化的武器装备将通过数字链路连接为一个有机整体,作战效能将大大提高。

(一)潜艇方面,海军战略核威慑能力继续优化,新一代攻击型核潜艇稳步推进,常规潜艇装备建设进一步加强

海基战略核力量仍是各核大国装备建设的重点。俄罗斯新一代弹道导弹核潜艇首艇已经服役,2030 年前将继续建造 14 ~ 16 艘,配备"布拉瓦"弹道导弹,同时退役老旧的"台风"级和"德尔塔"级潜艇,保持对美国的核力量均衡。美英两国已启动新一代弹道导弹核潜艇的研制工作,但在 2030 年前不会研制新型弹道导弹,所以两国的新一代弹道导弹核潜艇仍将装备现役弹道导弹。每艘艇的导弹装备数量较现役艇有所降低,受《美俄削减战略核武器条约》限制,美国的新一代弹道导弹核潜艇将只装备 16 枚导弹,英国潜艇只装备 8 枚。表面看,新艇的能力有所下降,但实际打击能力取决于分弹头的数量,现在每枚导弹只装 4 ~ 5 个分弹头,而设计装载能力为 8 ~ 10 个,整体能力大体相当。法国目前没有新艇研制计划,继续推行 M51 导弹的换装计划。印度"歼敌者"级核潜艇计划建造 3 艘。

"俄亥俄"级巡航导弹核潜艇退役后,美国将不再发展替代艇,计划在新建的"弗吉尼亚"级核潜艇上增加导弹垂直发射装置,以维持对陆打击能力。

攻击型核潜艇方面,各国第四代核潜艇先后服役,分别是美国"弗吉尼亚"级、俄罗斯"雅森"级、英国"机敏"级、法国"梭鱼"级。共同特点是:服役期内不换料,在航时间长;自然循环性能好,安静性有所提高;普遍装备巡航导弹,注重对陆打击能力;信息化、自动化程度高,人员编制减少;渐进式发展,在建造过程中不断进行改进,各项性能逐步提升。

核潜艇拥有国数量可能会增加,巴西已经启动核潜艇建造计划,巴基斯坦等国也在或明或暗地开展相关技术研发。与此同时,海军强国正加紧第五代核潜艇的研制,2030 年前后,国外攻击型核潜艇将跨入新的发展阶段,主要在核反应堆、安静性、信息化、武器外挂、舷外传感器等方面有较大突破。

常规潜艇仍是中小国海军发展的重点,发展特点是:不依赖空气推进(AIP)潜艇拥有国数量增多,技术进一步突破。随着各国现役潜艇的退役,换装 AIP 潜

艇是各国常规潜艇的发展趋势;吨位继续增加。日本"苍龙"级潜艇的水下排水量已经超过法国"红宝石"级核潜艇,达到4200吨;在研型号多。德国216型、日本33SS型等在2030年都将服役,法国连续推出的SXM系列概念艇将对常规潜艇的发展产生影响。随着技术的进步,动力系统可望有较大进展,常规潜艇的潜航时间可能增加到1个月左右。

(二)水面舰艇方面,航空母舰数量将持续回升,驱护舰多样化发展,两栖攻击舰成为发展重点

目前国外航空母舰数量降到第二次世界大战后最低水平,7国共拥有18艘航空母舰。英国为集中财力建造新一代航空母舰,提前退役了"无敌"级轻型航空母舰。值得关注的是美英两国新航空母舰虽面临涨价和拖期等问题,但总体发展较为平稳,"福特"级和"伊丽莎白女王"级航空母舰将对其他国家的航空母舰发展产生一定的影响。美国"福特"号航空母舰于2020年4月在大西洋航行期间,完成了首个航母舰载机替换中队的资格认证。美国海军学会网站报道称,美国海军在2022年首次部署"福特"号航空母舰,航空母舰数量达到11艘;英国在2030年前将建成2艘航空母舰;俄罗斯新一代航空母舰也将服役。印度首艘国产航空母舰"维克兰特"于2021年8月开始首次海上试航。中国首艘航空母舰"辽宁舰"于2012年9月25日入列,第一艘国产航空母舰"山东舰"于2019年12月17日入列,第一艘弹射型航空母舰"福建舰"于2022年6月17日下水并命名。[①] 航空母舰的拥有国数量或许会有所增加,韩国、日本等都是航空母舰的潜在拥有国。中小国家仍将装备采用滑跃起飞的轻型航空母舰。配合新一代舰载机上舰,航空保障设备得到进一步改进,围绕舰载机出动架次率的创新技术将得以突破。

驱护舰方面,一方面,水面舰艇向大型化、隐身化方向发展。到2030年前,美国的3艘"朱姆沃尔特"级驱逐舰和"阿利·伯克"级Ⅲ型驱逐舰将陆续服役,另外将完成40余艘近海战斗舰(LCS)的建造工作。虽然"朱姆沃尔特"级驱逐舰将只造3艘,但为该级舰研发的许多新技术将转用在"阿利·伯克"Ⅲ型舰上。该型舰除具备普通驱逐舰的功能外,还将承担弹道导弹防御任务,并弥补因"朱姆沃尔特"级驱逐舰建造数量削减和新一代巡洋舰计划被取消而造成的能力缺失。日本两艘"出云"级直升机驱逐舰将陆续服役。创新的中小型水面战斗舰艇大批服役。在欧洲,英国已经开始26型护卫舰的研制工作。法国、意大利等国继续建造"欧洲多用途护卫舰",德国F125型护卫舰也将在2030年前建

① 央视网. 我国第三艘航空母舰下水命名福建舰,https://news.cctv.com/2022/06/17/ARTI6jyONeLoiHcJCD4Kandi220617.shtml

成服役。这些新型驱护舰动辄在6000吨以上,特别是“出云”级直升机驱逐舰排水量已经超过了轻型航空母舰。中国最新型055型万吨级驱逐舰于2020年1月归建入列,装备有新型防空、反导、反舰、反潜武器,具有较强的信息感知、防空反导和对海打击能力。[①] 与上一代驱护舰三四千吨的排水量相比,未来驱护舰的大型化趋势十分明显,将成为未来驱护舰发展的一个重要方向。另一方面,装备配置相对简单,更为重视经济可承受性的低端护卫舰成为水面作战舰艇发展的另一个重要趋势。例如,俄罗斯海军正在批量建造主要在近海海域活动的“守护”级(20380型)系列多用途轻型护卫舰。韩国海军正在发展“仁川”级护卫舰。越南在引进俄罗斯首批2艘“猎豹”级护卫舰的基础上,又从俄罗斯采购第二批2艘“猎豹”级护卫舰。马来西亚在建成“吉打”级轻型护卫舰的基础上,正从法国采购6艘“追风”级轻型护卫舰。

两栖舰方面,以两栖攻击舰为代表的先进载机舰成为一些国家海军发展的重点。中国首艘两栖攻击舰“海南舰”于2021年4月23日入列,[②]美国海军“美国”级、澳大利亚海军“堪培拉”级等新型两栖攻击舰将建成服役,日本海上自卫队也计划采购两栖攻击舰。与航空母舰相比,两栖攻击舰等载机舰灵活性更大,更适于在低强度军事威胁或非战争军事行动中应用。

(三)航空装备方面,第五代舰载机开始装备,岸基飞机以通用化平台改装为主,无人机将发挥重要作用

舰载机方面,一是五代机开始装备。F-35系列战斗机将广泛装备包括美国、英国等在内的西方海军,可能成为世界海军装备数量最多的岸基和舰载战斗机。俄罗斯有可能在T-50第五代战斗机的基础上发展新一代航母舰载战斗机。二是航空联队编配趋于简洁。美国航母舰载机联队主要由F/A-18E/F、F-35C战斗机、E-2D预警机、EA-18G电子战飞机组成,承担从空战到对地攻击的各项任务。其他国家航空母舰仍将只采取战斗机加预警直升机(俄罗斯和英国),或战斗机加预警机(法国)的编配模式,应对各种作战任务,在能力和性能方面与美国仍有较大差距。三是美国的航母舰载无人作战飞机开始承担部分作战任务,其他国家也在加紧发展舰载无人机,其应用对于母舰战场感知能力的提高将发挥重要作用。

岸基飞机方面,一是岸基飞机继续走改装之路。从以往的发展经验看,除了

---

① 中国国防部网站. 海军055型驱逐舰南昌舰入列,http://www.mod.gov.cn/topnews/2020-01/12/content_4858403.htm

② 环球网. 南海舰队一次性入列的三型主战舰艇都是何等利器? https://china.huanqiu.com/article/42r1VxzPTs4

反潜巡逻机以外，其他机型的需求量小，改装是效费比较高的发展途径。美国海军在2030年前陆续用P-8A海上巡逻机替换现役P-3C反潜巡逻机，下一代电子战飞机等支援保障飞机可能在此基础上进行改装。日本海上自卫队也用自研的P-1替换P-3C。二是高空长航时无人机大量投入使用。美国海军正在试验验证的MQ-4C等无人机未来将部署在海外基地，持续、无缝地为航母打击大队和其他编队提供信息支持。

（四）舰载武器系统方面，打击武器射程更远、速度更快、突防能力更强、命中精度更高

首先，作战距离更远。高速、隐身、精确制导的远程武器将不断涌现。美国、俄罗斯等国家海军新一代防区外导弹射程普遍在100千米以上。其中，美国巡航导弹最大射程已达1600~2000千米；空地/空舰导弹最大射程也已达250~350千米；JASSM导弹射程达到185~460千米，并将进一步增程至740千米；新一代“战斧”BlockⅣ巡航导弹最大射程将达3000千米。

其次，机动速度更快。超声速、高超声速武器和快速机动平台的发展，将使高速度、高机动装备应用越来越普遍。美国开展的高超声速飞行计划，拟使导弹飞行速度达到马赫数6~6.5。俄罗斯和印度正在对其联合研制的“布拉莫斯”超声速远程反舰导弹进行改进，使其飞行速度能达到马赫数5，从而使现有的舰艇防空反导手段对其无能为力。

最后，精确作战能力更强。作战体系向“精确作战”目标全面推进，不断追求精确感知、精确导航、精确定位、精确引导、精确命中、精确评估和精确保障，在作战全过程的每一个环节都追求更加“精确”。在确保精确的同时，注重发展小型化的高能战斗部和高可靠的引信技术，提高毁伤效果并完成多种任务。

（五）信息系统方面，呈现全维化、智能化、网络化、综合化、精确化，覆盖面更广、时效性更强、传输率更高

在信息获取装备方面，卫星将成为未来海军情报获取的重要手段，各种空基、水面、水下信息获取装备的技术水平也将大幅提高。美国、俄罗斯、日本等国将大力发展情报侦察卫星，提供持续侦察监视能力；空基情报侦察平台配备新型传感器，将实现侦察打击一体化；双波段雷达、新型防空反导雷达等新一代有源相控阵雷达将陆续装舰；“海网”“近海水下持续监视网络”等多个水下网络将研制成功，能够极大提高近海反潜战能力。

在指挥控制装备方面，未来将进一步向智能化、数字化的方向发展，以突出态势感知和战场监视能力。指控装备与武器系统交链日益紧密，呈现网络化、一体化发展趋势；优先发展国防通信网、区域通信网、士兵电台网和军用个人通信

网;网络综合化、功能综合化、通信与信息系统一体化;安全保密向标准化、通用化、模块化、芯片化方向发展。适应“网络中心战”要求的全球指挥控制网络将逐步建立;作战指挥系统应用智能化技术,强化辅助决策功能;实现指挥控制与武器打击一体化,夺取时间优势。

在信息传输装备方面,提高信息传输系统的数字化、智能化与综合化,发展频域、时域、空域的无缝隙通信已成为21世纪海军通信装备的必然趋势。网络化、大宽带卫星通信为远洋作战编队提供信息保障;高速率、大容量、体系化的数据链系统将提供更强的互操作能力;先进水下通信技术将广泛应用。

在信息对抗装备方面,通用化、攻防一体、侦察对抗一体将成为重要的发展趋势,同时多种电子战新概念武器装备也将逐步转入实战部署。电子战飞机与机载电子战装备仍是未来海军电子战装备的发展重点;舰载电子战系统将与雷达、通信、敌我识别、武器火控等系统实现集成,形成更高层次的综合一体化系统。

(六)新概念装备方面,舰载激光武器上舰实用,电磁轨道炮发展取得重大进展,无人系统保持快速发展态势

新概念新技术武器发展速度加快,舰载激光、电磁导轨炮、无人系统发展最为活跃,实用化进程加快。美国海军2014年已经将激光武器部署在“庞塞”号两栖船坞运输舰上,并开展了一系列试验和验证工作。2015年,先是洛克希德·马丁公司在试验中使用30千瓦光纤激光器烧毁了卡车发动机,后波音公司在演习中使用紧凑激光武器系统(CLWS)击落了1架无人机。鉴于激光武器发射成本低、弹药无限、精度高且连带毁伤小等独特优势,美国海军计划为“福特”级航空母舰安装多种激光武器,以应对日益严峻的导弹威胁。2021年,美国海军为5艘“阿利·伯克”驱逐舰加装激光“光学炫目拦截器”(ODIN),用于抗击对方情报监视与侦察无人机,能在远程、超远程的距离上致盲对方无人机监视系统。日本防卫省技术研究与设计本部也在研发激光武器,计划安装在2艘新型27DD“宙斯盾”驱逐舰上。

美国海军在电磁导轨炮发展方面也取得重大进展。目前,美国电磁导轨炮项目已经完成了第一阶段(原型机研发阶段)工作,并研制出2套工业导轨炮系统原型,项目已经进入第二阶段,将对电磁导轨炮的连射能力进行测试。按照计划,美国海军将于2016财年在“联合高速船”上安装电磁导轨炮样机,并开展海上测试。电磁导轨炮射速可达当前海军舰炮的3倍,射程可达203千米,杀伤力高,而且成本相对低,将对舰载攻击火力产生革命性的影响。无人系统继续保持快速发展之势。

在无人机方面,更多国家开始装备无人机。美国X-47B无人作战飞机首次成功完成无人机自主空中加油对接测试，标志着美国海军无人作战飞机项目取得重大进展。美国“战术侦察节点”（TERN）无人机项目也在持续推进，将提高前沿部署小艇起降无人机的能力。2015 年，俄罗斯直升机公司宣布正在开发倾转旋翼机技术，并将开发一个以无人机为主的倾转旋翼机系列。在无人潜航器方面，美国海军海上系统司令部已经批准“大排水量无人潜航器”（LDUUV）项目的风险降低决议，即该项目达到了“里程碑 A”，并将发布相关信息需求书。美国海军还计划在 2020 年部署一个 LDUUV 中队。2015 年，美国海军“北达科他”号攻击型核潜艇成功完成“雷穆斯”600（REMUS 600）自主式无人潜航器的水下发射与回收。在无人水面艇方面，美国和以色列两国海军均装备了无人水面艇。美国还在加紧研制“反潜战持续跟踪无人水面艇”，而且已经完成多艘无人水面艇的集群拦截试验，使无人艇群实现了自主航行，包括航线规划、数据共享、交互等。实用化进程加快。美国海军 2021 年首次提出无人装备发展目标，未来将引入 140 ~ 240 艘大中型无人（可选有人）水面舰和超大型无人潜航器，建立自主无人编队、有人无人协同作战编队。2021 年 4 月，美国海军首次在多作战域开展聚焦无人系统、有人 - 无人联合的舰队演习，验证了不同作战场景下，无人机、无人水面艇、无人潜航器与有人舰艇的多域协同作战能力。

思考题

1. 有的学者认为信息化武器装备之后的军事装备发展阶段是智能化武器装备，你是否赞同这种观点，为什么？

2. 试论为什么主战武器装备的技术属性可以作为划分战争形态的依据。

3. 举例说明军事装备的发展离不开军事需求的牵引。

4. 简要描述未来海上无人作战的典型场景。

5. 根据系统科学原理，事物除由量变到质变的渐变方式之外，还有一种突变方式，装备的发展同样也存在突变，请简要论述装备发展的突变规律。

6. 分析海军装备提高费效比的重要性。

第四章　军事装备思想

军事装备思想是关于军事装备及其发展、保障和管理等方面基本问题的理性认识,是人类军事装备实践经验的高度理论总结,是军事思想的重要组成部分。军事装备思想来源于军事装备实践又指导军事装备实践。在不同的历史阶段,由于科学技术和军事装备发展的水平不同,人们对军事装备的认识程度也就有所区别,所形成的军事装备思想也具有不同的特点。本章从古代、近代、现代三个历史阶段,从中国、外国两个维度对军事装备思想进行简要介绍和阐述。

第一节　古代军事装备思想

古代军事装备思想是在古代科学技术,特别是以冷兵器为主体的古代军事装备体系的基础上形成和发展起来的,它是军事装备思想的最初形式。

一、中国古代军事装备思想

中国在春秋战国时期以前,已将戈、矛、刀、箭、甲胄等统称为"兵""兵器""兵械""兵杖""兵甲""兵革"等,开展了对它们使用和发展活动的研究。在一些思想家、政治家、军事家的著作中,陆续提出了促进兵器发展的一系列重要思想理论,反映了当时对兵器活动研究的成果和理性认识。

(一)把兵器看成是治理和保卫国家、取得战争胜利的必备条件

古代中国很早就意识到了整治军备在治理和保卫国家中的重要地位和作用。孔子在《论语》中提出:"足食、足兵、民信之矣",认为粮食充足,武备修整,老百姓才能信任统治者。墨子强调:"备者,国之重也。食之,国之宝也;兵者,国之爪也;城者,所以自守也。"在墨子看来,备战是国家头等大事,粮食、武器装备和城防是搞好备战的基本条件。墨子不仅重视武器装备的重要作用,还发明创造了当时最先进的守城器械,并对有关武器装备的结构原理和发展规律进行了探讨。墨子还认为:"库无备兵,虽有义不能征无义"。在墨子看来,武库若无充足的兵器,尽管是正义之师,也无法征服非正义的对手,充足的兵器是军队实现"征无义之国"政治目的的重要工具。管子在《管子·参患第二十八》中提出:

“故凡兵有大论,必先论其器”,认为武器装备是取得战争胜利的重要保障,是重要的战斗力。唐代李筌在《太白阴经·器械篇》中认为“器械不精,不可言兵;五兵不利,不可举事”,也认为兵器、装具是战争胜利的前提条件。宋代李觏在《李觏集·强兵第五》中认为:“兵矢者,军之神灵也;甲胄者,人之司命也”。

(二)重视兵器的生产和获取,主张精益求精和创新

管子在《管子·七法第六》指出“财盖天下,而工不盖天下,不能正天下;工盖天下,而器不盖天下,不能正天下”,认为如果一个国家不能把先进的技术尽快应用到制造兵器上,国家是不能强大起来的。他还强调:“为兵之数存乎制器,而器无敌”,认为国家只有重视装备制造工艺,保持技术上的领先,武器装备才能天下无敌。孙子在《孙子·作战》提出:“取用于国,因粮于敌”。对此,三国时曹操在《曹操集·孙子注·作战篇》中解释为:“兵甲战具,取用国中,粮食因敌也”,也就是说人和马吃的粮秣可以在敌国就地取给,而武器装备则要由国内后方供应。

在兵器制造方面,主张兵甲的质量必须精良适用,要应时制造和改革。管子在《管子·参患第二十八》中说:“兵不完利,与无操者同实;甲不坚密,与俴者同实;弩不可以及远,与短兵者同实;射而不能中,与无矢者同实。”李觏也在《李觏集·强兵第五》中认为:“兵不利不若无兵”“甲不坚不若无甲”“有兵而不利,有甲而不坚,而假之以求胜,恃之以求生,则误大事,取大祸”。戚继光主张:“器械旧有可用者,更新之;不堪者,改设之;原未有者,创造之”“五兵之制固有多种,古今所不同,在于因敌变置”。正是坚持这种兵器创新思想,他的部队最有效地研制和使用了喷筒、火桶、架射火箭、佛郎机等各种新式火器。“神器谱”的作者赵士桢主张研制兵器“必须因时而创新”,讲究制造之法,以保证兵器制造的质量。徐光启提出,制造“盔甲、面具、臂手、刀剑、矛戟、车仗、盾牌、大小火器”时,必须“除积弊,立成归,酌旧法,出新意”,做到“精锐坚致,锐利猛烈”。

(三)主张兵器要成体系发展,合理搭配使用

中国古代在兵器的生成和发展过程中,逐渐认识到各种装备是一个不可分割的有机整体。《六韬·虎韬·军略》中载:“攻城围邑,则轒辒、临冲;视城中,则有云梯飞楼;三军行止,则有武冲大橹……”,各种兵器俱全。《司马法·天子之义第二》明确指出:“兵不杂则不利。长兵以卫,短兵以守,太长则难犯,太短则不及。太轻则锐,锐则易乱。太重则钝,钝则不济。”认为各种兵器如不组成一个整体,不配合使用,就不能发挥威力。长兵器应用以掩护短兵器,短兵器则用于抵近战斗。在《司马法·定爵第三》中,进一步强调:“右兵,弓矢御,殳矛

守，戈戟助。凡五兵五当，长以卫短，短以救长。迭战则久，皆战则强。”要求重视各种兵器的互为佐助，战斗中要用弓矢掩护、殳矛抵御、戈戟辅助，五种兵器轮番出战可以持久，全部出战就能形成强大的力量。

后来，孙膑在《孙膑兵法 · 陈忌问垒》中进一步指出，之所以要各种兵器配合使用，在于诸类兵器各有其效。如蒺藜这类东西是用来当沟堑和护城河的，战车是用来当壁垒的，大盾是用来当作城上带孔矮墙的，部署长兵是用来救应危急地方的，部署小矛是用以辅助长兵的，部署短兵是用以切断敌人的回路、截击疲惫的敌人的，配置弓弩是用来当作抛石机的。每一种兵器本身应以整体的观点去对待，既不能太长，也不能太短；既不能太轻，也不能太重。而且，人和军事装备也是一个整体。因此，诸葛亮在《诸葛集 · 教令十三》中指出，武器使用必须因人而异，“短者持矛戟，长者持弓弩，壮者持旌旗，勇者持金鼓”。

戚继光巧妙地把各种兵器有机地结合在一起，极大地提高了部队的整体战斗力，他在《纪效新书》中认为“所用之器，必长短相杂，刺卫兼合”。“远多近少者，合刃则致败；近多远少者，未接而气夺；远近不兼授，则虽众亦寡”。

（四）主张兵器要集中统一管理，严格检查监督

中国两千多年的皇权时代中，各个朝代的封建统治者为了加强统治，都采取了严格的兵器管理制度，并严格进行检查和监督。春秋战国时期，大型武器装备全部由国家和地方统一制造。国家建置兵库，平时收藏兵器，战时受命颁发，管理者称为“库人”，如鲁国的“大库”“大庭之库”，宋国的“襄库”，楚国的“高库”。士兵平时不带兵器，也不准民间私藏兵器。

秦始皇统一六国后，为防兵器散落民间引起社会不稳，收缴天下兵器铸为“金人十二”。贾谊就在其《过秦论》这样说道：“收天下之兵，聚之咸阳，销锋镝，铸以为金人十二，以弱天下之民。”秦汉时期的兵器的生产、储存、修缮、转运、保管，都有严格的制度。兵器铸作普遍实行刻辞制度，“物勒工名，以考其诚”，将生产者、监造者或者制造机构名字刻在兵器上，生产过程中不得擅自改变兵器生产的数量、种类、质量标准等，否则会受到重罚。凡武库所藏兵器皆登记在簿，领用兵器，须登记兵器上刻画的标志，回收兵器仔细检查，按标志收还，簿物必须相符。平时兵器库配备库卒把手，库啬夫负责日常管理，缮卒负责兵器维护。

秦汉朝后的各朝大体沿袭了这一制度，如隋朝规定“禁私家畜兵器”，开皇三年（583 年），颁书“人间甲仗，悉皆除毁。”北宋开国之初颁布的《宋刑统》中就明文规定：凡蓄藏禁兵器的人户，按律须处以“徒一年半”的判罚。元朝政府为加强兵器的统一管理，设立了武备寺，专门管理武器的生产、储存、发放，并规定地方官府和民间工匠都不许随便制造武器。为适应兵器管理的需求，明清两朝尤其是清朝，逐步建立了从上到下的一整套装备管理的组织机构体系。

(五)重视兵器的维护修理,提高保障的经济效益

中国古代的一些思想家、军事家,很早就产生了比较朴素的装备保障思想。如孔子提出"工欲善其事,必先利其器"的观点,认为保持所使用的工具、器械锋利、精良,对于欲成之事十分关键。孙子非常重视战争中物资的供应保障,他在《孙子兵法·军争》中提出:"军无辎重则亡,无粮食则亡,无委积则亡。"吴起在《治兵》篇中讲道:"膏铜有余,则车轻人,锋锐甲坚,则人轻战",意思是说,战车要经常保持润滑,就便于载人;兵器锋利,铠甲坚固,人就便于战斗。这里是讲兵器、战车保养维护的好坏对作战所起的作用。这些朴素的装备保障思想不仅在当时,而且在今天对做好装备准备和保障工作仍具指导意义。

同时,还有部分思想家、政治家、军事家提出了对于兵器修理保障需要充分考虑财力和物力,提高其经济效益的观点。例如:管子认为保障应"量蓄积,问伏利";曹操提出"欲战必先算其费";诸葛亮主张保障应"量力而用,用多则费"。这些无不体现出朴素的以经济效益为中心的保障思想。

二、外国古代军事装备思想

由于特殊的社会、经济和地理环境的影响,西方古代军事装备及其制造技术的发展呈现出与古代中国完全不同的另一种发展模式,即分阶段的断续发展模式。虽然在某些具体装备和技术上存在一定的继承性和各民族之间的相互借鉴,但军事装备思想的发展总体上是断续的。在古代西方,人们对军事装备的认识尽管并不像中国古代那样系统和连续,但还是取得了丰富的成果,特别是古埃及、古希腊和古罗马时期,产生当时世界上最先进的古代军事装备思想。

古埃及位于非洲东北部尼罗河中下游地区,其历史跨度近三千年,开始于约公元前32世纪时美尼斯统一上下埃及建立第一王朝,终止于公元前343年波斯灭亡埃及。古埃及后期的武器主要以青铜兵器为主,进攻性武器有战斧、矛、弓箭、圆锤、短剑、投石器、飞去来器和木棍等,防御性武器有盾牌等,并已经配备了战车和战船。古埃及的统治者十分重视武器装备在战争中的重要作用,把武器装备的生产和储存放在重要位置,成立专门机构"军械院"对武器装备进行管理,这是古代最早出现的中央一级军事后勤机构。古埃及的军事思想随着王朝的兴起与衰落而经历了孕育、萌芽、发展、兴盛与衰落几个阶段。到古后埃及时期,由于外族的入侵和占领,埃及文明走向了衰落,其军事思想的发展也陷入停滞。

古希腊的地理范围,除了现在的希腊半岛外,还包括整个爱琴海区域和北面的马其顿和色雷斯、亚平宁半岛和小亚细亚等地。古希腊文明从公元前800年

到公元前146年,持续了650年,是西方文明最重要和直接的渊源。古希腊历史上发生了两次希波战争、伯罗奔尼撒战争、亚历山大东征等战争。丰富的战争实践,催生了古希腊的军事装备思想,这些思想主要蕴含于当时所撰写的历史著作中。例如,希罗多德在其《历史》(《希腊波斯战争史》)一书中,就认为武器装备是建立在一定的经济基础之上的,而且武器装备在战场上发挥效力也需要经济的支持,正如其记录的斯巴达国王所说:"在战争中,金钱比军备更重要,因为只有金钱才能使军备发生效力。特别在一个陆地强国和一个海上强国作战时尤其是这样的,所以让我们首先检查我们的财政。"①修昔底德在《伯罗奔尼撒战争史》认为再先进的武器装备,如果得不到及时维修,就难以有效地发挥其功能,并感叹道"雅典的舰队原来是最好的:船骨是健全的,水手是正常的。但现在我们的船舰在海上已久,船骨已腐,水手已经不是原来的情况了。我们不能拖曳我们的船舰上岸去晒干洗刷,……我们也不能修理我们的船舰。""而破坏了舰队的效力"。② 色诺芬在《长征记》中,不仅从陆军装备上区分骑兵、重甲步兵、轻甲步兵、轻盾兵、滚刀战车,而且就海战的特殊性,指出海军的主要装备为舰船。③

古罗马通常指从公元前9世纪初在意大利半岛中部兴起的文明,历罗马王政时代、罗马共和国,于1世纪前后扩张成为横跨欧洲、亚洲、非洲的庞大罗马帝国。到395年罗马帝国分裂为东西两部。西罗马帝国亡于476年,而东罗马帝国(拜占庭帝国)则在1453年被奥斯曼帝国所灭。伴随着古罗马漫长的历史过程,古罗马的军事装备思想也逐渐丰富和完善。古罗马时期,主要的军事著作有盖尤斯·尤里乌斯·凯撒著的《高卢战记》、阿庇安所著的《罗马史》等,尤其是弗尼蒂努斯的《谋略》和韦格蒂乌斯的《兵法简述》两部著作,是古罗马军事装备思想在理论层次的概括和总结。古罗马的军事家们非常重视武器装备的建设,认为是战胜敌人的首要任务,韦格蒂乌斯在《兵法简述》一书中写道:"军团能夺得胜利通常不仅由于兵力众多,而且与装备状况有关。"④还认为,要发展对战场形势起关键作用的武器装备,首先要认真研究敌人有关武器装备的长短,然后研制有效限制其优势、放大其短处,使我能够避实就虚、以长击短的武器装备。凯撒在《高卢战记》针对高卢军舰最薄弱的地方是帆,这么说道:"既然高卢军舰的全部希望都寄托在帆和索具上,它们一落掉,军舰的功用也就同时全部完结。"⑤此外,古罗马军事家们还重视武器装备的质量,只有高质量的武器装备,才能不断提高军队的战斗力;重视及时修复遭毁坏的器材装备,从而保持军队的战斗

① 希罗多德著,王以铸译. 历史,北京:商务印书馆,1959,第59页。
② 修昔底德著,谢德风译. 伯罗奔尼撒战争史,北京:商务印书馆,1960,第505-509页。
③ 色诺芬著,崔金戎译. 长征记,北京:商务印书馆,1985,第3页。
④ 弗拉维乌斯·韦格蒂乌斯·雷纳图斯著,袁坚译. 兵法简述,北京:解放军出版社,1998,第90页。
⑤ 凯撒著,任炳湘译. 高卢战记,北京:商务印书馆. 1979,第68-71页。

力；注重保护运输部队的安全，凯撒要求以一支精锐部队作前锋，全军的辎重队都跟随其后，以另一支精锐部队殿后，“掩护全军和保卫辎重队。”[①]

西罗马帝国灭亡后是持续千年的中世纪，像军事装备及其制造技术一样，西方军事装备思想发展较为缓慢，甚至出现长达几个世纪的倒退，直接论述军事或军事装备的专著极少。

第二节　近代军事装备思想

在世界军事历史上，近代所指称的时间范围有很大不同。考虑到中国和西方两种不同的文化背景差异较大，同时结合冷兵器与火器时代的划分，西方近代军事装备思想研究的时间范围是从1640年英国爆发资产阶级革命到1945年第二次世界大战结束，中国近代军事装备思想研究的时间范围是从1840年鸦片战争爆发到1949年中华人民共和国成立。

一、中国近代军事装备思想

尽管从明朝中期开始，已经在军事装备及其思想处于落后状态的中国，先后掀起了多次向西方学习潮，并由此吸收了一些西方先进的军事装备思想，但这几次学习并没有从根本上改变中国几千年来形成的传统军事装备思想。在1840年的鸦片战争之后，面对丧权辱国的严酷现实，整个中国传统兵学才真正感受到近代西方思潮的严重冲击。

林则徐、魏源等有识之士提出“师夷长技以制夷”的主张，标志着中国近代军事装备思想的开端。林则徐不仅精心组织编译了《四国志》，较系统地介绍了世界五大洲和30多个国家历史地理概况，编辑了《华事夷言》，介绍国外的发展动态，还通过多种渠道调查英国军队的武器装备和技术性能及作战方针、原则。并在此基础上，大胆引进西方的船炮，以增强清军的海防能力。林则徐同时认为，完全依靠购买国外武器装备自己的军队，必然受制于人，更不能从根本上改变清军武器装备落后的问题，提出必须吸收外军装备之长，改进清军装备之短，并通过大力发展自己的军事工业，才是最根本的出路。他亲临制炮厂与专家和技术人员共同研究仿制和设计新式装备问题，并提出“制炮必求极利，制船必求极坚”。此后，魏源在其《海国图志·筹海篇》中明确提出了“师夷长技以制夷”的口号，强调学习西方制造战舰和火炮的先进军事技术，大力发展本国的军事工业，以达到不断增强国防实力的目的。继魏源之后，左宗棠还提出了“参中西之

---

① 凯撒著，任炳湘译．高卢战记，北京：商务印书馆．1979，第54页。

法而兼其民”的武器装备发展思想。主张要充分利用我武器装备的优势,借用西方先进技术对现有武器装备进行改装。

在“洋务运动”中,清政府在“器利兵精”和“自强以练兵为要,练兵又以制器为先”的思想指导下,开始兴办中国近代军事工业,引进、仿造西洋的枪炮、战舰,编练新军。李鸿章在强调购买西方先进武器的同时,还认为要大力发展自己的研制生产能力,要像洋人那样,视为身心性命之学,要使理论工作者和技术人员结合起来,才能制造出先进的武器。他提出:“中国欲自强,则莫如学习外国利器,欲学习外国利器,则莫如觅制器之器。师其法而不用其人。欲觅制器之器,与制器之人,则或专设一科取士,士终身悬以富贵功名之鹄,则业可成,艺可精,二才亦可集。”①在中法战争、中日甲午战争中,清军虽最后归于失败,但国防建设思想、作战指导思想、作战方法以及军事装备思想却向近代化迈进了一大步。

以孙中山为代表的资产阶级革命党人,在共产国际和中国共产党的帮助下,提出以党治军、军队与国民相结合,进而成为群众的武装力量的建军方针,并十分重视利用先进技术成果发展武器装备,在军事装备思想上迈出了重大的一步。孙中山认为,人类要能够生存,有两件最大的事情必须完成:第一件是卫,第二件是养。所谓卫,对于一个国家来说,就是要有自卫的国防能力。他提出,只有大力发展国家经济,才能为国防建设和军队的武器装备发展和作战保障提供雄厚的物质基础。“近世战斗之力,每以金钱为限。”②

1927—1949 年,蒋介石及国民党政府引进西方和日本的一些军事技术、体制编制和资产阶级军事装备思想,又按其所需承袭中国古代军事装备思想,并与法西斯的军事装备思想掺杂混用,从而形成其军事装备思想的重要特征。在此期间,蒋百里的《国防论》和杨杰的《国防新论》等著作,不仅比较深入地探讨了国防问题,认为国防是政治、经济、文化、社会、军事等各种力量的结晶,军事是结晶体的顶点,经济是结晶体的基础等,在一定程度上反映了国防建设的客观规律,而且对近代军事装备的发展、装备建设在国防建设中的重要作用、装备建设的一些基本的特点和规律等,进行研究和探讨。

二、外国近代军事装备思想

1640—1688 年,英国爆发了一场轰轰烈烈的资产阶级革命。自此开始,西方世界历史进入了近代时期,直到第二次世界大战结束。在此期间,军事装备发展经历了火器和机械化第一阶段的两个重要发展时期。爆发了英国资产阶级革

① 李鸿章. 李文忠公全集·奏稿,卷 19。
② 孙中山全集(第 2 卷),北京:中华书局,1982,第 548 页。

命、西班牙王位继承战争与七年战争、北方战争、美国独立战争、拿破仑战争、1812 年法俄战争、1812—1814 年美英战争、西属拉丁美洲独立战争、墨西哥战争、克里米亚战争、美国内战、普法战争、1877—1878 年俄土战争、美西战争、英布战争、日俄战争等重大战事。尤其是第一次世界大战和第二次世界大战,使人类经历了前所未有的战争创伤,并付出了惨痛的代价。同时,伴随科学技术突飞猛进,在火药与火器发明和创制以后,工业革命的成果大量应用于军事装备,机枪、高爆炸药、火炮、飞机、坦克、航空母舰等新式武器装备层出不穷,铁路、电报、无线电等新技术也广泛运用于军事活动。

这一时期也是资本主义形成与上升、无产阶级作为独立的政治力量开始登上历史舞台的时期。因此,西方近代军事装备思想发展的总体特征表现为:资产阶级军事装备思想体系的确立和以马克思主义军事理论为代表的无产阶级军事装备思想的诞生。

(一)资产阶级主要军事装备思想

西方近代资产阶级军事家普遍重视军事装备在战争中的作用,对军事装备的思考更加系统和理性,由此形成了西方各国各具特色的军事装备思想,推动近代军事装备思想达到了一个新的历史高度。本节对这一时期最具有代表性的几位军事家、政治家、思想家的军事装备思想进行概述,提炼其思想的主旨,“管中窥豹,时见一斑”。

1. 克劳塞维茨的军事装备思想

卡尔·冯·克劳塞维茨,1780 年 6 月出生于普鲁士马格德堡附近布尔格镇的一个税务官家庭,12 岁时开始在步兵团充当士官生,1801 年秋被送入柏林军官学校学习,毕业后曾任柏林军官学校教官、莱因军团参谋长、柏林军官学校校长等职。克劳塞维茨的代表作《战争论》是军事思想史上系统总结战争经验的跨时代奠基之作,反映了新兴资产阶级在战争理论方面的进步倾向和革命精神,对战争本质等问题提出了许多精辟见解,把战争理论向前推进了一大步。

总体看,克劳塞维茨对装备在战争中的作用认识并不十分充分,这是由于武器装备在当时的战争中的作用还不像现代战争如此突出,人的体力、意志力、智力等在战争中的作用还十分显要。尽管如此,《战争论》仍然闪烁着克劳塞维茨对装备的深刻认识。克劳塞维茨认为装备是实现战争目的的根本手段,使用武器解决问题是最高法则,他论述道:“在战争中达到目标,即达到政治目的的方法是多种多样的,但战斗是唯一的手段,因此一切要服从用武器解决问题这个最高法则。”[①]克劳塞维茨还较早对武器进行了分类,并深刻阐述了各种不同的武

① 克劳塞维茨著,军事科学院译. 战争论(第 1 卷),北京:解放军出版社,2005,第 47 页。

器装备与人类理性的关系。他认为,现代兵器可以分为两大类:一类是刺杀性武器,另一类是射击性武器。两类武器的最大不同是人在使用武器过程中理性的参与程度。刺杀武器充分体现了人的非理性的自然本能,射击武器则更多地渗透着理性的力量。关于武器装备的进步,克劳塞维茨提出了一个更为宽泛的概念。他认为,对于武器装备进步的理解,不能局限于武器装备本身,而是要放在更广泛的领域内加以考察。他在谈到火器的进步时指出:"随着火器的不断改进,骑兵日益丧失其原有的重要性,实际上这已经极为清楚,只是必须说明,火器的改进不仅是指武器本身和使用武器的技能的改进,而且是指装备有这种武器的部队的使用的改进。"①从中可以看出,克劳塞维茨所理解的武器装备的进步至少包含3种含义:一是指武器装备自身的发展;二是指使用武器技能的提高;三是指部队使用武器装备方式的改进,或者说是与新型武器装备相适应的作战方式的建立。

2. 若米尼的军事装备思想

安托万·亨利·若米尼,1779年3月出生于瑞士帕耶纳。开始军事生涯后,曾在拿破仑的司令部供职,多次参加过拿破仑战争。他对法国大革命战争和拿破仑战争深有研究,发表过大量军事著作,其中影响最大的是《战争艺术概论》。该书最早由若米尼以法文写成,于1897年发表后,先后被译成多种文字出版,并定为军官必修教材。《战争艺术概论》的问世推动了近代西方资产阶级军事思想体系的形成和发展,是近代军事科学的主要奠基作之一。

若米尼在《战争艺术概论》中体现出的武器装备思想,如同他的战略战术思想一样,也是极其深刻的。首先,若米尼认为武器装备是一支军队强弱的重要标志,"在发展武器装备方面掌握主动权的国家,可以保障自己占有巨大的优势。"②其次,若米尼认为武器装备的发展是改变作战方式的重要依据,他论述道:"在火器尚未发明以前,要想实行奇袭,那要比现在容易得多。因为在有了枪炮的现在,从远处即可以听到枪炮之声,几乎是不可能对一支军队进行全面奇袭。"③再次,若米尼还认为武器装备的发展是与一个国家的经济基础分不开的,但经济基础强大也不等于一个国家武器装备的水平就一定高,关键是要充分利用国家的经济条件发展武器装备。"富有黄金的大国,其国防可能有时很差。历史证明,最富的民族并不一定是最强大的和幸福的。从军事力量的天平上来看,钢铁至少是和黄金一样重。"④最后,若米尼还认为与武器装备发展影响战

---

① 克劳塞维茨著,军事科学院译. 战争论(第2卷),北京:解放军出版社,2005,第390页。

② A·H·若米尼著,刘聪等译. 战争艺术概论,北京:解放军出版社,1986,第67页。

③ A·H·若米尼著,刘聪等译. 战争艺术概论,北京:解放军出版社,1986,第253页。

④ A·H·若米尼著,刘聪等译. 战争艺术概论,北京:解放军出版社,1986,第70页。

术变化不同,武器装备发展不会导致战略改变,他说:“最近二十年来的新发明,显然使军队已有可能在组织、武器,甚至战术上进行一场大革命,……唯一不变的东西只有战略。”[①]若米尼的这一观点与后来美国和苏联的观点有很大的不同,但从当时若米尼使用的“战略”一词的具体含义来分析,认为他所说的“战略”实际上是一般战争原则的话,其不受装备发展影响的观点还是可以理解的。

3. 马汉的军事装备思想

艾尔弗雷德·塞耶·马汉,1840 年 9 月出生于美国,海权理论的创始人,美国著名的海军战略理论家和历史学家,1859 年毕业于安纳波利斯海军学校,曾参加美国内战,1886—1889 年、1892—1893 年,两度任海军学院院长,1893—1895 年任“芝加哥”号巡洋舰舰长,1896 年退役。马汉毕生从事海权理论及海军理论研究,曾先后发表了《海权对历史的影响(1660—1783)》《海军战略》等 20 部有关海军战略的名著以及 137 篇论文,所阐明的海权理论观点不仅成为美国军事思想重要组成部分,而且对世界其他国家的海军建设和海军战略都产生了很大影响。马汉著述中蕴涵着丰富的军事装备思想,尤其是海军装备的思想。

首先,马汉深刻认识到了武器装备的变化对战争的影响,1911 年在《海军战略》一书中曾提及当时海军武器装备的变化,指出:无线电报已经发明,潜艇的性能得到提高,自动鱼雷的射程也显著增大,但他认为“武器的变化只影响实践,而不影响原理”[②],即武器装备的变化不会影响战争的基本原则,但会引起作战方式的变化。其次,马汉认为武器装备建设必须与国家的形势相适应。马汉提出“海权在于强大的海军和海上贸易的结合”[③],在当时的形势下,美国要想生存和强大,必须获得对海洋的控制权,这就要建立一支强大的、能够保护航运的海军。这支海军必须拥有由战列舰组成的主力舰队,能进行远洋作战。再次,马汉认为武器装备发展要均衡协调,一方面是整个武器装备建设要均衡发展,他以建设一支均衡发展的海军舰队为例,进行了说明:“理想的海军应由战列舰、巡洋舰和驱逐舰混编组成,各类不同的舰艇坚持按其不同的作战要求和性能来设计、建造和装备相应的武器系统”。另一方面是具体武器装备的发展要协调,必须突出重点,又要协调和谐,他认为要想建造好一艘军舰,“应当一开始便认识到,不可能包罗一切,必须选择其中的一项为主,而其余各项都实实在在地处于从属地位。”[④]最后,马汉确信,军事力量的存在不是爆发战争的重要因素,而缺

① A·H·若米尼著,刘聪等译. 战争艺术概论,北京:解放军出版社,1986,第 67 页。
② 马汉著,安常容,成忠勤译. 海权对历史的影响(1660—1783),北京:解放军出版社,1998,第 9 页。
③ 马汉著,安常容,成忠勤译. 海权对历史的影响(1660—1783),北京:解放军出版社,1998,第 217 页。
④ 马汉著,蔡鸿幹,田常吉译. 海军战略,北京:商务印书馆,1994,第 361 页。

乏军事力量，或国家的裁军政策是爆发战争的因素。马汉指出，“我觉得有趣而又能说明问题的一件事是，对战争不做准备是不能避免战争的，只有做好准备才能缩短战争，从而可以减少流血，少付代价。”当然，马汉的装备思想也是有局限的，尤其表现在不能充分认识新式武器装备的重要作用上，他不赞成建造战列舰，轻视新出现的潜艇等。马汉“从未对‘枪、炮、鱼雷’发生很大的兴趣，他也未真正地了解从 1885—1914 年间出现的复杂的新式海军武器所具有的战术意义。”①

4. 杜黑的军事装备思想

朱里奥·杜黑，1869 年 5 月出生于意大利南部城镇卡塞培，毕业于都灵炮兵工程学校，1912—1915 年担任意大利陆军第一个航空营营长，后经历了辞职、复职，被判处监禁、平反，于 1918 年初被任命为航空处主任。1921 年，他的第一部著作《制空权》出版，最先系统地阐述了建设空军和使用空军的思想，同年晋升少将军衔。1922 年出任意大利航空部部长，1923 年辞职，1930 年 2 月病逝。虽然从《制空权》一书的主要内容来看，杜黑着眼于论述空军的发展问题，但其中也蕴涵了丰富的装备思想。

第一，杜黑认为“战争的技术手段”的进步是新军兵种产生的重要前提。正如“航空为人类开辟了一个新的活动领域——空中领域，结果必然形成一个新的战场。”“它要求我们采取另一种完全不同的解决问题的方法，保证我们以最小的努力取得最大的收获。”②第二，杜黑认为各系统不仅不能缺少要素，且其相互间的比例也要科学。杜黑认为，就整个独立空军来说，其作战飞机必须有战斗机和轰炸机，缺一不可，至于两种机型的比例，需要取决于不同的环境。就轰炸机使用的弹药来看，则必须有爆炸弹、燃烧弹和毒气弹。之所以强调装备必须构成一个系统，这主要是作战任务和目标是一个系统。第三，杜黑认为装备的发展应着眼于未来的需要。他在评价第一次世界大战中出现的新式装备时指出，“如果我们仔细估计一下这些新武器的潜力（它们今后无疑还会改进和发展），我们就会意识到，这次世界大战的经验只不过是个起点，而且已被远远抛在后面。它不能作为国防准备的基础，这种准备必须着眼于未来的需要。”③第四，杜黑认为武器装备发展的重要动力，是在武器装备体系中各种武器装备的相互适应。当一种新的武器装备出现后，一方面它的特殊功能，使其他武器装备的功能得到更好的发挥，另一方面，其他武器装备对新式武器装备的要求也就越来越高，从而促使新的武器装备的性能不断得以完善提高。第五，杜黑还认为应该把

---

① 罗伯特·西格著，刘学成等译. 马汉，北京：解放军出版社，1989，第 138 – 139 页。
② 朱里奥·杜黑著，曹毅风，华人杰译. 制空权，北京：解放军出版社，1986，第 3 页。
③ 朱里奥·杜黑著，曹毅风，华人杰译. 制空权，北京：解放军出版社，1986，第 4 页。

战时强大的技术能力寓于平时技术发展的过程之中。从根本上来说,民用技术的改善将直接提高军事价值。他指出:“一切国家不论贫富,都不得不需要将它的民用航空力量用于军事目的。”[①]杜黑的武器装备思想尽管很丰富,大多数观点是正确的,且富有创新性。但由于他极力主张的是建立独立空军,因而不可避免地有夸大空军作用的嫌疑。

5. 富勒的军事装备思想

约翰·费雷德里克·查尔斯·富勒,1878 年 9 月出生于英国的奇切斯特城,英国著名的军事理论家和军事史学家。他一生勤于笔耕,留下了 30 多种军事著作,主要包括《军事改革》《论未来战争》《装甲战》《西洋世界军事史》《战争指导》等。他作为装甲战理论的创始人之一,曾对 20 世纪 30 年代德国闪击战思想产生过相当大的影响。富勒对世界军事理论做出了里程碑式的贡献:一是首次系统完整地提出了机械化战争理论;二是归纳提出了 20 世纪大多数年代里所遵循的 8 条“作战原则”。富勒虽未就军事装备思想展开专门论述,但其丰富的军事装备思想就蕴涵其中。

第一,富勒认为工业革命对武器装备发展的影响主要是通过社会工业文明,对武器装备的发展过程中的创造精神产生直接作用。他认为:“发明的精神已经被唤起,到处都有一批热心的人,他们向往着把新的思想用于军事领域。”[②]第二,富勒认为是武器装备是引起战术革命性变化的决定力量。“在 1861 年,滑膛枪被来复枪所代替,……战术也随之发生了巨大的变化,……这种远射程的战斗,使得白刃格斗逐步被淘汰。个人的良好射击技术,比排枪射击更为有效,……并要求集体采取疏开队形。”[③]第三,富勒认为,武器装备发展与战争伦理密切相关,随着武器装备技术水平的不断提高,战争伦理道德逐步退化。第四,进攻和防御的矛盾是推动武器装备发展的根本动力。富勒认为,武器装备的发展,从根本上来说,还是由武器装备内部的矛盾决定的,而这种矛盾产生的根源却是作战中进攻和防御的需要。在第一次世界大战中,由机关枪、铁丝网和堑壕组成的防御体系,成为不可逾越的屏障。正是为了有效地打破敌人的防御体系,人们发明了毒气和坦克这两种有效的进攻手段。第五,在富勒看来,任何种武器,如果其破坏力大到足以毁坏一切的时候,使用它的政治目的也就一同丧失了,他认为:“从政治目标是否合理的观点来看,一个全面的核战争可以说是毫无意义。”[④]第六,富勒是典型的“唯武器论者”,认为武器装备对战争的胜负具有

---

① 朱里奥·杜黑著,曹毅风,华人杰译. 制空权,北京:解放军出版社,1986,第 66 页。
② J·F·C·富勒著,绽旭译. 战争指导,北京:解放军出版社,1985,第 76 页。
③ J·F·C·富勒著,绽旭译. 战争指导,北京:解放军出版社,1985,第 92-93 页。
④ J·F·C·富勒著,绽旭译. 战争指导,北京:解放军出版社,1985,第 294 页。

决定性的作用。他在《机械化战争论》中甚至写道:“胜利的秘密百分之九十九在于武器。”

(二)无产阶级主要军事装备思想

19 世纪中叶后期,为适应当时工人运动发展的需要和迎接即将到来的无产阶级暴力革命,马克思和恩格斯共同创立了马克思主义军事理论,是人类军事思想发展史上一次划时代的伟大革命,同时他们也对军事装备发展中的一些基本问题进行深入的分析和研究,为人们研究、解决军事装备领域的一些重大问题,提供了科学的基本观点和基本方法。列宁和斯大林运用马克思恩格斯创立的革命和军事理论,深入分析世界上第一个无产阶级军队建设中的实际问题,逐步形成了独具特色的军事装备思想,极大地丰富了马克思恩格斯创立的军事装备思想的理论宝库。

1. 马克思恩格斯军事装备思想

正是在创立马克思主义军事理论的过程中,马克思恩格斯继承全人类关于装备研究的理论成果,创立了马克思主义的装备思想,其主要观点包括:

(1)装备是直接的战斗力,装备的技术水平越高、数量越大,其军队战斗力就越强。在马克思恩格斯看来,通过发展装备提高部队战斗力主要有两条途径。一条途径是,通过研制和生产优良的装备提高军队的作战能力,依靠质量提高军队的优势。另一条途径是,由于社会生产能力的不断提高,能够生产出大量具有一定作战威力的装备,从而达到大幅度提高部队作战能力的目的。马克思恩格斯认为通过提高装备的质量和数量提高部队的战斗力,既是一个复杂的辩证关系,也是一个统一的历史过程。当敌对双方的装备质量相当时,能够获得的装备的数量越大,其战斗力水平也就越高。所以,伴随新式装备的出现,往往接踵而来的是数量的迅速扩张。同时,谁能够率先突破现有装备的战术技术性能,谁就能够在战场上获得优势,故新式装备的研制和开发也必然与数量增长相伴而生,争取以质量的优势取得先机,战胜敌人。

(2)装备发展的一个突出特点是整体性。这种整体性主要表现在两个方面:一方面,一种装备自身是一个整体,发展装备就是要实现装备整体结构和性能的最优。其中既包括了材料和形式的整体统一,又包括了质量和重量的统一。另一方面,部队配备的装备也只有构成一个有机整体,才能充分发挥各种装备的效能,有效提高部队的整体作战能力。其中涉及新旧装备的比例、各种装备的匹配以及品种的一致性。在新旧装备的关系方面,既要注意及时补充先进的装备,又要尽可能不使一个部队的装备过于混乱。在各种装备的匹配方面,要充分考虑搭配的合理性,使某一方面的优势得到充分发挥。在装备的品种上,要充分考虑保障的规律,过于繁杂会给保障带来极大困难,难以提高整体作战能力。

(3)装备与战争之间是一个复杂的辩证关系。在马克思和恩格斯看来,这种关系可以分两个方面:一方面是战争对装备的作用,这种作用突出地表现为由于战争的需要,不断推动了装备的发展;另一方面是装备对战争的作用,这种作用集中表现在装备对战争发起和战争结果的影响上。在战争发起方面的一个突出特点是,装备的进步可以延缓战争的爆发,“由于军事技术发生不断革命,这种革命使任何人都不能认为自己已对战争做好准备。”[①]在战争结果方面,装备的决定作用,最终表现为决定战争的胜负。在一个具体的战役和战斗之中,作战双方装备水平相当的情况下,训练水平高的一方,能够战胜训练水平较低的一方。但在装备的差距达到依靠训练难以弥补的时候,纯粹依靠训练就很难保证取得战役或战斗的胜利。恩格斯在评价欧洲军队时指出,“为数不多的猎兵营可能是由优秀的射手组成的,然而他们的短而重的猎枪陈旧过时,根本不能和米涅式步枪相比,而且这种枪采用角型火药筒装填火药的方法,既笨且慢,不能保证他们战胜装备有较完善的武器的军队。”[②]

(4)装备推动军事变革。装备对军队变革的推动作用,往往首先是从推动战术的变化开始。更进一步,装备对军队变革所起的决定作用是全方位的,如编成、编制、战术和战略等。这一过程充分体现了客观和主观的高度统一。从客观角度看,这种起变革作用的,不是天才统帅的“悟性的自由创造”,而是更好的装备的发明;从主观的角度看,这种变革又是在主观的积极参与下才得以实现的。其中,既包括直接使用装备的士兵成分的改变,更包括指挥员对使战斗的方式适合于新的武器和新的战士所做出的努力。这正如散兵战术的创立,一方面“增长了的生产力是拿破仑作战方法的前提”,另一方面又是与拿破仑的“天才的悟性”分不开的。

(5)经济发展对装备发展有根本的制约作用。恩格斯指出,“没有任何东西比军队的编成、编制、装备、战略和战术更加依赖于经济条件了。装备是基础,而它又直接地取决于生产的阶段。”“正是暴力比其他一切都更加依赖于现有的生产条件,……”[③]装备对经济的依赖,表面上看来是金钱,是国家对军队的经费投入,但从根本上来说,是指装备依赖于一个国家的生产状况。“暴力的胜利是以武器的生产为基础的,而武器的生产又是以整个生产为基础,因而是以‘经济力量’,以‘经济情况’,以暴力所拥有的物质资料为基础的。”[④]装备的发展对经济力量的依赖不是一时一地的暂时现象,而是一个长久的历史过程。一个国家即

① 马克思恩格斯全集(第22卷),北京:人民出版社,1965,第10页。

② 马克思恩格斯全集(第22卷),北京:人民出版社,1965,第53页。

③ 马克思恩格斯军事文集(第1卷),北京:战士出版社,1981,第38-39页。

④ 马克思恩格斯全集(第20卷),北京:人民出版社,1971,第181页。

使暂时有了先进的装备,如果其经济基础不能够持久地对装备的建设提供支持,最终也将走向失败。正如马克思和恩格斯在《反革命在维也纳的胜利》一文中所指出的:“就算武器能帮助反革命在全欧洲复活,金钱也会促使它在全欧洲死亡。欧洲的破产,国家的破产,注定要把它的胜利化为乌有。刺刀尖碰上了尖锐的‘经济’问题会变得像软绵绵的灯芯一样。”①

(6)一支军队的战斗力如何,不仅要看其装备的水平,同时取决于它的各种保障能力。这种保障能力的作用,一方面可以通过准确及时的保障,有效提高部队的士气,进而提高部队的战斗力(尤其在部队面临极度困难的情况下更是如此)。另一方面,也只有具有很好的保障能力,才能保证顺利组织部队进行连续不断的战斗。要提高装备的战时保障能力,必须在平时就要加强对装备的统一管理。否则,当战争到来的时候,各个部门容易互相推诿,每个部门和相关人员都忙于自己分内的事,谁也不想把和平时期内没有履行过的职责承担起来。“这样一来,没有一个人去完成那些直接由于战争而产生的任务。”②在战时保障方面,不仅军队的弹药必须及时补充,还要有随军的军械技工、马具工、木工以及其他工匠,以保证军队的技术兵器正常。

(7)装备的发展的速度取决于创新精神和工业生产能力。保存自己,战胜敌人,是所有军队的唯一作战目标。而要实现这一目标,最为重要的就是要迅速取得在战场上造成对敌人的装备优势。这就决定了装备的创新比任何领域的创新都更加重要、更加迅速,通过创新推动装备的不断加速发展。此外,制造战场上所需要的装备,对装备进行廉价的维修,这都需要一定的工业水平。“在具有民族创造精神和国内民用工程已达高度技术发展水平的情况下,会导致军事技术的巨大进步,构成一个时代,这是预料中的事。”③

2. 列宁军事装备思想

列宁作为马克思恩格斯事业和学说的继承者,是20世纪世界无产阶级的伟大领袖和导师。他提出的“帝国主义是资本主义最高阶段”的理论和社会主义可以在一国胜利的理论,为新形势下无产阶级建立军队,发展装备,夺取政权,巩固政权奠定了坚实的理论基础。

列宁对部队武器装备建设也给予了极大的关注,始终强调以新的技术兵器和装备,如火炮、飞机和无线电器材等去武装部队。根据列宁的倡议,组建第一批航空兵支队的问题,早在1917年12月20日就提到了议事日程上,并就航空兵的创建和物质技术保障问题通过了200多项决议。他曾竭尽全力地支持在下

① 马克思恩格斯全集(第39卷),北京:人民出版社,1975,第297页。
② 马克思恩格斯全集(第10卷),北京:人民出版社,1962,第635页。
③ 马克思恩格斯全集(第44卷),北京:人民出版社,1982,第484页。

诺夫哥罗德设立无线电实验室,在莫斯科建立无线电中心站。他极为关心海军舰队的建设,对海军技术装备的保障、海军的合理组织和战斗使用都做了许多明确的指示。他对炮兵的科学研究工作非常重视,特别指示为飞机用校射仪的发明者亚·米·伊格纳切夫设立了专门实验室。他对于火箭技术的发展也非常关心,对齐奥尔科夫斯基的工作所取得的成就感到高兴。列宁的军事装备思想,主要包括:

(1)必须努力掌握敌人已经拥有或可能拥有的一切武器。他指出:"一支军队不准备掌握敌人已经拥有或可能拥有的一切武器、一切斗争手段和方法,谁都会认为这种行为是愚蠢的甚至是犯罪的……倘若我们不掌握一切斗争手段……我们就会遭到极大的失败,有时甚至会遭到决定性的失败。如果我们掌握了一切斗争手段……我们也一定能够胜利。"①

(2)武器装备发展对经济具有依赖性,发展武器装备必须大力发展经济。列宁坚定地指出:"战争是铁面无情的,它斩钉截铁地提出问题:或是灭亡,或是在经济方面也赶上并且超过先进国家。"②

(3)拥有高度技术装备,是战胜敌人的重要条件。进行战争是需要武器装备的,这是一个人所共知的道理。但同时又必须看到,要在战场上取得优势,就不是拥有任何武器装备都可以的,只有占有高度技术装备才是可能的。列宁指出:"要知道,战争使人们得到了许多教益,它不仅教会人们吃苦,而且使人们懂得,占上风的是拥有高度技术装备、组织性和头等机器的人,战争用这一点教导了人们,这种教导好极了。应该懂得,没有机器,缺乏纪律性,在现代社会中是不能生存的——或者是必须拥有高度技术装备,或者是被人消灭。"③

(4)"战术是由军事技术水平决定的——这一真理恩格斯曾向马克思主义者作过通俗而详尽的解释"④。这要求我们必须坚持做到,当新的军事技术已经产生并大量应用到作战中后,必须改变过时的战术。

(5)要使武器装备充分发挥其应有的效能,必须大力培养武器装备的使用人才。"现代战争也同现代技术一样,必须有质量高的人才。没有具有主动精神的、自觉的陆海军士兵,要在现代战争中取胜是不可能的。"⑤

3. 斯大林军事装备思想

1924年列宁逝世后,斯大林担负起全面领导苏联共产党、苏维埃国家及其武装力量的任务,成为苏联党、政、军最高领导人。斯大林在领导苏联革命和建

---

① 列宁选集(第4卷),北京:人民出版社,1995,第249-250页。

② 列宁选集(第3卷),北京:人民出版社,1995,第169页。

③ 列宁全集(第27卷),北京:人民出版社,1963,第177页。

④ 列宁军事文集,北京:战士出版社,1981,第105页。

⑤ 列宁军事文集,北京:战士出版社,1981,第12页。

设实践中,尤其是在领导苏联军队建设和抗击法西斯德国侵略的战争中,在继承马克思恩格斯和列宁军事装备思想的基础上,逐步形成了斯大林装备思想,其主要内容包括:

(1)军队战斗力高低取决于包括武器装备水平在内的多种因素,即战略战术、精神因素、武器装备、训练水平。

(2)武器装备是战胜敌人的物质基础,“军队没有现代化的武器,是不能作战和胜利的”。[①] 他结合第二次世界大战的经验指出:“现代的战争是摩托战争。谁在摩托产量方面占绝对优势,谁就能赢得战争。如果把美国、英国和苏联的摩托产量加在一起,那么,我们在摩托方面的优势至少是德国的两倍。这就是希特勒强盗帝国主义必然灭亡的基础之一。”[②]

(3)提高国防实力和发展武器装备的基础是发展国家经济,尤其要重视重工业的发展。指出:“没有重工业,便无法保持国家的独立;没有重工业,苏维埃制度就会灭亡。因此我国共产党也就拒绝了‘通常的’工业化道路,而从发展重工业开始来实行国家工业化。”[③]

(4)发展武器装备必须坚持争取外援和发挥自己的力量相结合的方针。“国际无产阶级的大力援助,是解决社会主义在一国内最终胜利这一任务的不可缺少的力量。”[④]但同时,又要把国际无产阶级的援助同我们自己的各方面的工作结合起来,特别要注意不断加强自己的国防工业,加强各个军兵种的武器装备建设。

(5)必须高度重视装备人才队伍建设,“人才,干部是世界上所有宝贵的资本中最宝贵最有决定意义的资本”。“如果我们没有这样的干部,那我们就会寸步难移。”[⑤]

第三节 现代军事装备思想

第二次世界大战之后,以美国和苏联为首的两大军事集团在核威胁下进行了广泛、激烈、持久的冷战和军备竞赛,装备发展进入全面高涨时期。20 世纪 90 年代的海湾战争到 21 世纪初的伊拉克战争,是战争历史发展的重要转折点,标志着武器装备从机械化装备主导战场进入信息化装备主导战场的开始。进入 21 世纪,智能化装备将成为陆、海、空、天、网络、电磁等所有战场空间的主战装

① 斯大林军事文集,北京:战士出版社,1981,第 353 页。

② 斯大林军事文集,北京:战士出版社,1981,第 420 页。

③ 斯大林军事文集,北京:战士出版社,1981,第 389 - 390 页。

④ 斯大林军事文集,北京:战士出版社,1981,第 199 页。

⑤ 斯大林军事文集,北京:战士出版社,1981,第 191 页。

备并起到决胜作用的趋势更加明显,智能化战争形态呼之欲出。现代科学技术和装备的快速发展,极大推进了装备理论以至整个军事理论的丰富与发展,对于揭示装备和装备活动的发展规律,指导装备的实践活动起到了重要作用。

一、中国现代军事装备思想

中华人民共和国成立后,在推进我军武器装备建设的进程中,毛泽东、邓小平、江泽民、胡锦涛和习近平,认真总结我军武器装备建设的实践经验,对我军军事装备工作进行了全面和深刻的论述,是我军装备发展、保障、管理等工作的指导思想,贯穿于我军装备活动的始终。本书在此处仅摘其精要,而在具体论述装备发展、保障和管理时,再作有关补充阐述。

(一)毛泽东关于军事装备的重要论述

毛泽东在长期领导中国革命和社会主义建设的实践中,始终把军队建设作为革命时期和建设时期的重要内容,高度重视军队的武器装备建设。在毛泽东著作中,关于军事装备的重要论述包括:

(1)武器装备是决定军队战斗力的关键因素,只有当武器装备超过敌人时,才能“干净地彻底地消灭敌人”①。

(2)武器装备是夺取战争胜利的物质基础,必须把武器装备建设放在军队突出地位。

(3)武器装备也是推动军事上发生变革的重要力量。

(4)武器装备是巩固国防的重要支撑,国防不可不有,武器装备建设必须抓紧进行。

(5)经济是发展武器装备的重要前提,必须正确处理国防建设和经济建设的关系。“巩固的国防,来保障祖国的建设;而发展工农业生产,又是加强国防建设的物质基础。”②

(6)战争的目的是推动武器装备发展的根本动力。“战争的目的不是别的,就是‘保存自己,消灭敌人’(消灭敌人,就是解除敌人的武装,也就是所谓‘剥夺敌人的抵抗力’,不是要完全消灭其肉体)。古代战争,用矛用盾:矛是进攻的,为了消灭敌人;盾是防御的,为了保存自己。直到今天的武器,还是这二者的继续。”③

(7)要大力发展国防科技和国防工业,“立足于战争,从准备大打、早打出

---

① 毛泽东军事文集(第6卷),北京:军事科学出版社、中央文献出版社,1993,第108页。

② 建国以来毛泽东文稿(第3册),北京:中央文献出版社,1989,第122页。

③ 毛泽东军事文集(第2卷),北京:军事科学出版社、中央文献出版社,1993,第310页。

发,积极备战,把国防建设放在第一位,加强三线建设,逐步改变工业布局。”

(8)发展武器装备必须坚持自力更生为主,争取外援为辅的方针。

(9)坚持实行尖端武器和常规武器并举的方针。我们“不但要有更多的飞机和大炮,而且还要有原子弹。”①

(10)加强部队武器装备管理,充分发挥现有武器装备的效能。

(11)人是战争胜负的决定因素。“我们的意见与此相反,不但看到武器,而且看到人力。武器是战争的重要的因素,但不是决定的因素,决定的因素是人不是物。”②

(12)要高度重视装备人才的培养。“今天我们迫切需要的,就是要有大批能够掌握和驾驭技术的人,并使我们的技术能够得到不断的改善和进步。”③

(二)邓小平关于军事装备的重要论述

邓小平作为我国第一代领导集体的成员和第二代领导集体的核心,无论是在战争年代还是在和平建设时期,始终关心武器装备建设。尤其是作为第二代领导集体的核心,面对风云多变的世界形势,更是把建设强大的现代化军队,不断强化武器装备现代化,作为军队建设的核心任务。在领导国防建设尤其是装备建设的实践中,逐步形成了独具特色的军事装备重要论述。其主要内容包括:

(1)国家的主权和安全要靠强大的国防来维护,强大的国防关键是要有现代化的武器装备。

(2)必须十分重视武器装备在国家和军队建设中的重要地位。在战争年代它就是夺取战争胜利的重要基础,在和平时期能够为国家争得有利的国际地位。“如果60年代以来中国没有原子弹、氢弹,没有发射卫星,中国就不能叫有重要影响的大国,就没有现在这样的国际地位。”④

(3)武器装备建设要建立在经济发展的基础之上,“军队装备真正现代化,只有国民经济建立了比较好的基础才有可能。”⑤

(4)装备建设是一个复杂的系统工程,涉及方方面面,必须制定一个好的规划,才能确保武器装备的健康发展。

(5)发展武器装备的一个关键是要把尖端技术搞上去。无论是尖端技术装备还是常规技术装备,在提高国家威慑能力和实战能力方面都起着重要作用。

---

① 毛泽东军事文集(第6卷),北京:军事科学出版社、中央文献出版社,1993,第365页。
② 毛泽东军事文集(第2卷),北京:军事科学出版社、中央文献出版社,1993,第297页。
③ 毛泽东军事文集(第6卷),北京:军事科学出版社、中央文献出版社,1993,第351页。
④ 邓小平军事文集(第3卷),北京:军事科学出版社、中央文献出版社,2004,第294页。
⑤ 邓小平文选(第3卷),北京:人民出版社,1993,第128页。

但在相对和平时期，特别是具有强大作战威力的武器装备产生以后，尖端技术装备起的作用会越来越大，“中国必须发展自己的高科技，在世界高科技领域占有一席之地。”①

(6)武器装备的质量，是决定军队作战能力的基础，也是武器装备生产过程中各个环节必须重点把住的关口。“产品质量必须合格，百分之九十九点九也不行，必须百分之百。”②

(7)重视武器装备在国防和军队建设中的重要地位作用，就要十分重视发展先进的技术兵种。

(8)发展武器装备，必须正确处理好武器装备建设中的一系列重大关系。包括：生产和维修的关系；新旧装备的关系；装备引进和创造的关系；作战装备和配套建设的关系。

(9)高度重视武器弹药的保障工作，强调后方保障必须适应前线作战的需要。

(10)实行武器装备建设的统一管理。“否则的话，就是个‘杂货摊子’，计划没有办法订，仗没有办法打，弹药没有办法补充，指挥也不方便。”③

(11)国防工业是武器装备发展的基础，必须下大力抓紧抓好。提出要将军工力量纳入整个经济发展范围；军工企业必须坚持以军为主的方针；搞武器装备建设是要花大钱的，必须坚持精打细算；国防工业要认真搞好“三化”建设；军工要搞好储备；认真搞好国防科研工作；国防工业发展必须突出重点；国防工业部门要尽快建立岗位责任制；为了充分做好战争准备，还必须立足于国防建设需要搞好工业的战略布局。

(12)必须大力加强军事装备人才队伍建设。强调：“靠空讲不能实现现代化，必须有知识，有人才。”④

(13)牢固树立立足现有装备战胜敌人的思想。“我们历来的经验，就是用劣势装备打败优势的敌人，因为我们进行的是正义战争，是人民战争。这一点，我们要有充分的信心。”⑤

(三)江泽民关于军事装备的重要论述

进入20世纪90年代以来，在世界格局形成一超独霸、“台独”势力渐成气候的情况下，我国的安全和统一面临巨大威胁。尤其是世界新军事变革浪潮的汹

---

① 邓小平文选(第3卷)，北京：人民出版社，1993，第279页。

② 邓小平军事文集(第3卷)，北京：军事科学出版社、中央文献出版社，2004，第131页。

③ 邓小平军事文集(第3卷)，北京：军事科学出版社、中央文献出版社，2004，第24页。

④ 邓小平文选(第2卷)，北京：人民出版社，1994，第40页。

⑤ 邓小平文选(第2卷)，北京：人民出版社，1994，第78页。

涌澎湃，使我军武器装备与世界发达国家的军队武器装备相比，有可能面临新一轮时代差。打赢现代条件下特别是高技术条件下的局部战争，已经成为我军建设必须解决的重大历史课题之一。在这种形势下，江泽民在我军武器装备建设上花费了大量心血，也逐步形成了对社会主义市场经济条件下发展武器装备的一系列规律性认识。其主要内容包括：

(1)国防科技和武器装备发展是衡量国防实力的重要标志，对一个国家、一支军队来说极为重要，在新的历史条件下，必须把国防科研和武器装备建设摆在提高军事实力的突出位置，增强我军打赢高技术战争的物质技术基础。

(2)发端于20世纪六七十年代的世界新军事革命，是迄今人类历史上影响最深刻最广泛的军事领域的一场革命，而这场变革的重要推动力量是信息化技术和信息化武器装备的发展，推进中国特色军事变革，关键是要把武器装备搞上去。

(3)科学技术是非常重要的生产力，国家和军队要实现现代化，必须依靠科学技术进步，要把依靠科技进步作为提高军队战斗力的基础，不断提高武器装备的科技含量。

(4)武器装备建设是一个庞大的系统工程，涉及国家和军队建设的方方面面，必须加强集中统一管理，才能有效提高军费使用的整体效益。

(5)军事理论和作战思想是牵引武器装备发展的重要力量，要努力发展具有我军特色的作战思想，以引导我们科学地预测和规划我军未来武器装备发展。

(6)现代条件下，武器装备建设对经济的依赖性越来越强，在我国现有经济条件下搞军事现代化，一定要分清主次先后，轻重缓急，有所为有所不为。要集中力量重点突破一些关键性技术，实现较大跨度的技术进步。

(7)在当今世界，任何一支军队，如果关起门来搞建设，拒绝学习国外先进的东西，是不可能实现现代化的，我军进行现代化建设，必须面向世界，跟上世界军事变革的潮流，积极借鉴各国军队特别是发达国家军队现代化建设的有益经验，有选择地引进先进的技术装备和管理方法。但是，实践证明，自力更生、自主创新，是我们真正在世界高科技领域占有一席之地的重要基石。尖端技术不可能从国外直接拿来，即使有的一时可以从国外引进，但如果我们不能进行有效的学习、消化和新的创造，最终还会受制于人。唯有自己掌握核心技术，拥有自主知识产权，才能将祖国的发展与安全的命运牢牢掌握在我们手中。

(8)实践证明，国防科学技术和武器装备的竞争，关键是知识和人才的竞争，是开发和创新能力的竞争。要在国防科学技术发展和武器装备建设上取得巨大突破，必须有一大批能够掌握和驾驭高新技术的科技专家。要在全社会进一步形成尊重知识尊重人才的良好风尚，批评和纠正鄙视知识、浪费人才的思想和行为。

（四）胡锦涛关于军事装备的重要论述

党的十六大以来，胡锦涛在领导我国国防和军队建设的实践中，始终坚持贯彻科学发展观的科学内涵和精神实质，坚持运用科学发展观所贯穿的科学世界观和方法论，思考新形势下如何坚持以增强打赢信息化条件下局部战争的能力为核心，不断提高应对多种安全威胁、完成多样化军事任务的能力，确保我军能够在各种复杂条件下有效应对危机、维护和平，遏制战争、打赢战争，逐步形成了关于新形势下武器装备建设的重要论述。其主要内容包括：

（1）国防实力作为综合国力的重要组成部分，强大巩固的国防是国家安全和经济发展的重要保障，直接关系中国特色社会主义的兴衰成败。我们必须从国家安全和发展战略全局出发，深刻认识强军在发展中国特色社会主义、实现中华民族伟大复兴中的基石地位，着眼军队的全面建设，高度重视武器装备的建设与发展工作。

（2）推进武器装备建设是一个复杂的系统工程，涉及国家安全和国家利益，必须科学确立指导装备建设发展的一系列重大方针政策，才能确保武器装备的科学发展。

（3）武器装备建设的根本目的是为履行国家赋予军队的使命任务服务，随着军队使命任务的不断变化，武器装备建设的目标重点必须做出相应的调整，这是确保武器装备建设顺利推进的关键环节。新形势下武器装备建设的整体目标，是以增强打赢信息化条件下局部战争的能力为核心，不断提高应对多种安全威胁、完成多样化军事任务的能力。

（4）武器装备建设是国防建设和国家建设的重要组成部分，武器装备建设如何发展必然受国家和国防建设整体的制约，必须根据国家建设和国防建设整体发展的特点，努力探索体现装备建设规律和时代特征的武器装备发展方式。

（5）实现武器装备的快速发展，需要具有良好的客观条件。必须根据新形势下推进武器装备建设的需要，努力为实现我军武器装备又好又快发展创造雄厚的物质基础。

（6）武器装备建设依靠科技推动，这是武器装备发展的一条基本规律。新形势下推进信息化武器装备建设，更需要不断提高以信息技术为核心的整体技术水平。从我国的实际情况出发，努力提高自主创新能力，不断加强技术储备，是推进我军武器装备建设又好又快发展的重要任务。

（7）人才资源是装备建设资源中的第一资源。拓展和丰富人才资源是当务之急，也是根本大计，离开人才和智力支撑，实现武器装备的科学发展只能是一句空话。必须根据我军武器装备建设的实际需要，努力建设一支优秀的武器装备建设人才队伍。

(8)体制机制是制约武器装备发展的重要因素,并随着社会实践和军队建设实践的不断进步发生变化。必须根据社会主义市场经济和军队建设深入发展的实际情况,建立起适应高新武器装备发展规律和社会主义市场经济要求的武器装备发展体制机制。

(9)伟大的事业孕育伟大的精神,伟大的精神推动伟大的事业。在长期的武器装备建设中,我军广大指战员和国防科技工作者经受了严峻的挑战和考验,创造了"两弹一星"精神和载人航天精神,这是我国国防科技发展和武器装备建设事业中最可宝贵的精神财富,是激励我们把武器装备建设不断推向前进的强大动力。

(10)新形势下推进武器装备建设,涉及因素多、要求高、投入大、周期长,无论对科研和生产环节还是部队使用环节,都提出了很高的要求。必须通过加强科学管理,不断提高武器装备的科研生产质量和部队的"两成两力"建设成果。

(五)习近平关于军事装备的重要论述

党的十八大以来,以习近平同志为核心的党中央,着眼于实现中国梦强军梦,制定了新时代军事战略方针,全力推进国防和军队现代化,全力推进建设一流人民军队,发展形成了习近平强军思想。与此同时,习近平高度关注武器装备发展,在全面领导我军武器装备建设的伟大实践中,提出了一系列时代特色鲜明的关于装备建设的重要论述。其主要内容包括:

(1)武器装备是军队现代化的重要标志,是军事斗争准备的重要基础,是国家安全和民族复兴的重要支撑,是国际战略博弈的重要砝码。

(2)当前和今后一个时期是我军武器装备建设的战略机遇期,也是实现跨越式发展的关键时期,我们一定要增强使命意识,抓住机遇,鼓足干劲,把武器装备建设搞得更好一些,更快一些。

(3)坚持作战需求的根本牵引,更加积极主动地瞄着明天的战争来加快发展武器装备,确保研发和生产的武器装备适应能打仗、打胜仗的要求。

(4)信息化战争拼的是体系,而我军武器装备弱也主要弱在体系上,必须坚持体系建设思想,要不要发展、发展多少,都要以对作战体系的贡献率为评价标准,不断完善和优化武器装备体系结构。

(5)创新是武器装备持续发展的重要动力,必须坚持创新驱动发展,紧跟世界新军事革命特别是军事科技发展方向,抓住现实矛盾和突出问题,确定正确的跟进和突破策略,加快武器装备赶超步伐。

(6)武器装备质量关系官兵生命、关系战争胜负,必须坚持质量至上,贯彻质量就是生命、质量就是胜算的理念,把质量要求贯彻到武器装备全寿命管理各个环节,确保武器装备发展的高质量。

(7)武器装备只有经常在贴近实战中使用,才能知道到底好不好用、管不管用,要针对体系运用特点,大胆操作和使用武器装备,从难从严,在复杂战场环境和高强度对抗条件下摔打武器装备,推动武器装备成建制成系统形成作战能力和保障能力。

(8)在战争制胜问题上,人是决定因素。同时也要看到,随着军事技术不断发展,装备因素的重要性在上升,人的因素、装备因素结合得越来越紧密,人与装备已经高度一体化,重视装备因素也就是重视人的因素。

(9)武器装备竞争说到底是人才的竞争,人才问题仍是制约我军武器装备发展重要因素,必须牢固树立人才资源是第一资源的理念,坚持人才队伍建设优先,努力培养造就一支规模宏大、结构合理、素质优良的国防科技和武器装备人才队伍。

(10)解决武器装备建设问题的根本出路在改革,要稳妥推进武器装备领域改革,通过调整改革着力激发创新活力,加强集中统一领导,大力提高建设发展效益。

二、外国现代军事装备思想

第二次世界大战结束后,美国凭借优越的地理位置,不仅美国本土在两次世界大战中未受任何波及,而且依靠战争期间大量的军火贸易,使美国的经济、军事实力急剧膨胀,登上了资本主义世界霸主地位。而西欧列强则遭到沉重打击,德国、意大利被彻底打败,英国、法国遭到严重削弱,其他西欧国家也是困难重重。19 世纪以来,欧洲列强在近代史上控制世界、决定世界事务的中心地位一去不复返了。苏联是战后唯一有实力与美国抗衡的国家,从第二次世界大战结束直到苏联解体,美国和苏联在世界的权力结构中占据绝对主导地位。苏联解体后,俄罗斯继承了苏联在联合国安理会常任理事国的席位,以及苏联大部分的军事力量,俄军整体作战能力较强,武器装备较先进,部分高技术装备不亚于美军,仍然是目前世界上唯一能与美国抗衡的军事力量。因此,战后外国军事装备思想主要以美国和俄罗斯的军事装备思想为主进行阐述。

(一)美国军事装备思想

第二次世界大战后,美国军事装备思想的基本内容如下。

1. 以国家绝对安全为目标,夺取装备技术优势

以国家绝对安全为目标,夺取装备技术优势,是第二次世界大战后美国武器装备建设思想的基本趋势之一。美国国防部 1991 财年国防报告指出,“美国的目标是具有占绝对优势的军事能力,以迅速而彻底地粉碎敌方的进攻”。追求

装备技术优势始终是美国武器装备建设的核心指导思想。美国国防部 1997 年《四年防务审查报告》指出,为迎接不确定的未来挑战,要“集中力量加强武器装备的现代化建设,淘汰陈旧系统,将最先进的技术装备部队,确保美军在未来能保持军事优势。”美军参联会《2010 年联合构想》强调,“拥有技术优势的装备一直是美军夺取战斗胜利的关键”。美国国防部 2002 财年国防报告指出,“技术优势一向是美国武装力量的一个特征和美国国家军事战略的基础之一”。而美国夺取装备技术优势的目标,是谋求国家的绝对安全,其中就包括了夺取核优势、信息优势,以及空间优势。

核武器对美国国家安全具有特殊的地位与作用。由于核武器的巨大威力,自从核武器诞生以来,美国一直把核武器建设作为武器装备建设的重要内容,把核优势作为国家安全的基石。从杜鲁门政府的“遏制战略”,艾森豪威尔政府的“大规模报复战略”,尼克松、福特、卡特政府推行“现实威慑战略”,到里根政府实施的“灵活反应战略”和“战略防御计划”,就是冷战期间美国政府根据“核武器制胜”论的原则,制定的核战略,以此指导核武器的发展,夺取核优势。冷战结束后,美国调整了核战略,核武器的作用有所下降,但并没有改变被视为国家安全基石的地位。美国国防部 1997 年《四年防务审查报告》提出,“美国必须保持足够的战略核力量,以慑止任何可获得核武器的敌对国当局采取威胁我们生死攸关利益的行动,并要使这样的领导人懂得,寻求核优势将是徒劳的。”

信息优势也是美国武器装备信息化建设不懈追求的目标。美国国防部 1998 财年国防报告认为,“信息技术、传感器和电子技术等领域的迅速进步,将确保美军在对手日益获得先进技术的条件下能继续保持技术优势”,并明确提出,“必须利用信息时代技术使设备现代化,提供取得快速、决定性胜利所必须的技术优势。”

美国还十分重视太空对未来军事行动的重要作用。在一些文件政策中已明确提出抢占空间优势,占领国家安全制高点的思想。美国空军在《全球参与:21 世纪空军构想》中指出,“空间是一个美国绝不能拱手相让的极为重要的领域,美国空军必须确保绝对的空间优势。”美国 2006 年《四年防务审查报告》明确提出:“美国应继续享有所有任务领域空间能力的优势。保持这种优势需要在技术上领先任何外国或商业空间大国至少一代。国防部将继续发展反应能力强的空间能力,以便不受束缚、可靠、安全地进入太空。”

2. 正确处理核武器、机械化装备、信息化装备之间的关系,实现装备建设协调发展

核武器、机械化装备、信息化装备是第二次世界大战后美国装备建设既有所区别又相互联系的三个方面。核武器建设一直是美国装备建设的重要组成部分,机械化装备建设在冷战时期是美国常规武器装备建设的主体,冷战后的主体

则是信息化装备建设。第二次世界大战后,美国综合考虑政治、经济、科技等各方面因素,正确处理核武器、机械化装备和信息化装备发展的关系,冷战时期在积极推进核武器建设的同时,大力发展机械化、信息化装备,冷战以后积极促进机械化装备向信息化装备过渡,注重提高核武器的信息化程度,基本实现了核武器、机械化装备、信息化装备的协调发展。

3. 综合考虑性能、进度、费用、风险等因素,提高装备建设总体效益

性能、进度、费用、风险等因素是武器装备建设过程中需要经常关注的问题。第二次世界大战后,美军武器装备建设经历了单纯追求性能、进度,注重费用,到把费用作为一个独立变量,与性能、进度一起权衡,再到基于风险,以技术和管理风险为基础,有效平衡性能、进度、费用和风险,提高装备建设总体效益的过程。

4. 打击力、机动力、防护力与信息力有机结合,推进武器装备发展

武器系统的基本要素由打击力、防护力、机动力、信息力构成。第二次世界大战后,美军最初以打击力为主,全面提高武器装备的打击力、机动力、防护力和信息力。随着信息技术的发展,信息在战争中的作用日益提高,美军逐步以信息力为主导,以打击力、机动力、防护力与信息力的有机结合推进武器装备的发展。

5. 充分利用军内军外、国内国外各种资源,不断扩大武器装备发展的技术基础

第二次世界大战后,美国国防技术转移经历了军技民用到军民技术双向转移,实现军民一体化的过程。冷战时期,美国政府出于同苏联争霸的需要,推行“先军后民、以军带民、全面发展”的科技政策,使军用和民用研发生产相分离,武器装备研制和国防科技先行发展并带动了民用科技的进步,重视军技民用。同时,美国武器装备建设处于相对独立封闭状态,与国外合作以美国向盟国输出武器装备和先进技术为主。20 世纪 80 年代,特别是冷战结束后,随着国防预算的下降,以及“民用技术的不断完善,军用技术的开发却越来越昂贵、缓慢,因此美国开始试图实行一种使军民一体化更为密切的政策。”[①]美国政府积极推动军民技术双向转移,在继续推进军技民用的同时,提倡军民两用和民技军用,实现军民一体化,同时加强对国外资源的利用,不断扩大武器装备发展的技术基础。

6. 对武器装备进行全系统全寿命管理

现代条件下,武器装备的研制周期越来越长,费用越来越高,如何提高武器装备费用的使用效益,加速武器装备发展,是 20 世纪 60 年代以来美国等发达国家在发展武器装备过程中遇到的一个突出问题。为了解决这些问题,美国先后提出全系统管理思想和全寿命管理思想。

---

① 安·马库森,肖恩·科斯蒂冈. 殷雄,吴春喜,徐静等译,武装未来,北京:新华出版社,2000,第 262 页。

(二)俄罗斯军事装备思想

俄罗斯与苏联的先天关系,决定了其军事装备思想与苏联时期军事装备思想一脉相承。同时,受到新军事变革的冲击以及军事战略调整的影响,俄罗斯的军事装备思想也适应新形势的需要,得到了进一步的发展。

1. 以“核遏制”原则为指导,继续发展核武器

苏联解体后,俄罗斯对核武器和核战争的看法在苏联的基础上又有了新的变化,其基本看法是:核战争中没有胜利者;核战略和核战争理论正在变得过时,核战争发生的可能性减少,但不能完全排除;已不再把核武器视为一种实施军事行动的手段,而是把它作为一种威慑和遏制侵略的政治手段,俄罗斯不单方面放弃核武器;俄罗斯放弃不首先使用核武器的承诺。正是基于以上考虑,俄罗斯提出并逐步实施核武器的更新计划,集中精力发展具有低输出或低当量的极小核武器——第三代核武器。按照俄罗斯原子能部部长米哈依洛夫所说,第三代核武器将有能力摧毁敌地面及太空的任何战略目标,还可以用于任何规模的冲突。

2. 军事技术进步是促成新军事革命的重要因素

俄军认为,新军事革命形成是诸多因素相互作用的结果,但最主要的因素是军事技术的根本进步。俄军研究新军事革命的代表人物、著名军事理论家沃罗比约夫等人指出,导致军事领域变革的根本原因是武器装备技术的进步。俄军普遍认为,目前军事进步已进入一个重大变革时期。这首先是由军队装备了精确制导武器所引起的。他们认为,精确制导武器既可对目标实施远距离精确打击,从而使战争进程大大加快,保持庞大军队的必要性大大降低,又可避免使用核武器所带来的灾难性后果。因此,它是军事技术思想的最高体现,是这次新军事革命的核心动力。

3. 军事技术进步导致战争性质发生变化

海湾战争结束后,俄军事理论界开始对海湾战争进行研究并提出正在出现新一代战争的观点。他们认为,随着新技术革命成果在军事领域的广泛运用和新武器的不断涌现,战争越来越显出与以往不同的特点。越南战争、中东战争、英阿马岛战争,由于运用的新式武器和弹药在数量上还是少数,因此这些战争从总体上说还是传统意义上的战争。而海湾战争则是真正具有革命意义的战争样式,新式武器、电子战器材、侦察器材、自动化和机器人化的指挥和控制系统,先进的战斗保障和专业保障器材在战争中发挥了决定性的作用,出现了根本无法与这些新式武器抗衡的局面。总之,海湾战争展示了未来高技术战争的许多特点,可以说,这是一场分水岭式的战争,它开辟了一个更高技术水平的战争新纪元。

思考题

1. 试分析孙子在《孙子·作战》提出的:“取用于国,因粮于敌”。

2. 克劳塞维茨所理解的武器装备的进步包括哪三方面的含义?

3. 如何理解马汉所提出的“武器的变化只影响实践,而不影响原理”?

4. 军事理论的发展按照研究方式可分为历史反思型和前瞻预测型两种,马汉、杜黑和富勒等人的研究方式属于哪种类型,为什么?

5. 马克思主义军事装备思想强调装备人才队伍建设的重要性,认为人才资源是第一资源,我们应该如何来理解和认识这一观点?

第二部分

军事装备发展

第五章　军事装备发展的战略管理

军事装备发展的战略管理包括提出装备需求,制定并执行装备发展战略、装备建设规划计划。其中,装备需求是牵引装备发展的基本动力,是制定装备发展战略和装备建设规划计划的基本依据。装备发展战略,是国家对装备发展的总体设计,是从全局筹划和指导未来较长时期内装备建设的方略。装备建设规划计划是在装备发展战略的指导下,对未来一定时期内装备建设的总体安排,是装备发展战略的具体化。一个国家军事装备发展的得失与成败在很大程度上取决于在装备需求论证基础上的装备发展战略决策,而科学的规划计划则是装备发展战略得以有效实行的重要保障,因此军事装备发展的战略管理对做好装备工作具有十分重要的意义。

第一节　军事装备需求论证

明确军事装备需求论证的基本概念与分类,确定需求论证的一般模式,规范需求论证的依据和原则,对于开展军事装备需求论证具有重要的理论指导作用。

一、军事装备需求论证的基本概念

(一)军事装备需求

所谓军事装备需求,存在广义和狭义两种定义。广义的军事装备需求,指的是在军事装备的全寿命周期过程中形成的各类型、各层次与装备有关的需求。主要包括装备发展需求、装备部署需求、装备使用需求、装备保障需求和装备管理需求等。例如,在装备的论证阶段,需要发展何种类型的装备、需要待发展的装备具备何种性能等问题,这属于装备发展需求;如何确保装备的正常使用、需要为装备配备多少保障力量和保障资源等问题,则属于装备保障需求问题。

狭义的军事装备需求,专指军事装备发展需求,即为科学地发展军事装备并有效地达成军事使用目标而必须解决的各类型、各层次与装备有关的需求。之所以存在狭义的理解方式,是因为当前装备需求分析和论证的核心内容基本上都集中于装备发展领域内,绝大部分的装备需求工作也都是围绕解决装备发展需求问题而展开的。所以,军事装备需求,其内涵基本上都是军事装备发展需求。本书无特殊说明,均采用此狭义的定义。

(二)军事装备需求论证

军事装备需求论证是军事装备需求的提出和验证过程,是为军事装备发展提供决策依据的研究活动。其研究对象是未来要发展的军事装备需求,输入是作战单元的使命任务,输出是满足使命任务需求的军事装备需求方案,是装备部门进行军事装备发展决策的基本依据。

根据装备需求论证的层次关系,由宏观到微观依次展开包括装备发展战略、装备体制、规划计划和型号需求论证。

1. 军事装备发展战略需求论证

军事装备发展战略是全面谋划装备发展的方略,是围绕装备发展方向重大问题进行的高层次、超前性、整体性谋划。军事装备发展战略需求论证的基本要素包括需求分析、威胁分析、作战任务和能力需求分析、装备现状分析、新型武器装备发展趋势、装备发展需求构想、装备发展战略目标、装备发展战略重点等。

2. 军事装备体制需求论证

军事装备体制主要规范列编装备的种类、型号、作战使命、主要性能指标、编配对象、配套和替代关系等。从某种意义上讲,装备体制就是装备体系的制度化、规范化。种类、型号代表体系要素,作战使命和主要性能指标表征水平和能力,编配和配套表征体系结构和内在联系,替代关系表明动态发展。军事装备体制需求论证的基本要素包括作战需求分析、装备体制现状分析、装备体制发展需求构想、装备体制方案拟制、装备体制综合评估等。

3. 军事装备建设规划计划需求论证

军事装备建设规划计划论证,就是运用科学手段与方法,依托现有条件,准确预测未来,确定装备建设的思路、目标和分阶段建设任务,提出具体的发展步骤、型号项目和经费投入需求方案。军事装备建设规划计划论证的核心是对所有型号项目的整体筹划,同时对每个项目的使命任务、功能定位、战术技术特征等进行概括性描述,并安排项目实施的经费支撑和时间周期。军事装备建设规划计划需求论证的基本要素包括需求分析、规划计划执行情况及现状分析、规划计划论证的指导思想、规划计划目标和重点、拟制规划计划方案、方案综合评估等。

4. 军事装备型号需求论证

军事装备型号需求论证,是在装备宏观发展决策的前提下,对列入装备体制和规划计划的每一个型号项目进行的具体论证,论证成果成为项目研制的依据。根据型号管理规定,型号论证又包括装备研制立项综合论证和研制总要求论证,前者是项目立项的依据,后者是装备设计定型的依据。军事装备型号需求论证的基本要素包括作战使用需求分析、现状分析、编配设想、主要作战使用性能要求、装备系统组成和技术方案、效能评估等。

二、军事装备需求论证的主要模式

从军事装备需求论证的发展演变看,装备需求论证主要有两种模式:基于威胁的装备需求论证模式和基于能力的装备需求论证模式。

(一)基于威胁的装备需求论证模式

基于威胁的装备需求论证模式,是指主要依据明确的作战对象或主要威胁来确定军事需求,通过系统分析和逻辑推理,对武器装备发展做出结论和证明的论证模式。任何一个国家军事装备的发展,都是明显地针对着现实的作战对象或潜在对手进行的,试图在武器装备的战术技术性能上压倒对手,而并非漫无边际地追求武器装备的高、新、精、全。基于威胁的装备需求论证,具有明显的针对性和指向性,首要考虑的是“对手是谁,战争会在何时、何地发生”。从主要假想敌可能发起的军事威胁出发,以打赢或阻止战争为目的,以一个或几个主要的想定为背景,通过全面或局部力量间的对比分析,对所需的力量进行规划。这种论证模式以单一的主要威胁为驱动力,以较少的想定为依托,在对国家利益构成的威胁比较容易识别时有效。

这种论证模式的缺点也十分突出,武器装备发展的重点始终随着作战对手的改变而变化,呈现出被动应对的特征,一旦主要对手或主要威胁发生变化,装备发展就不得不随之发生调整和变化。长期以来,这种针对特定的作战对象或军事威胁而发展装备的思想一直占据着统治地位,影响着各国武器装备的建设和发展。冷战时期,美国和苏联两个超级大国为实现全球称霸的梦想,相互视对方为最危险的敌人,不惜以举国利益,展开了近乎疯狂的军备竞赛。

(二)基于能力的装备需求论证模式

基于能力的军事装备论证模式,是指国家和军队在制定军事装备发展战略、规划计划和型号论证研究时,主要依据满足未来军事斗争所需的军事能力,牵引和论证军事装备的发展与建设。关注重点由原来的“对手是谁,战争会在何时、何地发生”转向“战争将以何种方式进行”,是从国家的长远利益出发,以能维护国家利益所应有的军事实力为目标来发展军事装备。

需要特别指出的是,基于能力的装备需求论证模式并没有忽视已确定的威胁,而是考虑更大范围的威胁,在应对确定性威胁的同时,更加关注未来可能遇到的不确定的威胁,以增强军队应对各种威胁的能力。可以说基于能力是基于威胁的继承和发展,两者并不是相互对立的装备需求论证模式。相对于基于威胁的装备需求论证模式,基于能力的论证模式拓宽了战略视野,把握了装备发展的主动权,使军事装备的发展既能够对付当前的挑战,也能够防范和对抗未来的威胁。

从2001年开始,美国国防部将装备需求论证的思路由基于威胁转为基于能力,不再强调"打赢几乎同时发生的两场大规模地区战争"的作战指标,而是把关注点主要放在对手具有或将具有何种作战能力上,并以此规划和改造军事力量。目的是美军既能在关键领域保持它的军事优势,又能开发优势新领域,使对手无法实现非对称威胁。基于能力需求论证对美军来说,并不仅是为了在"冷战"后失去明确对手情况下,用"虚化"的能力为需求牵引,以争取军费,其实质是表明美国不再允许出现一个能挑战它的对手,要建立起一个无论面对什么对手都能打赢的军事能力,其核心目标是维护美国在全球的霸权。

美军在基于能力的装备需求论证相关理论研究和实践中开展了大量的工作,《四年防务评估》就是其中之一。美军在这些工作中不断摸索、完善基于能力的装备需求论证模式,在组织机构调整、规章制度制定、技术方法研究等各方面都取得了丰富的成果,特别是按照基于能力的论证模式建设了联合能力集成开发系统(Joint Capability Integrated Development System,JCIDS)[①],以替代之前一直使用的需求生成系统(Requirement Generation System,RGS),进一步完善了需求生成机制,形成了一套比较科学的需求生成程序和方法。

三、军事装备需求论证的基本依据

牵引、推动和制约装备发展的因素构成了军事装备需求论证的基本依据,也是确保需求论证结果正确、可靠、有效的重要前提。军事装备需求论证的基本依据主要包括军事战略、军事理论、军队建设要求、科学技术发展、经济基础5个方面。

(一)军事战略

军事战略是国家根本性的军事政策,是统揽军事力量运用和建设的总纲,它根据国际形势和敌我双方政治、军事、经济、科学技术、地理等诸因素的分析判断,科学预测战争的发生与发展,对装备的发展产生很强的指导和牵引作用,是军事武器装备需求论证的基本依据。

① U. S. DoD. Chairman ofthe Joint Chiefs of StaffInstruction(CJCSI)3170. 01I. Joint Capabilities Integration and Development System[R]. Washington D. C.:Department of Defense,23 January 2015.

军事战略规定了军事装备发展的总体方向和基本目标,明确了军事装备的发展重点,确立军事装备的建设思路。军事战略的不同,军事战略目标和军事安全利益的差异,决定了军事装备发展的不同方向,军事装备的发展重点和建设思路也就有所差别,最终实现的目标也会大相径庭。

第二次世界大战以后的冷战时期,美国的军事战略经过了几次大的调整,在1945—1988年期间,美国先后制定了“遏制”战略(1945—1952年)、“大规模报复”战略(1953—1960年)、“灵活反应”战略(1961—1968年)、“现实威慑”战略(1969—1980年)、“灵活反应的威慑”战略(1981—1988年)等,其军事战略的每一次调整和变化,都对军事装备的发展提出了新的要求。“遏制”战略要求的是以核武器为威慑、常规武器为主、能打大规模常规战争的军事装备体系;“大规模报复”战略要求的是以核武器为主体、常规武器为辅、主要打全面核战争的军事装备体系;“灵活反应”战略要求核武器与常规武器并重,具有打包括核大战、常规战争和特种战争在内的各种战争的军事装备体系;“现实威慑”战略要求的是能“抵消”苏联军事优势的有限、高效、优质军事装备体系;“灵活反应的威慑”战略要求建立一种攻防兼备的核力量体系,提出了著名的“星球大战”计划,加强核防御军事装备的发展。冷战结束以后,美国又先后对其军事战略进行了多次大的调整,先后提出了“地区防御”战略(老布什政府)、“灵活选择参与”战略(克林顿政府第一任期)、“营造、反应、准备”战略(克林顿政府第二任期)、“保卫、阻止、战胜”战略(小布什政府)、“平衡”战略(奥巴马政府第一任期)、“一体化”战略(奥巴马政府第二任期)、“实力求和平”战略(特朗普政府),推动其军事装备体系逐步地从以往的以核武器为主或核武器与常规武器并重,转变到以高技术常规武器为主,适应了军事战略发展的需求。

我国长期奉行积极防御的军事战略。20世纪80年代,中央军委做出国防建设从“早打、大打、打核战争”的临战准备状态真正转入到和平时期建设轨道上来这一战略性决策,[①]使我军军事装备发展走上了核武器与常规武器协调发展的道路。2014年,中央军委又制定了新形势下军事战略方针。这一方针坚持积极防御,整体运筹备战与止战、维权与维稳、威慑与实战、战争行动与和平时期军事力量运用,将军事斗争准备基点放在打赢信息化局部战争上,以海上方向军事斗争为战略重心。[②] 这就要求我军坚持信息主导、体系建设,加快军事装备更新换代,维持维护国家安全需要的最低水平核力量的同时,加强高新技术军事装备研发,促进军事装备机械化信息化智能化融合发展,构建适应信息化战争和履行使命要求的军事装备体系。

---

① 中国共产党简史,北京:人民出版社,中共党史出版社,2021,第260页。

② 中国共产党简史,北京:人民出版社,中共党史出版社,2021,第431页。

（二）军事理论

军事理论是关于战争、军队建设和作战等军事基本问题的系统化的理性认识。它包括战争指导理论、军队建设理论和作战理论等主要内容。军事理论是军事需求的最高理论体现，它对军事实践起着巨大的指导作用，一旦军事理论产生重大变革，必然推动军事实践产生巨大进步。

一方面，军事理论的发展会牵动军事装备发展重点的改变和新需求的产生。在第二次世界大战结束以后，面对越来越严重的核威胁，美国、苏联等国在原有的机械化战争理论基础上，提出了新的核战争理论，认为今后的战争将主要是有限或无限的核战争。在这种情况下，其军事装备发展的重点也做了相应的改变，从以发展常规军事装备为主，改变为以发展核武器及其运载投送工具为主，核武器、核导弹、远程轰炸机、核潜艇等核军事装备成为美国、苏联等国军事装备发展的重点。冷战结束之后，军事斗争的形势和方式又有了新的改变，信息化条件下的局部战争成为军事斗争的主要形式，各国又提出了新的高技术局部战争理论和信息化战争理论，使军事装备发展的重点又一次发生了改变，从原来的以核军事装备为主，改变为以高技术常规军事装备为主，信息化平台、精确制导弹药、C^4ISR 系统、信息战武器等成为当代军事装备发展的重点。

另一方面，军事理论的发展促进军事装备体系、结构的优化。当新的作战舰艇出现之后，美国将军马汉就提出了著名的“海上制胜论”，这一新的军事理论极大地促进和推动了海军舰艇等军事装备的发展，使海军舰艇逐步发展成为可以执行各种海上作战任务的庞大海战舰船体系；飞机的出现导致了意大利将军杜黑的“空中制胜论”的提出，而这种新的作战理论也极大地推动了作战飞机的发展，使之逐步从原来的单一机种，发展成了包括几十种类型作战飞机的庞大体系。近年来，以美国为首的西方发达国家陆续提出了很多新的军事理论，如空天一体战理论、联合作战理论、快速主导理论、网络中心战理论等，这些理论的提出，极大促进了军事装备体系结构的变化。

（三）军队建设要求

军队建设主要涉及：发展武器装备，进行军事训练，培养军事人才，完善编制体制，创新军事理论，进行国防科学技术研究，健全军事法规体系以及加强军事、政治、后勤、装备的建设等。军事装备发展既是军队建设的一个重要基础，也是军队建设的一项重要内容。因此，军队建设发展会对作为其重要内容和基础的军事装备的发展提出相应的要求，这是军事装备需求论证的直接依据之一。

一方面，军队建设对军事装备发展的规模、水平、速度及调整提出要求；另一方面，军队建设对军事装备整体性能的改善和更新提出迫切需要。

2015年以来，我国国防和军队改革取得历史性突破。按照“军委管总、战区主战、军种主建”原则，构建起了新的军队领导管理和作战指挥体制。调整了军队规模比例，重塑了力量结构布局，裁减军队员额30万，大幅压减陆军现役员额，保持空军现役员额稳定，适度增加海军、火箭军现役员额，优化各军兵种内部力量结构。①

我军建设的新形势和新要求，推动了我军军事装备格局的新变化，实现了军事装备建设的跨越式发展，取得历史性成就。在装备建设总体形态上，淘汰一代装备、压减二代装备、批量列装三代以上装备，基本建成以三代为主体、四代为骨干的装备体系。传统地面作战、近岸防御装备数量适度压缩，远海防卫、远程打击等新型装备加速发展。在联合作战装备体系上，陆上重、中、轻装备比例更加优化、整体推进建设，海上航母编队、两栖编队装备系列发展，空中制空作战、电子对抗、运输投送等装备体系不断完善，中远程精确打击能力不断增强，基础信息网络覆盖国土。在骨干装备建设发展上，15式新型轻型坦克、远程箱式火箭炮、直-20直升机列装部队，首艘国产航空母舰、075两栖攻击舰、055驱逐舰下水入役，歼-20飞机、歼-16飞机、歼-10C飞机代次搭配、形成实战能力，东风-17导弹、东风-26导弹等批量装备。②

（四）科学技术发展

军事装备是科学技术直接物化的结果。科学技术不仅是军事装备最初产生的必要条件，也是军事装备不断发展的重要动力。特别是进入21世纪以后，以信息化智能化技术为代表的高新技术的迅猛发展和广泛应用，为军事装备的又一次跨时代发展提供了强劲动力。所以，进行军事装备需求论证，必须建立在一定的科学技术基础上，以科学技术作为依据之一，充分考虑技术上实现的可行性。

20世纪80年代，当时美军装备部门难以有效参与需求生成过程，军事装备的需求生成主要以参联会副主席以及各军种负责作战的副参谋长或作战部副部长为主体构建，装备部门的人员没有有效介入。这种情况下论证出的需求，没有充分考虑技术因素，所论证的需求往往是空中楼阁，导致许多装备上马后发现技术实现难度太大，或者根本无法实现。例如，美国海军作战部长提出的“武库舰”项目，当时号称是“21世纪第一舰”。根据设计方案，该舰能够携带大量导弹武器，对陆、海、空都具有极强的打击能力，可以看作一座浮动在海面上的“导弹

① 国务院新闻办公室，新时代的中国国防，https://www.gov.cn/zhengce/2019-07/24/content_5414325.htm.

② 国防部网，国防部：在新的起点上推动我军武器装备建设再上一个大台阶，www.mod.gov.cn/gfbw/qwfb/4899559.htm.

武器库”,克林顿政府甚至将这种军舰列为美国海军最优先的研制项目之一,但该项目上马后不久即告中止,其根本原因还是在于技术实现难度大,保障系统繁杂,需要侦察机、无人驾驶飞机、空中预警机或地面搜索雷达提供一个庞大的“作战协调管制系统”,哪一个环节出了问题,都会降低武库舰的作战能力;另外,由于武库舰的舰身低,作战时为隐蔽还要加大吃水,还没有较为可靠的技术能够解决该舰在恶劣海况条件下的稳定性与安全性问题。

(五)经济基础

军事装备的发展除了需要科技支撑外,还需要大量的经费投入,因而对经济有很大的依赖性,可以说经济实力从根本上决定着军事装备发展的潜力,经济水平决定着军事装备发展水平,经济规模决定着军事装备发展的规模,经济发展速度制约着军事装备的发展速度,这是不以人们意志为转移的客观规律。尤其是在现代条件下,一个国家的国防能力比以往任何时候都更加依赖于社会经济发展水平。因此,经济发展水平也是军事装备需求论证的依据之一。

四、军事装备需求论证的一般过程

军事装备需求,通常由军队装备部门会同作战等有关部门,按照军事需求工作的统一部署,根据作战需求、技术发展趋势和成熟度、保障可能性等因素组织论证。对军事装备需求问题进行全面、深入、系统的分析论证,必须明确并遵循规范的程序。针对军事装备需求论证活动主要环节与程序的抽象描述,便构成了论证的一般过程。

按照论证系统的基本要素及其活动规律,军事装备需求论证过程分为提出问题、分析问题、形成方案、评价方案和确定需求5个步骤,如图5-1所示。每个步骤既具有一定的相对独立性,又在论证过程中相互衔接,并存在着特定的逻辑关系,整个过程强调方案的提出及决策的审校。

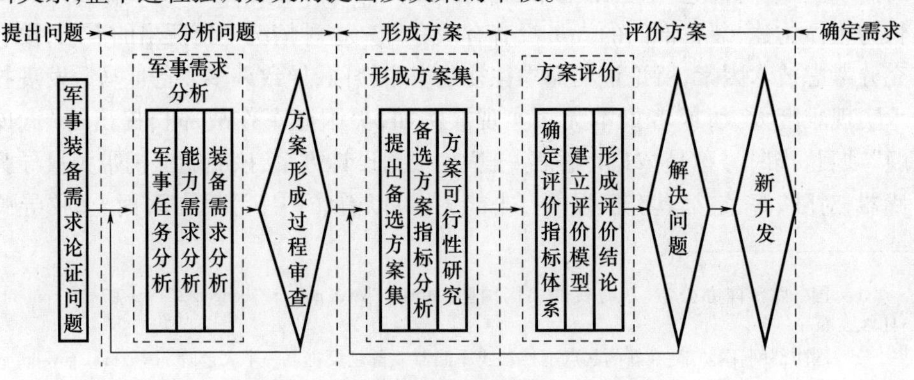

图5-1 军事装备需求论证的一般过程

(一)提出问题

军事装备需求论证问题的提出一般通过两种途径:一是基于现实的或潜在的威胁;二是针对技术突破形成的新的能力或弥补现有作战能力的缺陷。这两种途径分别对应于第二小节中的基于威胁和基于能力的军事装备需求论证模式。军事装备需求论证问题的提出一般不针对具体装备,纯粹从军事角度阐述军事能力需求。这个时候的问题只能作为准问题的身份出现,需要经过论证,该问题的解决途径通过非装备的途径是否能够解决,如果能够通过部队结构调整、力量重组等手段解决,则不能够成为军事装备需求论证的问题出现;如果经论证后只能通过装备途径解决,则经过节点一的批准,完成确定任务阶段,该问题正式作为军事装备需求论证的问题进入第二阶段。

(二)分析问题

以第一步提出的任务需求为基础,进行深入、细致、科学的分析,这是军事装备需求论证的重点和难点工作之一。军事需求分析包括作战任务分析、能力需求分析和装备需求分析。

作战任务分析的主要内容包括对未来作战样式、作战规模、作战对象的预测和分析,作战威胁与作战环境分析,作战任务、作战能力及能力需求分析,现状与差距分析,其重点是进行作战能力的需求分析和现有能力与需求能力之间的差距分析,准确界定与综合分析牵引、推动和制约军事装备发展的决定性因素,找出其关键点,作为论证的基本依据。

能力需求分析是对作战任务应对措施的细化,是对战斗力的总体设计。通过对敌我双方作战能力的比较分析,找出缺陷,制定方案,寻求解决途径。

装备需求分析即确定哪些类型的武器装备是重点需求,是对能力需求的物化分析,是整个军事装备需求论证的中心环节,直接关系到需求方案的产生。分析包括总体需求,重点武器装备需求,高新技术应用需求,现有武器装备的重大改进、改型需求和预先研究需求。

(三)形成方案

形成方案是指在进行了军事装备需求分析,弄清了军事需求论证问题并明确了论证目的后,为解决军事装备需求论证问题,达到论证目的,而进行的寻求备选解决方案的过程。这里所讲的方案包括应当采取的对策、措施和实现途径等,分为顶层需求方案和具体需求方案。这是军事装备需求论证全过程中最关键的步骤。

在需求分析结束后,针对提出的解决方案要进行方案形成过程审查,对于没有通过的方案,要重新进行军事需求分析,直至合格方能进入方案集。所提出的备选方案(或称为被选系统)应当是多个(两个或两个以上),这是由装备论证所遵从的基本原则所决定的,只有备选方案的多样性,才能保证论证的完整性。形成备选方案集,对备选方案进行指标分析,进而对形成的备选方案进行可行性研究。

(四)评价方案

这一步骤的主要内容是确定评价指标体系,建立评价模型,对各备选方案进行系统评价,形成评价结论。经过分析问题和形成方案两个步骤,多个备选方案集已经形成。但是,所有备选方案不可能全部付诸实施,并且各个备选方案在满足论证目的的程度上必然存在着差异。这就要求通过对各备选方案进行系统的评价,以选择一个最满意或最有效的备选方案。

对备选方案的评价主要包括 3 项内容:一是建立并确认对方案进行评价的指标体系;二是建立对方案进行量化和序化的评价模型(集);三是形成定性、定量相结合的评价结论。备选方案的确定,将直接影响到最终的论证结论。如果备选方案集中的方案均未能通过,则需再次重新形成方案集,重复进行该过程,直至满意为止。

(五)确定需求

对于评价后的结果(方案),进行横向论证,论证的目的是检验该项目是否需要新开发,现存的其他装备手段是否可以解决该问题,如果不需要,则停止。如果需要新开发,该结果经批准后将成为下一阶段论证工作的目标。

整个军事装备需求论证过程是一个由抽象到具体的过程,是一个系统生成的过程,是一个使问题由非结构化(半结构化)逐步向结构化转化的过程,是一个概念创新的过程,是一个多目标的研究过程。

第二节　军事装备发展战略

军事装备发展战略的概念、特征、内容及其制定、实施是军事装备发展战略理论的重要组成部分,对于军事装备发展战略决策具有重要作用。

一、军事装备发展战略的基本内涵

(一)基本概念

从全球范围来看,军事装备发展战略的概念是从军事战略、国防技术发展战略、经济发展战略发展、演变并移植而来的。自20世纪90年代初开始，美国国防部、美军参谋长联席会议以及各军种，每年都要研究并提出美军的军事需求，同时根据这种需求制定和调整其国防科技和武器装备发展计划，如美国国防部制定的“国防科学技术战略”“联合作战科学技术计划”“国防技术领域计划”“基础研究计划”等，其实质就是军事装备发展战略，它们对现代军事装备特别是高技术军事装备的发展，具有极为重要的指导意义。2022年，美国国防部发布了《竞争时代国防部技术愿景》，提出了美国国防部技术优势路线图，包括14个关键技术领域与三大类别，加速作战能力转化。

中国早期的装备发展战略主要包括国防科技和武器装备发展。20世纪50年代中期，制定了《1956—1967年科学技术发展愿景规划纲要（草案）》，此后又制定了国防科技发展规划，作为12年规划的组成部分，统一下达执行。1985年军委扩大会议以后，为适应军队建设和国防建设指导思想的战略性转变的需要，在《2000年中国的国防》系统研究中，开始正式确认并使用“国防发展战略”“国防科技发展战略”和“军事装备发展战略”这些概念。1998年后，武器装备和国防科技发展战略统称为装备发展战略，内容包括武器装备发展的各个方面。

军事装备发展战略，是指国家对如何发展军事装备制定的总方针和总政策，是对军队装备发展所作的全局性和长远性的系统规划、设计和决策。军事装备发展战略是国防科技发展战略的主体部分，它直接服务于国家的军事战略，满足其所提出的军事需求，为军事战略的制定和实施，为国防和军队现代化建设提供物质技术基础。

（二）主要内容

军事装备发展战略包括军事装备发展战略目标、战略重点、战略途径、战略步骤和政策措施等主要内容。

军事装备发展战略目标，通常是指在一个较长的时期内，运用国家经济、技术等各种条件和力量，在军事装备的发展上所要达到的预期目的和结果。军事装备发展战略目标是军事装备发展战略的起点和归宿，是确定战略重点、选择战略途径、划分战略步骤以及制定政策措施的根本依据。军事装备发展战略目标分为总目标、分目标和近期目标、远期目标，其内容一般包括装备的体系结构、装备整体的技术性能和作战效能、装备的威慑力及装备技术的整体水平等。

军事装备发展战略重点，是为实现军事装备发展战略目标而确定的主攻方向，是整个军事装备发展中最重要的环节，主要是指对军事装备发展全局成败具有决定性影响的关键技术，也是装备经费、国防科技力量投入最为集中的项目或种类。因此，军事装备发展战略重点，既是实现军事装备发展战略目标的重点，又是军事装备资源配置的重点。

军事装备发展战略途径，是为实现军事装备发展战略目标而选择的基本道路。世界主要军事强国都根据本国国情选择相应的装备发展战略途径。目前，世界各国军事装备发展战略途径主要有自行研制、国外采购、联合研制生产等几种类型，其中联合研制生产逐渐成为各主要军事强国普遍采取的一种装备发展战略途径。

军事装备发展战略步骤，是为实现军事装备发展战略目标而划分的阶段性任务。根据军事装备发展战略的总体布局，采取若干步骤逐渐逼近总目标，实行分阶段、有步骤的指导，从而保证军事装备发展战略目标的实现。

军事装备发展政策措施，是为实现军事装备发展战略目标而采取的宏观性的主要手段和方式、方法，是实现军事装备发展战略目标的重要保证。军事装备发展政策措施一般可分为经济政策措施、科技政策措施、行政政策措施三大类。

（三）基本特征

1. 总体性和综合性

军事装备发展战略立足于武器装备发展建设全局，着眼于军事装备长远建设，具有鲜明的总体性和综合性。军事装备发展战略涉及众多领域，它既不是仅解决有关军事装备的一个部门或一个单位的局部发展问题，也不是关于某一类别、某一型号军事装备的原理、结构以及作战使用技术要求，既不是某一项军事装备型号的发展计划，也不是各种军事装备发展型号的简单混合、堆积和拼凑，而是军事装备发展建设的一系列相关因素在统一思想指导下相互衔接、相互协调、系统配套形成的有机体系。

2. 针对性和竞争性

军事装备发展战略的目的，就是为军队打赢战争或遏制战争提供有效的手段。各国在制定和实施军事装备发展战略时，都以现实或潜在作战对象的装备水平为重要依据，千方百计地企图压倒对手，争取主动权，力求夺取武器装备相对或绝对优势，从而使军事装备发展战略呈现出强烈的对抗性和竞争性。例如，“冷战”时期，美国与苏联为争霸全球，双方围绕战略核导弹的发展进行了激烈的竞争，在射程上要求能够覆盖对方的全境，在突防能力上追求变轨和诱骗，在生存能力上要求能够抗敌“第一次打击”。双方各不相让，互比高低，力图压倒对手，争取主动。

3. 前瞻性和继承性

军事装备发展战略通常以大型武器装备的发展建设周期、国家经济建设长远计划的实施时间为重要依据，对未来较长一段时期内的武器装备发展建设进行超前谋划，一般划定在20～30年，甚至更长时间，以便指导未来5～15年装备建设各阶段、各专业领域的规划计划工作。同时,新的军事装备发展战略,其战略目标通常是在原来战略目标的基础上向更高的目标迈进,其战略重点通常也是在原来战略重点的基础上进行调整或巩固,在滚动中不断完善与发展。因此,军事装备发展战略具有强烈的前瞻性和继承性特征。

4. 连续性和稳定性

军事装备发展战略一经确定,需要在较长的时期内保持相对的连续和稳定,以保证军事装备建设健康有序和持续发展。只有在国际战略格局、主要作战对象、作战样式等军事需求战略环境发生重大变化时,才对军事装备发展战略进行重大调整或变更。

二、军事装备发展战略的制定与实施

(一)军事装备发展战略的制定

各国军事装备发展战略的时间跨度有所不同,制定的间隔也因此不同。我国通常每 5 年组织 1 次军事装备发展战略的滚动修订,并且根据国家发展战略和安全战略、军事战略调整变化适时修订。军事装备发展战略由军队最高装备部门牵头组织编制,依据国家发展战略、军事战略、军队使命任务、国防科技发展基础、国家发展与改革的整体部署、世界新军事革命和主要国家武器装备发展建设趋势,经过分析需求、预测未来国家经济和技术发展水平,运用先进的理论和方法,综合平衡,缜密论证,确定科学的发展构想。

军事装备发展战略的制定通常按照下列程序进行。

1. 论证军事装备发展战略需求

编制军事装备发展战略,应当将军事装备需求作为基本依据。因此,制定军事装备发展战略,需要首先进行军事装备发展战略需求论证,综合分析国际和周边战略环境、世界军事技术发展和战争发展的特点、趋势及其影响等,提出为应对新的发展变化所提出的挑战,应当建立的军事能力。

2. 制定军事装备发展战略目标

制定军事装备发展战略目标,是制定军事装备发展战略的核心工作和重要环节,是军事装备发展战略制定得正确与否的关键。军事装备发展战略目标的制定,要依据军事装备发展战略的指导思想,遵循军事装备发展的客观规律,充分考虑影响军事装备发展战略目标的诸因素的制约作用,在全面分析国际环境和国内条件的基础上进行科学的预测和估算。

3. 确定军事装备发展战略重点

军事装备发展战略重点的确定,是形成军事装备发展战略方案的重要环节。

确定军事装备发展战略,应当从国防科技和国防工业的实际出发,着眼军事装备发展全局,发挥局部优势,弥补薄弱环节,按照"缩短战线,突出重点"和"有所为、有所不为"的方针,确定一定时期内军事装备发展的战略重点,集中力量打歼灭战,把有限的经济力量和技术力量投入到急需的军事装备上来。

4. 选择军事装备发展战略途径

选择军事装备发展战略途径,对实现军事装备发展战略目标的时间和效果有重大影响。选择战略途径,必须建立在揭示军事装备建设的本质及其规律的基础上,通过对军事装备发展历史的考察、现状的分析和前景的预测,通过对国内外军事装备发展途径的比较研究,借鉴国内外的经验教训。在选择军事装备发展战略途径时,既要着眼内部的自行研制与生产能力,又要考虑外部的技术交流与引进条件。我国军事装备的发展,从我国国情、军情出发,应以选择自力更生为主,争取外援为辅的途径。

5. 划分军事装备发展战略步骤

划分军事装备发展战略步骤,也是选择军事装备发展战略手段的一项重要内容。军事装备发展战略步骤,一是要与军事装备发展战略阶段性目标的要求基本一致,如军事装备发展战略目标分三个阶段实现,那么军事装备发展战略步骤也应划分为三步;二是要与国家经济发展步骤相协调,有利于得到国家财政上的大力支持,不仅对军事装备发展有利,而且对国家经济建设也有利;三是要照顾到各个子系统的不同情况。在大的步骤一致的前提下,还可以根据各军种军事装备发展和各重要型号军事装备发展的实际情况划分具体步骤,不一定强调完全同步。

6. 评估军事装备发展战略草案

军事装备发展战略目标、战略重点、战略途径、战略步骤以及分目标和指标体系、方针政策等内容有机地组成一个系统文件或研究报告,便形成了军事装备发展战略草案,其内容以定性描述为主,辅以必要的定量模拟。不同的军事装备发展战略目标可以和不同的军事装备发展战略重点、战略途径组合,可以形成多种不同的军事装备发展战略草案。通常,在制定军事装备发展战略方案时,先形成多个草案。为了使若干军事装备发展战略草案便于评价与选择,还需要对各种草案可能产生的效果及其差异,做一个概略的估计与比较。

7. 抉择军事装备发展战略方案

抉择军事装备发展战略方案,即在综合评价和比较分析的基础上,从多种军事装备发展战略草案中选择出最佳方案。有时,最佳方案也不是十分完善,仍需要进行补充、修改,进行优化,最终拿出完善的方案来。军事装备发展战略方案的抉择,最终需要由制定军事装备发展战略的领导或领导集体做出,经报最高批准权限机构批准,然后下达执行。

(二)军事装备发展战略的实施

1. 军事装备发展战略的落实

军事装备发展战略必须通过军事装备体制和军事装备建设规划与计划才能具体落实,而落实军事装备体制和军事装备建设规划与计划的过程,实际上也就是落实军事装备发展战略的过程。

军事装备建设规划与计划将在下一节重点研究,这里简要介绍军事装备体制及其作用。军事装备体制,是军事装备体系结构制式化的规定。其内容包括已列编和拟列编军事装备的种类、型号、作战使命和主要战术技术性能、编配对象、配套和替代关系等。军事装备体制客观上体现了一个时期军事装备的技术水平和配套水平,主观上对军事装备科研立项、拟制军事装备建设规划与计划,指导装备通用化、系列化、组合化以及为部队装备编配和配套建设提供指导。军事装备体制是指导军事装备建设包括科研、订购、保障的主要依据之一。军事装备体制由军队最高装备部门组织编制,经报最高批准权限机构审批,通常每5年滚动编制一次。

2. 军事装备发展战略实施中的监控

在军事装备发展战略实施过程中,还必须对军事装备发展战略的实施情况进行全程监控。军事装备发展战略的监控,目的是获取军事装备发展战略实施活动的信息,将其和有关评价标准进行比较,找出问题,查明原因,采取适当补救措施,保证军事装备发展战略目标的顺利实现。通常,每隔3~5年,装备部门结合军事装备发展规划与计划的制定工作,对军事装备发展战略的实施情况进行检查,如果发现问题,及时给予纠正。

3. 军事装备发展战略的调整

军事装备发展战略的调整,即对原定军事装备发展战略方案进行补充和修正,是军事装备发展战略实施过程中进行的一项工作。军事装备发展战略一经确定,必须贯彻执行,而且要在相当长的一段时间里保持相对稳定,但这并不排除在环境变化时对军事装备发展战略进行调整。一般情况下,军事装备发展战略的调整都是局部性的调整,主要是对军事装备发展政策措施的调整,而军事装备发展的战略目标、战略重点、战略途径、战略步骤的调整却只有在军事装备发展的内外部环境发生较大改变时才进行。例如,当国际战略格局发生大的变化、爆发全球性战争、发生严重危害本国安全利益的地区性冲突或重大事件等情况时。

4. 军事装备发展战略的滚动研究

军事装备发展战略的滚动研究,也就是每隔一定时间对军事装备发展战略进行跟踪研究,以适时进行调整和补充。同时,军事装备发展战略的战略期依次向前延伸,而不是等到军事装备发展战略实施的战略期结束后或一个阶段结束后才制定和实施新的军事装备发展战略。

三、世界主要国家的军事装备发展战略

世界各国的国情不同,军队的任务与职能不同,经济和技术支撑能力不同,军事装备发展战略也必然各具特色。

美国为确保21世纪的全面军事优势,维持其世界霸主地位,其军事装备发展战略主要体现为:在信息、精确制导、隐身、定向能和航天技术等为代表的高新技术领域大力拓展,以获取武器装备的技术优势,为获得战争胜利提供关键性支持。经过伊拉克战争、阿富汗战争后,美军快速发展高技术装备的趋势进一步得到加强。

俄罗斯基于国内国际形势和经济发展水平,确立的装备发展基本方针是:以高科技为主导,积极研制和发展新型高精度武器,巩固军事领域关键技术的优势;在总体上保证武器装备不低于世界水平的前提下,重点改进现役武器装备;不大规模生产全新武器系统,但保持必要时进行大规模生产的能力。

法国、英国、德国等西欧国家为了适应新的军事战略需求,适时地调整了各自的军事装备发展战略。法国放弃了长期坚持的"自给自足"式的军事装备发展道路,调整为走独立发展、合作研制与直接引进相结合的道路,即在关系国家独立自主和作战指挥权的战略核武器及C^3I系统等方面,坚持独立发展,保持必要的研制和生产能力;在一些大型常规武器如飞机、舰艇、车辆和航天系统方面,加强与欧洲盟国的合作,共同研制;而对于一般小型常规武器装备,可直接从国外进口。英国国防部在预测未来20年科技进步和发展趋势的基础上,制定了中长期国防科研计划,强调在加强有效战略核威慑力量建设的同时,重视常规军事装备的研究与发展;在军费减少的情况下,要突出重点,提高效益,确保有发展前景的国防科研项目有足够的人力和物力。同时强调加强基础研究和先期技术演示验证,加强技术储备。德国为适应新的国际国内形势和军事需求变化以及国防经费的削减,决定有重点地发展国防科技和军事装备。德国国防部认为,主要防御部队的军事装备已经基本实现了现代化,今后的重点是发展危机反应部队(特别是反恐行动)的军事装备。西欧主要国家尽管军事装备发展战略及其建设重点各不相同,但其根本目标却是一致的,即加强联合,提高战术技术竞争力,增强国防实力,缩小与美国、俄罗斯在军事高技术方面的差距。

日本政府提出"在21世纪中期前,使日本成为世界上一流强国"的新国家战略目标,把加强军事实力作为其追求政治大国的重要途径,选择能够作为军事能力标志性的领域如航天、军用飞机等作为重点发展方向,以提高自主作战能力。

第三节　军事装备建设规划计划

军事装备建设规划计划是军事装备建设规划和军事装备建设计划的统称，是贯彻落实军事装备发展战略的实施方案，是军事装备项目立项和组织实施的基本依据。

一、军事装备建设规划计划的基本内涵

（一）基本概念

军事装备建设规划与计划是既有区别又有联系的两个事物。军事装备建设规划，是指军事装备建设的宏观计划，是最高军事决策机构根据一定时期的形势和需求，通过充分论证，对军事装备建设整体发展做出带有全局指导性的谋划。军事装备建设规划主要对未来5年军事装备建设的总体设计，是一定时期内指导装备工作的具体方针和依据。军事装备建设计划是在军事装备建设规划基础上，对年度军事装备建设具体项目做出的统筹安排，是装备规划实现的具体过程。军事装备建设规划与计划是一种预示未来活动方向和优化配置资源的方法，规划计划的实行，保证了在资源有限的情况下，满足有效需求，对资源进行科学合理配置。

（二）主要内容

军事装备建设规划与计划是一个完整的体系，主要包括以下几项内容。

1. 军事装备建设的指导思想

军事装备建设的指导思想，主要反映和体现国家最高军事决策机构关于军事装备发展的方针、原则、政策、指示和要求等。我军现阶段军事装备建设规划计划的指导思想，主要突出了贯彻中央军委新时代军事战略方针，按照准备打赢信息化局部战争的要求安排军事装备建设。

2. 军事装备的建设目标

军事装备的建设目标，是军事装备建设在一定时期内达到的要求。其主要是遵循军事装备发展的客观规律，着重满足作战任务需求，充分考虑影响目标的各因素的制约作用，实事求是、量力而行地确定。

3. 军事装备的建设安排

军事装备的建设安排，是指围绕实现军事装备的建设目标，在军事装备建设上做出的具体安排，包括要组织力量重点突破的薄弱环节和关键项目等。

4. 军事装备建设的经费保障

在拟制军事装备建设规划与计划时,最重要的任务之一就是科学分析战争威胁程度,向国家提出军事装备经费需求,并对军事装备建设经费进行综合平衡和统一分配,确保军事装备建设的需要。

5. 军事装备效能评估

军事装备的效能评估,是在军事装备建设规划与计划确定的目标实现后的一定时期内,对军事装备建设水平和保障能力的综合评价。

6. 具体措施和要求

具体措施和要求,是为了落实军事装备建设规划与计划,准备采取的措施和对各有关单位的要求,是规划与计划的有机组成部分。

二、军事装备建设规划计划的制定与实施

军事装备建设规划计划的制定与实施,无论在军事装备发展过程中,还是在军事装备管理工作中,都占有十分重要的地位。

(一)军事装备建设规划计划的制定

由于军事装备建设规划与计划种类繁多、内容丰富,制定过程中不确定因素很多。所以,军事装备建设规划与计划的制定过程是一个自上而下、自下而上、多次反复、不断优化的过程。一般来说,制定军事装备发展规划与计划的程序,主要包括如下几个阶段。

1. 需求论证

军事装备需求是制定军事装备建设规划计划的基本依据,需求论证是军事装备建设规划计划制定的第一个阶段。军事装备建设规划计划需求论证,应当遵循军事装备需求论证的基本依据和一般过程,分析制定军事装备建设规划计划的相关条件,拟出思路和有关要求,给出必要的边界条件和原则,确定军事装备建设规划计划需求,作为论证测算阶段的输入。

2. 论证测算

论证测算阶段的工作,主要是对所掌握的情况进行分析判断,把有关内容按照轻重缓急,统筹安排列出项目、草拟进度和各阶段的具体指标和要求。目标需要通过各项具体指标来实现,而指标的选择应根据任务和需要而定。通常,指标既要有定性要求,又要有定量要求;既要有总体指标,更要有单项指标。

3. 综合平衡

综合平衡阶段的工作,主要是对于论证测算的多个方案,应用科学的分析方法,综合平衡,从中择优,形成测算方案,为具体拟制规划、计划奠定坚实基础。

4. 具体拟制

具体拟制阶段的主要工作,是根据军事战略方针和军队建设规划与计划、军事装备经费可能等相关条件,起草军事装备建设规划与计划,形成军事装备建设规划与计划草案。

5. 审批下达

军事装备建设规划与计划的草案形成后,应广泛征求各方面的意见,特别是作战用部门和国防科技工业部门的意见,在协调一致的基础上,按有关规定上报最高批准权限机构批准,并按法定程序下达执行。

(二)军事装备建设规划计划的实施

军事装备建设规划与计划的实施,就是将经过批准、下达后的军事装备建设规划与计划,贯彻落实到行动中去的过程。军事装备建设规划与计划制定、下达以后,各级装备部门必须认真贯彻,加强监督、协调,提出完成军事装备建设规划与计划的具体措施。

在军事装备建设规划与计划的实施过程中,应重点抓好以下几个方面的工作。

1. 加强宏观调控

军事装备建设规划计划实施过程中的宏观调控,主要是通过应变方案来实现。当内外情况的变化超出了应变方案的范围时,就应当机立断,随机处置,灵活运用经济、行政、政策和法制等各种手段进行调控。同时,在落实规划计划的具体工作中,当个别项目或型号在经费、时间进度和技术性能等方面发生变化时,装备部门在相应的权限范围内统筹考虑,宏观调控职权范围内的装备资源,以保证军事装备建设规划与计划方案的顺利实施。

2. 加强监督检查

装备部门必须严格按照军事装备建设规划计划开展工作,克服主观随意性,并加强监督检查。对军事装备建设规划计划的实施情况应进行中期评估,其目的是掌握军事装备建设规划计划的执行情况,督促有关单位和部门严格按照军事装备建设规划计划实施。针对在实施过程中出现的问题,应想方设法给予解决,并及时将情况反馈给上级有关部门进行决策。同时,提出对军事装备建设规划计划进行补充和调整的意见。

3. 适时进行调整

军事装备建设规划计划的调整是非经常性的工作,各级装备部门需要正确把握调整军事装备建设规划计划的时机。当军事装备发展战略进行调整、国家经济发生了难以预料的变化、国防工业结构进行了较大调整、军事装备建设规划计划未按原定时限完成等特殊情况发生时,军事装备建设规划与计划才进行较大幅度的调整。

三、外军装备建设规划计划实施的经验教训

美国、英国等国家都将规划计划工作置于军事装备建设中的基础性地位,确保军事装备远、中、近期发展的衔接与顺利运行。在如何制定规划计划、优化装备资源配置方面,美国等国都走过一些弯路,出现过诸多问题,如三军分散规划、各自为政,造成各军种装备发展的重复交叉与低效益,甚至导致一些重复装备项目的最终下马。为此,这些国家不断推出一系列改革措施,不断加强国防部集中统管与综合协调,强化对规划计划执行过程的监督评审,提高装备经费的使用效益,积累了一些有益的经验。

(一)建设规划计划要加强集中统管,克服各自为政

军事装备建设规划计划是贯彻军事装备发展战略的关键环节,是建立健全装备体系的源头。外军经验教训表明,要确保军队武器装备成体系协调发展,主战装备和配套装备设施建设协同并进,联合作战能力得到质和量的提升,就必须要加强对装备建设规划计划的集中统管,避免各单位装备建设各自为政,自成体系。

美国通过 1961 年建立规划计划预算系统(PPBS)、2003 年推行规划计划预算执行系统(PPBE)等改革,不断加大国防部对装备建设规划计划的统管力度。1961 年之前,美国采用预算限额法制定国防预算,总统根据国际形势、经济政策和财政方针提出国防预算总额,国防部确定对各军种的分配份额。各军种根据分配份额制定预算,上报国防部,汇总后提交国会审议通过。其主要弊端是:国防建设缺乏统一的规划,经费按比例切块分给三军,各军种自行审定军费开支和武器装备采购,造成军种之间互不通气,各行其是,结果导致极大的重复浪费。1957—1959 年间,美国三军因重复、过时而取消的 31 种重要武器计划浪费了 35 亿美元。1961 年,国防部引入了规划计划预算系统(PPBS),采用规划、计划和预算一体化编制程序,加强了国防部对规划计划预算的综合平衡。

但长期以来,美国在强调分权制衡的文化理念下,20 世纪七八十年代各军种对分权管理的呼声日增,各军种越来越多地掌握军事装备建设规划计划的实际控制权,美军装备建设一度呈现各军种烟囱式发展态势,导致各军种装备型号林立,互通、互联和互操作性差,重复浪费严重,且不适应一体化联合作战需要。美军在总结历史教训的基础上,特别是在一体化联合作战需求牵引下,2003 年国防部推行规划计划预算执行系统(PPBE)改革,从加强战略指导、细化装备规划、强化集中审查等方面,进一步加大了国防部对军事装备建设规划计划统管力

度，使装备建设更加适应联合作战能力建设。英国、法国、德国等国的军事装备建设规划计划则一直由国防部高度集中统管，军兵种装备协调发展相对较好。

（二）装备资源分配要加强统筹协调，克服本位主义

装备资源分配直接涉及各部门的核心利益，是部门争夺的矛盾焦点。外军经验教训表明，要确保军事装备建设规划计划得到落实，防止各单位为争夺经费而抢上项目、乱上项目、硬上项目，就必须坚持统筹协调，克服部门本位主义。

美军军种本位主义向来比较明显，各军种为争夺资源，往往在一些项目初期故意简化项目，压低预算，在项目实施过程中再逐步增加要求，使项目预算如雪球般越滚越大，造成严重的超概算。美军自20世纪60年代建立规划计划预算系统以后，实现了两个统筹：一是按军事功能与经费类别统筹，按照军事功能、预算拨款类别和部门三维结构来编制军事装备建设规划计划和预算，同一类功能任务的各军种项目纳入同一类计划，加强国防部的综合平衡，减少不同军种之间装备资源的重复浪费。二是按武器装备全寿命统筹，加强研发经费、采购经费、保障经费等之间综合权衡，防止不恰当地上新项目或改变采购数量；装备项目发展初期与后期统筹，在为项目提供经费时，充分考虑项目后期投入，防止项目恶性膨胀，挤占其他项目资源，影响装备发展整体布局。2003年美军推行规划计划预算执行系统改革，增加了按联合能力领域统筹，将资源按照8个联合功能概念，细分为21个联合能力领域对武器装备建设进行统筹分配，引导资源分配更加考虑联合能力建设需求，一定程度上弱化部门因素。

俄罗斯国家武器装备发展纲要主体有两部分，装备购置计划和装备发展的基本方向，前者包含了装备维修保障计划，后者包括了装备预研和型号研制计划，实现各阶段计划的有机衔接。英国、法国、德国等国的资源分配由国防部集中统管，随军事装备建设规划计划一同落实，财政部也发挥较强的控制作用，各军种部门本位主义相对较弱，近年来还加强了按照联合能力建设需要进行资源分配的工作。

（三）规划编制与执行监督要并重，避免重规划轻监督

项目执行是落实军事装备建设规划计划、决定资源使用效益的重要过程。外军经验教训表明，要确保军事装备建设按规划计划实施，最大程度发挥装备资源作用，就必须加强对项目执行过程的监督评审，及时反馈信息，应对新情况，防止规划计划预算与项目执行相脱节。

长期以来，各国装备项目在执行过程中都普遍存在“拖进度、涨费用、降指标”问题。由于执行监督不力、决策失误，美军F-22战斗机等很多项目都曾因经费遭到不合理削减而陷入研制困境，而“科曼奇”直升机等一些项目因经费不

恰当地加大或持续投入,造成严重资源浪费。为合理确定执行过程中项目的预算投入,使应当继续发展的项目得到稳定的经费支持,应当中止的项目及时切断其预算,美军从2005年起,加大了对项目实施过程的评审监督力度,并建立了信息反馈渠道,将有关信息及时提供给规划计划和预算管理部门,以根据项目实施情况尽早做出合理的计划安排和预算控制。印度"阿琼"坦克的研制过程漫长而曲折,由于对项目实施情况缺乏深入评估,对项目问题和后期困难认识不足,决策人员没有及时调整或中止项目,造成了极大的资源浪费。

思考题

1. 军事装备需求论证主要有哪几种模式,各自的优缺点有哪些?
2. 简述军事装备需求论证的一般过程。
3. 军事装备发展战略包括哪些主要内容?
4. 试分析军事装备发展战略的针对性和竞争性特点。
5. 分析军事装备建设规划与计划的联系与区别。

第六章　军事装备科研、试验鉴定与订购

军事装备科研是为探索、研制新型军事装备和改进提高现役军事装备的战术技术性能进行的研究开发活动，是根据军事需求将技术物化为军事装备的过程。军事装备试验鉴定是通过对军事装备战术技术性能、作战效能、作战适用性和体系贡献率等进行规范化考核并做出评价结论，为军事装备列装提供基本依据。军事装备订购，是指军队选择购买军事装备的有关活动，是军事装备从提出需求到形成作战能力之前的整个生成过程中的最后一步。军事装备科研、试验鉴定与订购是生成新的军事装备即将科研成果转化为战斗力的关键环节，在装备建设与发展过程中的作用举足轻重。

第一节　军事装备科研

军事装备科研是从装备发展的角度探索满足军事需求的途径，并通过技术攻关、装备研制来最终实现这一途径，完成军事装备的物化过程。

一、军事装备科研的基本内涵

明确军事装备科研的内涵，梳理归纳军事装备科研的主要内容、基本任务、地位作用和主要特点等，有利于更好开展军事装备科研工作。

(一)主要内容

军事装备科研，包括装备预先研究(简称装备预研)、装备研制和装备综合研究。装备预先研究主要是为装备研制、订购、维修提供理论支撑、技术储备和实用化技术成果，内容包括应用基础研究、应用技术研究和先期技术开发。装备研制主要是运用先进技术，发展新型装备、改进现有装备。装备综合研究主要是开展论证研究、配套条件建设以及特殊装备研制，为装备建设提供必要支撑。

从军事装备发展的角度来看，装备预先研究是装备全寿命周期管理的第一个阶段，装备研制是装备全寿命周期管理的重要阶段之一。为了突出军事装备发展这个核心内容，本书对装备预先研究和装备研制进行重点阐述和分析，装备综合研究遵循军事科研的总体原则和要求，本书不再详细论述。

(二)基本任务

军事装备科研作为一种科学研究以及与之相关的一系列活动,其主要任务是为发展新型装备和提高现役装备的作战使用性能提供技术支撑。军事装备科研工作是军事斗争准备的重要组成部分,以一流的装备科研工作质量,为部队提供急需的、具有较强战斗力的、系统配套的装备,奠定"能打仗、打胜仗"强大物质基础,是军事装备科研工作面临的一项十分紧迫而重大的历史使命。

因此,军事装备科研的基本任务是,贯彻军事战略方针和装备建设的方针政策,以军事装备发展战略为指导,依据军事装备体制和装备建设规划计划,编制装备科研规划计划,建立科学、高效的装备科研管理体制和运行机制,组织开展装备科研活动,逐步建立和完善适应军事斗争需要的军事装备体系,保障和促进军事装备现代化建设。

(三)主要特点

根据军事装备科研的内容和任务,可以概括其有如下特点。

1. 目的性

军事装备科研有明确的目的性,即以提高打赢信息化局部战争的能力为目标,发展新型装备和改进、提高现役装备的作战使用性能,具有极强的技术针对性。从武器装备的发展历程来看,"技术推动"是一条基本规律,装备科研必须紧紧把握这一基本规律,以装备发展战略为指导,未来仗怎么打,就研制和发展什么样的武器装备技术。

2. 前瞻性

发展高技术装备不是一朝一夕、一蹴而就的事,高技术装备所涉及的技术、材料、工艺等大多需要创新,有的甚至是原始性创新。要实现武器装备跨越式发展,在能够大幅提升战斗力的装备技术方面站在世界武器装备的前沿,军事装备科研必须具备前瞻性。

3. 系统性

现代高技术战争实质上是体系对抗,战争胜负不仅取决于某一种或者某几种参战装备,而且还取决于所有参战装备所决定的整体作战能力,也就是要形成体系作战能力,这就要求军事装备科研必须成系统、成体系地开展工作,具有典型的系统性。

4. 规范性

军事装备科研不同于普通的科学研究,具有较强的规范性。世界各国普遍采用立法的方式,对军事装备科研各个阶段的工作内容、程序、方法和要求进行规范,从而保证军事装备科研工作持续、高效、健康发展。

二、军事装备预先研究

军事装备预先研究的主要任务是，研究并提出未来军事装备发展的概念和雏形，为军事装备发展（特别是研制新型装备）提供技术支撑，为改进现役装备的性能提供实用的技术成果，为保持军事装备技术体系的完整性和持续发展提供技术基础和技术储备，为缩短装备研制周期、降低装备研制风险服务，不断提高军事装备技术水平，促进军事装备现代化建设。

（一）分类及内容

军事装备预先研究一般按照预先研究的研究阶段和研究项目来分类。

1. 按照研究阶段划分

按研究阶段划分，军事装备预先研究可分为应用基础研究、应用技术研究和先期技术开发三大类。

应用基础研究，是以军事应用为目的，探索新思想、新概念、新原理、新方法、新材料的科学研究活动，为解决装备研制、订购、维修中的技术问题提供理论依据和基本知识，培育新型武器装备发展及其使用、保障的技术生长点。成果形式一般是论著、论文、研究报告等。从技术成熟度来讲，应用基础研究属探索“可能性”阶段，对应技术成熟度2～4级。

应用技术研究，是运用基础研究或其他科学研究成果，探索新思想、新概念、新原理应用于装备的可行性与实用性，确定其主要参数的科学研究活动。它为军事装备的研制提供技术储备。这类研究工作带有明显的解决军事问题的目标，但研究对象一般不涉及特定系统，通用性较强。成果形式一般是可行性分析报告、试验报告、样品、原理样机、软件等。从技术成熟度来讲，应用技术研究属探索技术“可行性”阶段，对应技术成熟度4～6级。

先期技术开发，是运用基础研究和应用技术研究的成果和实际经验，通过部件或分系统原型的研制、试验、测试或计算机仿真，验证其可行性和实用性的技术开发活动。目的是为军事装备的研制提供技术依据。这是预研工作的最后阶段，实际上也是装备型号发展工作的前奏。成果形式一般是部件或分系统原型样机、示范性工艺流程、验证或鉴定性试验报告等。从技术成熟度来讲，先期技术开发属探索技术“可用性”阶段，对应技术成熟度5～6级。

各国对军事装备预先研究有着不同的阶段划分。例如：美军分为研究、探索性发展、先期发展和工作发展四大类；俄罗斯分为基础研究、应用研究和试验性设计；法国分为基础研究、应用研究和探索性发展。

2. 按照研究项目划分

按照研究项目划分，军事装备预先研究可分为背景项目、演示验证项目、装备专用技术项目、装备共用技术项目、装备重大基础研究项目、装备预研基金项目等。其中：

背景项目，是以未来若干年拟研制的新型装备为应用对象，提出装备的概念方案和实施关键技术攻关，以提高预先研究的针对性，加强系统总体技术研究。

演示验证项目，是在近似真实的环境条件下，对需求明确的已突破的单项技术，进行综合集成和演示试验，以验证应用于军事装备开发研究项目的可行性、实用性和经济性。

装备专用技术项目，是对某一类或者某一种武器装备发展起基础作用的预先研究项目，一般按照技术领域划分。

装备共用技术项目，是对多种武器装备发展起基础性作用的预先研究项目，一般按照技术领域划分。

装备重大基础研究项目，主要面向重大战略需求和新兴技术领域，集中力量资源按小专项形式对相关基础研究、关键技术攻关进行统筹安排。

装备预研基金项目，主要着眼装备技术体系全领域，研究机理、寻求规律、积累数据，为关键技术攻关提供基础支撑。

（二）组织与实施

从“七五”期间开始，军事装备预先研究计划就从国防科技计划中单列，国务院、中央军委坚持将装备预先研究摆在战略地位。发展模式从20世纪60年代确定的预研、研制、生产“三步棋”拓展为“四个一代”，形成了从“探索一代”“预研一代”到“研制一代”“生产一代”滚动发展、良性循环的过程。军事装备预先研究也建立起了较为完整和规范的管理结构，形成了计划指导下的合同制与基金制相结合的管理制度。

1. 管理结构

军事装备预先研究的管理结构一般包括决策、咨询、执行三个系统。

决策系统是以装备部门为主体的，对军事装备预研规划、计划及其他重大问题进行决策的系统。其主要任务是组织军事装备预研发展战略的研究、制定及管理，组织编制预研规划、计划，统筹分配经费，管理并落实各类预研项目。

咨询系统是以专业组为主体的，对军事装备预研发展的重大问题进行深入研究，为决策系统提供咨询意见的专家系统。其主要任务是在军事技术的发展方向、关键技术领域的选择和实现途径等方面，为决策部门提供咨询建议。

执行系统是以装备项目管理机构为主体的，具体负责组织落实装备预研计划，对预研合同项目和基金项目实施项目管理的系统。

上述三个系统是紧密联系、相互促进的有机整体。决策系统是预研管理的核心，咨询系统是决策系统和执行系统的技术支持，执行系统是落实预研决策的有力保证。三个职能系统协调、高效地运转，才能大大提高预研管理工作的效益。

2. 计划管理

军事装备预先研究的计划管理的内容包括：

(1)依据军事装备发展战略，制定预研项目指南，确定预研中长期项目的选题范围。装备预研项目指南按照三种类型发布，第一类是不涉密项目的预研指南，通过装备采购信息网直接面向互联网公开发布；第二类、第三类是根据项目的密级不同，预研指南面向具有相应保密资质的单位发布，或者面向特定单位进行定向发布。从 2017 年发布的预研项目指南信息来看，非定向发布的项目经费占总经费的比例超过了 90%，定向发布的项目经费比例不到 10%。[①]

(2)组织有关科研单位根据项目指南选择课题，并对预研项目进行综合论证，确定优先发展项目和承研单位；编制预研中长期计划和各类专项计划草案，经专家评审后由决策管理部门批准，下达实施。“十三五”期间，装备预研共用技术和预研基金项目的立项评审采用了专家盲评和会议评审相结合的方式，对申请的项目从研究目标、研究方案、技术途径、创新性、技术指标、研究进度、成果及其考核形式等方面进行评价，进一步加强了相关装备预研项目立项的规范性和科学性。

(3)对预研中长期计划和专项计划进行检查评估，实施动态管理，必要时进行调整和补充。装备预先研究在研究过程中实施里程碑管理，根据研究特点设置两个以上里程碑节点，规定节点应当完成的研究内容和达到的指标要求，组织专家对各项目里程碑节点完成情况进行检查评估，只有通过里程碑节点检查的项目才能拨付下一阶段经费，继续开展研究。

(4)根据装备建设规划、年度经费指标和上一年计划执行情况，制定预研年度计划。

(5)各类预研计划完成或终止后，及时对计划执行情况进行总结，并报告上级管理部门。

3. 合同和基金管理

从 20 世纪 90 年代初开始，军事装备预先研究逐步实行指令性计划下的合同制，要求需求方与承研方以协商的方式，把装备预先研究计划落实为双方的义务与责任。到 20 世纪 90 年代末，装备预先研究的应用技术研究和先期技术开发类研究项目开始全面实行合同制。“十三五”以后，军事装备预先研究除装备

---

① 游光荣．广泛吸纳全社会创新资源，加快军事装备预研改革步伐，情报工程，2017，3(4)：15－22。

预研基金外,其他类型项目全部实行合同制管理。

各类预先研究项目合同签订后,承研单位按照合同规定及时组织项目调研、开题、技术攻关、技术协作等工作,有关管理单位按照合同规定对重大研究试验方案、阶段性成果和重要结果,组织专家进行评审,项目结束时按合同组织验收。

装备预研基金项目实行"指南引导、自由申请、专家评议、择优资助"方式的基金制管理。

(三)美军装备预研管理概述

美国作为军事强国,历来十分重视军事技术的预研,美国国防部在其国防科研与采购报告中曾经指出,军事技术预研管理的投资效益"在科学与技术基础方面,我们的投资所获得的科学发现和技术突破可使军事效能翻上几番"。

美军装备预研管理中,最具特点的,也是被众多国家和有关机构作为科技创新典范所效仿的,就是国防高级研究计划局(DARPA)。DARPA 是专门负责武器装备预研项目的独立机构,原隶属国防部办公厅,现隶属国防部国防研究与工程署,主要负责高新技术的研究、开发和应用,所承担的科研项目多为风险高、潜在军事价值大的项目,同时也是投资大、跨军种的中远期项目。自 1958 年成立以来,DARPA 成功研发了大量先进武器技术,为美国积累了雄厚的科技储备,引领美国乃至世界军民两用高新技术研发的潮流。DARPA 是互联网、隐身飞机、小型化 GPS 终端、无人机、平板显示器、脑机接口等项目的开创者。可以说,DARPA 以其独特的管理模式开展战略前沿技术的前瞻性研究,为保持美国领先的技术优势做出了卓越的贡献。

然而,任何一种技术创新的模式,都有成功的一面,也有它的不足之处。近年来,关于 DARPA 创新模式存在的问题和挑战,正受到广泛的讨论。一是与军种的需求难以协调。由于 DARPA 注重超前的创新,因而在选择项目时经常和各军种产生矛盾,军种甚至会反对这些项目。而且 DARPA 并无基础设施,在项目执行过程中,需要与军种合作。若军种的积极性不高,往往会拖延项目的进度,从而影响项目的如期完成。这也是导致 DARPA 许多项目失败或多变的原因之一。二是在技术转移方面存在障碍。DARPA 所开发的大多数技术需要进一步发展,才能实现作战应用。但 DARPA 对技术转移的跟踪在项目完成时即结束,技术后续发展通常超出 DARPA 的跟踪与评估范围。三是缺乏对失败教训的系统总结。由于项目经理流动较快,对于项目信息的传播和共享也欠缺,从而难以对工作中的经验教训进行系统总结。DARPA 开发的项目,成功的少、失败的多,但目前还没有见到过 DARPA 对失败项目的系统总结和反思,因此 DARPA 许多失败的项目,都会出现相同的错误。

三、军事装备研制

军事装备研制，是指根据军事需求，把现代科学技术物化为军事装备的重要阶段。

（一）任务和特点

军事装备研制主要包括新型装备的研制（仿制）和现役装备的改进及加改装研制。

1. 新型装备的研制

新型装备的研制包括研制全新装备和在原有装备基础上采用高新技术、经过重新设计，研制出新的型号或新一代产品。

全新装备的研制，是要获得前所未有的新装备，一旦研制成功，将对装备发展产生重大的影响，这是一个极具创造性的过程。从高新技术转化为装备的发展实践可以看出，全新装备的研制具有以下四个特点：

（1）全新装备的开发是建立在基础理论研究和应用技术研究取得重大突破的基础上的，从理论突破到装备的研制成功，往往要经过几代人长期的努力。如火箭技术从提出原理到成功地转化为导弹武器，前后经过了 60 多年。激光技术从原理探讨到第一台军用激光测距机的诞生，走过了 67 年的历程。正因为如此，所以世界上只有少数国家具有全新装备的研究开发能力。

（2）高新技术在新式装备的成功应用，往往具有划时代的意义。如导弹核武器的问世，标志着装备发展从火器时期迈入了导弹核武器的新时期；以先进的侦察监视装备、精确制导武器、指挥自动化系统等为代表的高技术装备的诞生，标志着人类社会从机械化装备时代进入了信息化装备时代。

（3）全新装备的研制成功，往往可以带动一系列新的装备的问世。如导弹经半个世纪的发展，已形成庞大的导弹家族，从惯性制导的战略弹道导弹到采用各种先进制导技术的战术导弹，此外还出现了多种精确制导炮弹和炸弹等。

（4）全新装备的研制成功，可能对战争的进程和结局产生重大影响。如核武器、精确制导武器以及各种新概念武器的诞生，将给未来战争带来一系列崭新的变化。

新型装备的研制，更多的是在原有装备的基础上，通过采用新技术，甚至进行重新设计，开发出新的型号或新一代产品。这是由军事装备发展的客观规律和技术上的继承与发展创新的关系决定的。实际上，世界各国新型装备的研制主要是这种类型的研制。例如，俄罗斯以苏 - 27 的基本型为基础，先后研制出了苏 - 30、苏 - 33、苏 - 34、苏 - 35 和苏 - 37 等一系列新型歼击机或歼击轰炸机。这种研制是在基本型研制比较成熟的基础上,通过有计划的技术改进,逐渐派生出各种不同用途的系列型号,风险小、投入较少、研制周期短,并能满足多种条件下作战的需要。

2. 现役装备的改进和加改装

军事装备研制不仅是指新型装备的开发,也包括对原有装备的现代化改进和加改装。这种改造与在基本型基础上研制新型号不同,它不会导致原来没有的新装备或者新型号的出现,只是为了延长原有装备的服役期限而对其中的某些组件进行了改进或改造。

由于现代武器装备的复杂性高,研制难度大、周期长,研制、生产和使用维修费用昂贵,20 世纪 60 年代以来,许多国家在装备建设中都采取了对现役装备进行现代化改进和加改装的做法,以提高其战术技术性能,满足新的需要,延长装备的服役年限。例如,舰艇在其航行性能和结构强度仍能维持良好水平的 20 ~ 30 年服役期内,其作战武器系统可能发展 2 ~ 4 代,电子设备可能发展 4 ~ 6 代。如果一艘舰艇在其服役期内不适时进行现代化改进和加改装,不提高舰艇作战能力,就难以适应现代海战的需要。现代装备技术发展的特点决定了利用高新技术改造现役装备的客观必然性。美国曾先后对在第二次世界大战时服役的航空母舰进行了现代化改进。我国也曾对 051 型驱逐舰进行多次现代化改装。

对现役装备进行技术改造的典型事例,是美国对 B – 52 轰炸机的改造。B – 52轰炸机是由美国波音公司生产的一种亚声速远程战略轰炸机。1952 年 4 月,B – 52 原型机首次试飞成功,1955 年 6 月,第一批生产型 B – 52B 开始装备部队。到 1962 年 10 月为止,B – 52 型机共生产了 744 架,先后改进发展了 A、B、C、D、E、F、G、H 等 8 种型号。原计划服役至 20 世纪 60 年代末该型机的后继机 B – 70 形成作战能力。后因 B – 70 计划下马,B – 1 战略轰炸机不能完全取代 B – 52,美国决定 B – 52 继续服役。为了适应空中突防和进行大规模空袭的需要,美国不断对 B – 52 进行改进。如 B – 52H 型是 G 型的改进型,动力装置改为 TF33 – P3 涡扇发动机,再次加大了推力,使航程增加了 10% ~15%。尾部的 4 挺机枪改为一门带 ASG – 21 型火控系统的 6 管 20 毫米机炮。机上采用新型的电子对抗系统,外挂架上可携带撒布金属片的火箭弹,还可携带用于干扰红外导弹的小型火箭弹。20 世纪 70 年代初,美国空军对 B – 52G 和 B – 52H 型又进行了改装,改装后的飞机能携带 20 枚短距攻击导弹,机上加装了光电探测系统,改善了低空突防性能,机身两侧机头下部的回转炮塔内右侧安装有 AAQ – 6 前视红外扫描仪、左侧安装有 AVQ – 22 微光电视,计划服役 15 年。从 20 世纪 70 年代末至 80 年代初,美军对 B – 52G 和 B – 52H 型的武器系统再次进行了较大的改进,改装后能挂载 12 枚 AGM – 86 巡航导弹及航空炸弹,总载弹量达 34 吨,使其常规作战能力大为提高。由于美军不断用高新技术对 B – 52 型机进行改造,重视该机设备的改进与更新,使 B－52 型机这棵“老树”不断发出“新芽”,一直服役到 21 世纪之初。

实践证明,改进不但技术上可行,军事上可基本满足需要,而且可节省大量经费,所需时间也要比研制新装备少得多。实际上,各国在设计研制新一代装备时就考虑到以后长远发展的需要,预先制定分期改装计划。因此,装备的现代化改进绝非装备发展的权宜之计,而是世界各国发展装备的战略措施。

(二)主要程序

军事装备研制的主要程序,是对军事装备研制的阶段划分、各阶段的工作内容和管理职责做出的规范,通常以文件形式颁发,作为开展装备研制工作的依据。各国根据国情和装备特点制定相应的军事装备研制程序,我国现行的装备研制程序按照装备类型略有不同,具有典型性和代表性的研制程序通常包括研制立项阶段、确定研制总要求阶段、工程研制阶段、列装定型阶段。

1. 研制立项阶段

研制立项阶段的主要任务是对拟新研制的军事装备进行立项综合论证。它是在军事装备发展过程中,为了避免发生重大决策失误,使国防科研、生产和使用得以顺利进行,而由装备研制管理部门组织论证机构和有关专家,根据军事装备发展规划、装备体制和作战需求对拟研制的新型号军事装备的作战使用性能和战术技术指标以及研制方案进行论证,并对论证进行全面审查,形成立项报告后,按照有关规定上报审批。经批准的装备研制立项是组织研制项目招标、开展装备研制工作、制定装备研制年度计划以及订立装备研制合同的依据。

这一阶段是从装备性能和技术途径还不完全确定的概念探索与技术攻关阶段,过渡到装备使用、技术性能比较明确、技术途径比较明朗、需要投入的财力物力比较庞大的工程研制阶段的桥梁,其地位非常重要,不可或缺。

军事装备研制的立项综合论证,一般包括提出作战使命任务、主要作战使用性能和战术技术指标、初步总体方案、研制周期、研制经费概算、需要突破的预研关键技术,进行经济可行性分析、作战效能分析、订购价格与数量预测等内容。

2. 确定研制总要求阶段

军事装备研制在经过研制立项论证阶段之后、进入工程研制阶段之前,装备研制管理部门需要组织进行装备研制总要求的论证和报批工作。研制总要求的综合论证,一般包括作战使用要求、总体研制方案、系统配套设备和软件方案、保障设备方案、质量与可靠性及标准化控制措施、设计定型状态以及研制周期、研制经费核算、装备产品成本概算等内容。在综合论证基础上,拟制装备研制总要求及其综合论证报告,并按照有关规定上报审批,批准后作为开展工程研制和组织定型考核的依据,具有很强的指令性和法规性。

在这一阶段,装备研制管理部门还需要依据研制总要求,组织研制单位开展研制方案的论证、计算、仿真,完成原理样机制作、试验验证和优化设计,并且进行关键技术攻关和新型零部件、分系统的试制,为工程研制提供依据。

随着装备系统越来越复杂,制造工艺越来越新颖,各国越来越注重样机研制和演示验证工作。只要确定需要,经费上又有可能,就采取整系统样机或至少以主要分系统样机进行实际试验,便于及早发现问题。而问题发现得越早越容易解决。正如1979年一份呈报美国总统的《国防管理研究》所说"早期样机所揭示的设计上的重大疏忽或差错,到全面工程研制之初即可弥补、纠正,这同武器系统大量投产之后才发现重大缺陷相比,情况迥然不同。"美国F-16战机和A-10战机等计划的成功,其中也包含样机研制与试验的重大贡献。

3. 工程研制阶段

这一阶段又称全面研制阶段。进入该阶段,由装备研制管理部门以有关军事装备建设规划计划为依据,在经过资格审查的单位中,通过招标或者竞争性谈判等方式择优选定装备研制单位,并订立装备研制合同来规定双方的权利和义务,指导、约束研制单位的研制工作。研制单位在这一阶段要按照已批准的研制总要求,对军事装备系统进行全面设计、试制和试验。其主要工作阶段可划分为初样阶段和正样阶段,具体工作内容有:

(1)军事装备初样的研制和试验。除飞机、舰船等大型武器装备平台外,一般进行初样机和正样机两轮研制。初样研制为正样研制提供基础,完成初样机试制后,由装备研制管理部门或承研单位会同使用部门组织鉴定性试验和评审,证明是否达到研制总要求规定的战术技术指标,并对试制、试验中暴露的技术问题提出解决措施。

(2)进行正样机研制。在完成初样试制,并解决了初样中暴露出的问题或提出解决的措施后,转入正样机的研制。正样机的研制同样要经过一系列的试验和评审,要在近似实战的环境条件下对正样机进行系统试验,对武器的军事效益、使用效能和适应能力做出评估,同时要制定技术、后勤保障计划。同时,进行生产流程的计算机仿真;研制可供试验鉴定和考核用的试制样品,提供逼近最终产品的样机系统;编写与产品实物相符的完整、准确的全套文件和资料,绘出全套图样,为试验鉴定提供档案材料。

4. 列装定型阶段

国务院、中央军委军工产品定型委员会(简称一级定委),是国家装备定型工作的最高领导机构,负责统一领导、审批装备研制产品的定型工作。下设按照装备类别设置的专业军工产品定型委员会(简称二级定委),负责各自分管的装备产品定型工作,同时负责审议并呈报属于上级定型管理机构批准权限内的产品定型。

军事装备列装定型的程序和要求将在下一节中进行详细阐述。

第二节　军事装备试验鉴定

军事装备试验鉴定是军事装备全寿命周期的重要组成部分，是考核装备战斗力生成模式和提升途径的必经之路，在军事装备设计、试制、生产、使用中发挥着重要作用，是装备建设决策的重要支撑。本节探讨军事装备试验鉴定的概念与分类、地位与作用、特点与要求、目的与内容、程序与方法等问题。

一、军事装备试验鉴定的基本内涵

在装备工作有关法规规章中，"装备试验鉴定"一词是作为一个整体出现的，实际包含了装备试验和装备鉴定两个方面的工作。

（一）基本概念

装备试验是指按照科学、规范的试验程序和批准的指标要求，对被试验装备战术技术性能、作战效能、作战适用性和体系贡献率等进行考核的活动。其主要任务是对被试验装备提出准确的试验结果，做出正确的试验结论，为装备的定型列装、部队使用、装备承研承制单位验证设计思想和检验生产工艺提供科学依据。

装备鉴定是军工产品定型机构在试验鉴定体系支撑下，按照规定的权限和程序，对新研、改型、改进等装备研制项目，以充分必要的实战化试验考核为基础进行审查评估，确认装备系统战术技术性能、作战效能和作战适用性、体系适用性、在役适用性能够完成规定使命任务，可保证质量稳定一致、批量生产交付部队，随装资料、模型数据等能够支撑部队运行和作战筹划的活动。

装备试验是检验性活动，是一个实际展示过程；装备鉴定是分析判断的活动，是一个得出结论的过程。试验为鉴定提供资料和数据，是鉴定的前提和基础；鉴定是试验的延续和深化，是试验的最终目标。所以，装备试验与鉴定是相互联系、相互作用的关系。

（二）地位作用

装备试验鉴定本身也是装备研制、装备战术运用、部队训练作战中的基本组成部分，在装备形成战斗力方面，发挥着举足轻重的作用。其地位作用主要体现在以下几个方面。

1. 国家检验的最高形式

装备试验鉴定在装备发展过程中具有显著的权威性和独立性。一是通过组建装备试验鉴定职能部门，对装备研制试验鉴定、作战试验鉴定和试验资源建设工作进行顶层指导和权威监督，审批试验鉴定计划、制定试验鉴定法规政策、拟制试验鉴定发展规划，保证试验鉴定工作依法开展。二是作战试验是在各级定委的领导和授权下，由承试单位和试验部队开展，独立于装备研制单位，确保作战试验真实、客观、有效；列装定型是各级定委在试验鉴定体系支撑下，对装备能否有效履行批复的使命任务、是否具备相应的能力、指标是否满足要求等的最高国家检验行为，不仅与批量生产等挂钩，更是站在作战运用的角度对装备的认可。

2. 装备发展的重要保障

从装备发展的角度看，新研装备只有通过了相关试验鉴定后，装备研制管理部门才能够对装备性能成熟程度进行评判，也才有依据做出装备是否能够进入下一个研制阶段的决策。从装备使用的角度看，装备试验鉴定提供的数据可以客观真实地告诉装备使用单位，装备在研制期间的表现如何，以及它是否做好了部署准备，能否完成既定任务，能否满足需求。通过试验，可以研制关键技术和改进方案，及早发现问题和消除风险，完善设计工艺、技术性能，将“质量”设计到装备中。试验越充分，发现装备存在的缺陷越早，问题就越容易解决，代价越小。反之，将导致有缺陷的装备被部署到部队，给作战部队执行任务带来许多问题，直接影响部队战备训练任务的完成。

3. 作战能力的有效倍增

装备试验鉴定，尤其是作战试验鉴定，在装备形成战斗力过程中起到重要的把关和推动作用，可以说，作战试验是装备从实验室、厂房、试验场走向部队和战场之前的重要环节，也是装备能否生成战斗力的关键一环。一方面，通过试验，可以将试验中取得的经验及时、有效地转化为作战部队的强化训练方法，促进装备与人的结合，加快战斗力形成进程。另一方面，作战试验强调作战运用的真实性，要求武器装备必须按照真实的编配、战术、战法等进行试验，因此可检验制定的战术、战法的有效性，促进战术、战法的改进和完善。

4. 战略威慑的强力手段

战略武器是有效的战略威慑力量，尽管极少用于实战，如核武器、战略反导武器等，但是通过适时开展近实战环境下的试验鉴定活动，既可有效检验考核装备的作战能力，同时也能达到向战略对手“秀肌肉”的目的，在某种意义上也是军事实力的一种展示及运用。以美国、俄罗斯为代表的世界主要军事国家，均常年开展近实战条件下的战略武器试验鉴定活动，将其作为本国重要的战略威慑手段，向世界展示其战略力量，从而发挥战略武器的止战、慑战的战略价值。试验鉴定活动越接近实战，威慑作用越显著。美国现役“民兵”－3洲际弹道导弹每年要开展后续作战试验鉴定，试射处于战斗值班状态下的多枚导弹，一是为导弹的更新延寿进行检验验证，二是检验其战略部队作战运用的有效性。俄罗斯也采取类似方式对其“白杨”－M、“亚尔斯”等在役洲际弹道导弹进行试射，也对“布拉瓦”新型在研导弹开展近实战条件下的试验鉴定，加快推动导弹形成有效作战力的进程。

二、军事装备试验鉴定的内容和流程

近年来，随着国防和军队改革的深化，装备试验鉴定工作内容和流程发生了较大变化。

（一）主要内容

试验鉴定工作包括试验总体论证、装备性能试验、装备状态鉴定、装备作战试验、装备列装定型、装备在役考核等内容。

1. 试验总体论证

试验总体论证工作，是对装备性能试验、作战试验、在役考核、鉴定定型以及试验保障条件等进行统筹设计的工作，包括装备试验初步方案（简称试验初案）论证和装备试验总案（简称试验总案）论证。

2. 装备性能试验

装备性能试验是在规定的环境和条件下，检验装备是否达到装备立项和研制总要求明确的主要战术技术指标，验证装备边界性能，回答装备是否“能用”的问题，其结论是装备状态鉴定审查的重要依据。装备性能试验分为性能验证试验（又称为设计验证性能试验）和性能鉴定试验（又称为状态鉴定性能试验）两类。

性能验证试验，属科研过程试验，由装备研制管理部门组织装备承制单位开展，主要验证技术方案的可行性和装备性能指标的符合度，为检验装备研制总体技术方案和关键技术提供依据。

性能鉴定试验，属鉴定考核试验，主要考核装备性能的达标度，确定装备技术状态，为状态鉴定和列装定型提供依据。

3. 装备状态鉴定

新研装备通过性能试验后，应组织装备状态鉴定审查。按照立项批复和研制总要求，对装备主要战术技术指标和使用要求符合性进行评定，对其数字化模型进行审验。状态鉴定结论是转入作战试验和列装定型审查的重要依据。

4. 装备作战试验

装备作战试验是在近似实战战场环境和对抗条件下，对装备完成作战使命任务的作战效能和适用性等进行考核与评估的装备试验活动。主要检验装备完成规定作战使命任务的满足度及其适用条件，摸清装备在特定作战任务剖面下的战术技术指标和能力底数，探索装备作战运用方式。其试验结论主要回答装备是否“管用”的问题，是装备列装定型审查的重要依据。

5. 装备列装定型

装备完成作战试验后，由军工产品定型机构组织装备列装定型，装备列装定型还是在状态鉴定和作战试验结论的基础上，对装备是否符合研制立项批复、研制总要求、试验总案明确的作战效能和作战适用性进行综合评定，对装备批量生产条件、生产工艺等进行审查，对装备数字化模型进行复核的活动。

6. 装备在役考核

装备列装定型后服役期间，应当组织装备在役考核。装备在役考核是在装备列装服役期间，为检验装备满足部队作战使用与保障要求的程度所进行的持续性试验鉴定活动。重点跟踪掌握部队装备使用、保障、维修情况，考核装备的部队适编性、适配性和服役期经济性，以及部分在性能试验和作战试验中难以充分考核的指标等，持续验证装备作战效能和适用性。在役考核主要是要解决装备“好用”的问题。

（二）基本流程

以前，装备研制项目通常按照立项论证、方案设计、工程研制、设计定型、生产定型等阶段组织实施。军工产品定型需要经历设计定型、生产定型两次审批决策程序。

在新的装备试验鉴定规定下，新研装备通常按照型号立项（含综合论证、立项报批）、工程研制（含方案设计、样机研制、性能试验和状态鉴定）和列装定型（含作战试验、定型审查和定型报批）三个阶段组织装备研制工作。相应的试验鉴定工作按照试验总体论证，装备性能试验、装备状态鉴定，装备作战试验、装备列装定型，装备在役考核的基本流程组织实施，并相应构成“性能试验—状态鉴定”“作战试验—列装定型”和“在役考核—改进升级”三个试验鉴定考核环路。装备试验鉴定基本流程如图 6－1 所示。

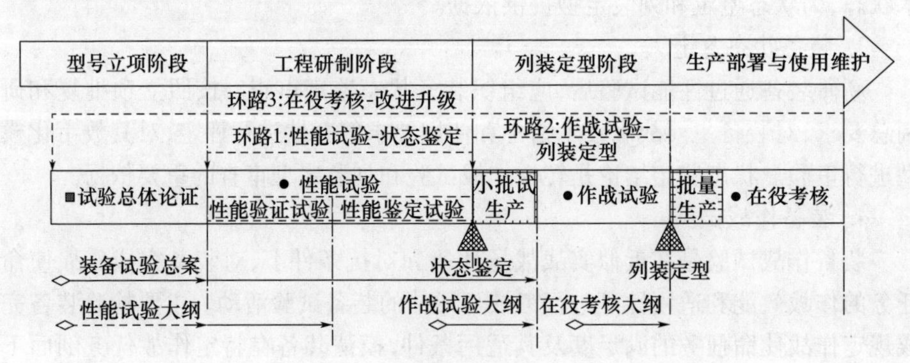

图 6－1 装备试验鉴定基本流程

1. 试验总体论证

试验总体论证由试验鉴定管理部门明确的装备试验论证单位具体承担。试验初案通常在装备立项综合论证期间编制,装备试验论证单位会同装备论证单位,根据装备作战使命任务和主要战术技术指标,设计试验工作节点,研究主要试验任务,提出关键试验资源需求,测算性能试验经费概算,形成试验初步方案,纳入装备研制立项综合论证报告一并报批。

在装备立项批复后,装备试验鉴定管理部门组织装备试验论证单位编制试验总案。试验总案应当贯彻实战化考核要求,研究提出试验考核指标体系、试验方案及安排,分析试验资源保障能力和需求,提出鉴定定型级别划分、试验实施单位建议等。

试验总案通常实行版本管理,根据试验任务需要和有关方面意见适时进行修订。试验总案首个版本应在性能试验开展前完成总案编制报批工作,试验总案版本通常在新研装备转入装备作战试验前固化。

2. 装备性能试验

性能验证试验属科研过程试验,由装备研制管理部门组织装备承制单位开展。性能验证试验内容和数据拟用于后续装备性能鉴定试验的,由装备试验鉴定管理部门组织对相关试验过程进行监督。对试验总案明确用于支撑状态鉴定、列装定型的试验数据,装备试验鉴定管理部门组织开展试验数据采信工作。

性能验证试验结束后,对符合要求的准许开展装备鉴定活动。性能鉴定试验牵头单位和试验单位由装备试验鉴定管理部门指定。

试验单位拟制装备性能鉴定试验大纲,对试验项目内容、方法程序、环境构设、试验组织和评价准则等做出规定,按规定审查后报批,作为开展装备性能鉴定试验的依据。装备性能鉴定试验中暴露的问题,由装备承制单位和装备论证单位进行深入分析和整改,装备试验鉴定管理部门对整改后的装备技术状态进行评估,必要时组织补充开展试验或者决定重新进行试验。

试验结束后,试验单位根据承担的试验任务完成相应的试验报告,经审查并修改完善后,抄送装备研制管理部门和装备承制单位。

3. 装备状态鉴定

装备性能试验完成后,对符合要求的,由装备试验鉴定管理部门按照有关规定组织装备状态鉴定审查。

装备状态鉴定审查由装备试验鉴定管理部门牵头,通常包括前伸审查和会议审查。前伸审查是指装备试验鉴定管理部门组织装备试验论证单位、试验鉴定咨询专家等,参与立项综合论证、研制总要求、试验总案、试验大纲、项目转阶段等审查工作,提出相应的试验鉴定咨询意见。会议审查时,通常成立装备状态鉴定审查组,采取调查、抽查、审查等方式进行,必要时可分组审查。经审查组讨论,形成状态鉴定审查意见书。

装备状态鉴定审查完成后,装备试验鉴定管理部门按照规定程序呈报装备状态鉴定。状态鉴定有遗留工作(问题)的,还需要明确遗留工作(问题)的解决措施和计划。

4. 装备作战试验

装备状态鉴定批复后,装备承制单位应当根据装备状态鉴定、小批量试生产情况,提出装备作战试验申请。

开展装备作战试验需要编制试验大纲,明确作战试验的想定、考核指标、试验方法、环境构设、试验组织和评估准则等。试验大纲通常由试验单位、试验部队联合拟制,并按规定审查和报批。

装备作战试验由试验单位和试验部队共同开展。作战试验单位和试验部队需要做好组织领导、文书准备、人员培训与考核、装备准备和试验条件准备。装备作战试验完成后,装备试验鉴定管理部门应当组织向作战训练、装备研制、合同监督等部门反馈试验暴露问题,有关部门按照职责分工组织整改。问题整改完毕后,根据需要可补充开展作战试验。作战试验结束后,作战试验单位和试验部队需要根据承担的试验任务完成相应的试验报告。作战试验报告经装备试验鉴定管理部门组织审查后,由承担作战试验的各单位联合签署上报。

5. 装备列装定型

装备完成作战试验且符合规定的标准和要求的,完成批量生产(或稳定生产)工艺和生产条件考核后,装备承制单位可独立向二级定委提出列装定型书面申请。由各级定委按照有关规定组织装备列装定型审查工作。

装备列装定型通常包括专项评估和会议审查。专项评估,主要包括装备通用质量特性、复杂环境适应性、人机工效、生存性、可用性、自主可控、标准化等专项评估内容,由装备试验鉴定管理部门指定的试验单位或二级定委组织成立专项评估组,在会议审查前完成并提交专项评估报告。

会议审查由二级定委组织,会议成立列装定型会议审查组,通常采取调查、抽查、审查等方式进行。必要时,可分组进行审查,并形成分组审查意见。列装定型审查组根据审查情况,形成装备列装定型审查意见书。二级定委组织完成列装定型审查后,区分重要装备、一般装备和其他特殊情况,按照不同流程进行审批。列装定型有遗留问题的,还需要明确遗留问题的解决措施和计划。

6. 装备在役考核

装备在役考核主要包括在役考核大纲编制、在役考核任务实施、在役考核问题反馈与处理、在役考核报告编制、在役考核结果运行的流程实施。

装备在役考核大纲由试验单位、试验部队,依据批准的试验总案、在役考核计划,结合部队日常装备使用实际联合拟制,重点对考核内容、考核方法、组织实施、评价准则等做出规定。

在役考核组织实施阶段，由试验部队负责按照在役考核大纲，完成组织实施和数据采集工作，试验单位参与数据采集工作。装备在役考核任务完成后，试验单位要对考核过程中获得的数据和部队提供的日常管理数据进行定量分析，试验部队对装备使用、保障、管理情况，以及发现的问题进行定性分析，编制装备在役考核报告。装备在役考核结论，作为后续订购、维修保障、装备改进、退役报废、装备召回、中止列装等决策的重要依据。

三、军事装备试验的方法及发展趋势

军事装备试验方法是鉴定武器装备系统质量优劣、提高试验效益的关键。各国对军事装备的试验方法极为重视，建立了相关的研究机构并给予足够的财力支持，形成了多种方法，并快速发展。

（一）常用方法

经过半个多世纪国防科技的发展和军事装备科研的实践，军事装备试验方法由单一到综合、由实物到仿真、由粗放型到系统型、由经验型到理论型，综合试验能力和水平不断改进和提高。基本试验方法主要有实装试验法、系统仿真试验法、一体化试验法和实战试验法。

1. 实装试验法

实装试验法是在逼真的战场环境条件下，全部以实装作为试验对象所进行的试验。

实装试验法代价最高，周期最长，过程最为复杂。首先，实装试验要动用大量的装备、人员和基础设施，在试验之前要有很充分的准备工作才能做到万无一失；其次，试验项目繁多，涉及范围广，试验内容要照顾到武器装备体系基本作战单元中的每个分系统的每个功能，这样试验的组织、指挥、协同和管理就很复杂，试验之前要有完善的试验计划和预案；最后，试验周期长，由于实装试验往往与部队相结合，在试验中要考虑部队的正常运行与试验的关系。

虽然实装试验法面临着种种挑战，但其优点也很明显，即试验数据具有较高的可信度。现代仿真技术虽有了长足的进步，但还很难达到完全逼真的程度，特别是考虑到复杂的战场环境和有关决策、战术运用等因素的影响，实装试验具有无可替代的“真理的真实检验”的作用。

2. 系统仿真试验法

系统仿真试验法是以相似原理、系统技术、信息技术等为基础，以计算机和各种专用设备为工具，利用系统模型对武器装备潜在的或客观存在的作战使用性能进行动态研究，以预测和评估武器装备体系基本作战单元整体性能的试验方法。系统仿真试验法在节省经费、重复使用和避免试验危险等方面具有不可替代的作用。

系统仿真可分为虚拟仿真、构造仿真和半实物仿真三类。虚拟仿真利用多媒体技术为操作者呈现虚拟环境下的系统应用过程；构造仿真利用数学模型和仿真模型（二次建模）描述系统组成要素之间的关联关系及运作过程，真正将战场“搬进”计算机；半实物仿真将部分信息装备（及人员）嵌入仿真过程，所以又称为实物在环仿真、人在环仿真。从用途来看，虚拟仿真更多地应用于人员的训练或演示，而构造仿真和半实物仿真可利用仿真试验数据进行系统的论证和评估。

3. 一体化试验法

一体化试验法，是将研制单位负责的科研试验、国家靶场负责的定型试验、使用部队负责的使用试验以及基地化训练演练有机地结合起来，综合协同地利用现场试验和分析、数学建模和分析、仿真试验和分析等多种试验分析方法，以建模与仿真作为试验鉴定知识库以及各试验流程之间的沟通、反馈工具，使构造仿真、虚拟仿真和实装试验有机结合进行试验鉴定的试验方法。

与前两种试验方法相比，一体化试验法可吸收其优点、克服其不足，主要表现在：

（1）一体化试验法是在充分考虑先验数据的基础上，在计算机、模拟器与实装有机结合构成的试验环境下进行的，它可以及时、动态地获取数据，及时输出结果到其他活动中进行运用和检验。一体化试验法的模型可以得到动态的检验和确认，从而保证整个试验较高的可信度。

（2）在保证试验可信度的条件下，最大限度地降低试验难度和试验成本。一体化试验法在非主要部位或非关键环节可以用模拟器代替实装，用模拟器进行作战指挥信息的收发与处理，既尽可能地减少试验所需的实装数量，解决大量实装难以集结的困难，又可降低试验成本，缩短试验周期。

（3）一体化试验法的数据来源有先验数据、仿真数据和实测数据，需要用到更多的数据处理方法，数据处理更为灵活，能更全面地评估武器装备体系基本作战单元的整体性能。

由此可见，一体化试验法融合了多种试验方法的长处，更能客观真实地获得对试验对象全面考察和准确理解的数据，具有传统试验方法所不具有的先进性。

4. 实战试验法

实战试验法是在战争条件下，军事装备系统的对抗性演练和演习。实战试验法主要考核武器装备系统的实际作战性能。实战试验是在特定条件下的作战应用,是其他试验不能替代的试验。实战应用是最好、最实际的试验。军事演练和演习是最好的实战试验,既是实战条件下的考核,又不是过去试验的重复。实战试验法,不仅是在战争条件下检验武器装备系统的战术技术性能、作战使用性能和部队适应性的最好、最真实的试验,同时也是对军事装备系统战场环境条件下人机环境的最真实、最实际的检验。

(二)发展趋势

未来,装备试验鉴定将更加注重采取虚实结合的模式,从被试装备、测试环境和结果分析三个方面入手,通过远程控制实现全域环境下所有装备真实性能的有效鉴定。

在被试装备方面,不仅重视现有装备的有效鉴定,还将重视仿真模型的有效验证。将仿真模型作为“仿真预测—实装试验—结果比较”的核心,同时做好试验前仿真模型的校核、验证和确认,以及实装试验后仿真模型的校正和更新。

在测试环境方面,未来的试验环境将以联合任务为背景,以“实况—虚拟—构造”(LVC)为手段,一方面将实装试验、人在回路试验和全数字化仿真等各类作战试验资源融合,另一方面通过有线/无线通信宽带,连接分布在不同地理位置的靶场和试验站点,构建一种联合分布式的试验环境。充分利用“虚拟的”和“构造的”系统在减少实装消耗、降低试验成本、提高试验效率等方面的优势,并很好地集成到“真实的”系统中,使用户能够在联合任务环境中研发和试验作战能力。

在结果分析方面,对外场实装试验原始数据进行采集和处理后,注重有效运用数据分类与聚类等分析技术。首先,定量检验实装试验与仿真分析预测这两类结果的一致性;其次,进一步确认仿真有效性和正确性;最后,判断实装试验结果是否达到试验鉴定准则所制定的标准,并得出在不同作战环境下,装备技术参数、装备战术性能和体系作战效能的一致量化结论。在此基础上,进一步根据实装试验数据校正更新仿真模型,并基于贝叶斯网络等定量推理技术,定量外推体系作战效能的提升程度所要求的装备战术指标应达到的水平,由此提出装备改进的需求建议。

第三节　军事装备订购

军事装备订购是连接国防工业和装备消费的桥梁,它使军事装备从生产领域进入使用领域,从而使军事装备价值得以实现,使用价值得以转化。本节主要探讨军事装备订购的内涵和任务、装备订购体制、装备订购的方式和运行等。

一、军事装备订购的基本内涵

"装备订购"一词曾在我军装备发展过程中出现过。2002 年之后,"装备订购"被"装备采购"一词所取代。2021 年后,随着一系列新的装备工作法规规章相继发布施行,"装备订购"一词又重新应用到装备建设和发展工作中。

(一)基本概念

军事装备订购是指军队以合同方式购买军事装备以及相关服务的活动。这里所说的装备相关服务,是指军队装备订购工作所需的资源租用服务、咨询论证服务、合同管理服务、审价服务、培训服务等。可以看出,军事装备订购的对象是装备,以及围绕装备订购工作所需要的服务,通常不包括装备科研和装备维修保障等方面的采购内容。

我军军事装备订购工作的基本任务是,贯彻执行党中央、中央军委关于装备建设的决策部署,科学制定装备订购规划计划,依法依规开展装备订购合同订立、合同履行等工作,保障军队作战、训练和其他各项任务的完成。

(二)相关概念辨析

1. 装备订购与装备采购

2002 年以前,"装备订购"是用于描述军事装备购买活动(不包括科研)的术语。2002 年我军发布实施《装备采购条例》以后,"装备订购"被"装备采购"所取代。在当时的《装备采购条例》中的"装备采购"也是指装备购买活动,不包括装备科研、维修保障等活动。

2005 年 12 月,有关文件中首次提出:装备采购涉及装备科研、购置、维修保障等一系列活动。此时,装备采购贯穿了装备科研、装备购置和装备维修保障的全寿命周期,其中"装备购置"特指装备购买活动。[①]

在 2021 年颁布的《军队装备条例》中,更是明确提出:装备采购,是指在装备预先研究、研制、试验、订购、维修保障等工作中以合同方式有偿获取装备以及相关技术和服务的活动。由此可见,装备采购的范围已经不限于购买装备的范围,而是延伸和扩展到了装备全寿命周期。对于以合理的价格获取装备的活动,条例则重新使用了"装备订购"一词。

2021 年发布的《军队装备订购规定》,取代《装备采购条例》,进一步明确装备订购的基本概念和基本任务。

---

① 白凤凯. 军事装备采购管理,北京:国防工业出版社,2012,第 11 页。

2. 装备订购与装备订货

在我国计划经济时期,我军获得军事装备的活动通常称为“装备订货”,其内涵是由主管部门向企业下达指令性武器装备研制、生产计划,军方代表负责验收和付款结算等,具有计划经济的特点。进入社会主义市场经济时期后,“订货管理”已不能完全适应市场经济条件下的新要求,因此近年来我军的装备采购体制也在不断调整改革,已经从原有完全由国家“定指标,下任务”的模式,转化为竞争性采购和单一来源采购相结合,质量至上、竞争择优,集约高效、监督制衡的新的装备订购模式。

3. 装备订购和装备采办

在我国,装备采办是军事装备理论和学术界在装备学术研究和人才培养工作中使用的概念,主要是指获取遂行军事任务所需装备及相关服务的活动,包括从装备需求分析、规划计划、研制、生产、订购直至交付部队以后的技术服务等活动。从概念上看,装备订购只是装备采办活动中的一项内容,装备采办包括了装备订购。

二、军事装备订购的途径

军事装备订购通常有两种途径:一是国内订购;二是国外订购。这两种方式,适用于每一个国家的军队。即使世界主要军事强国的军队,也要适当地从国外订购装备。

(一)国内订购

国内订购是指军队装备部门在本国订购军事装备,是装备订购的主要途径。世界多数国家的军队都立足于国内订购。美军认为,以国内订购为主,可以使本国供应商免遭外国的服务和军事装备不公平竞争的威胁;减少战争和危机期间中断装备供应的危险;增加对本国装备的需求量,促进国防工业的发展。美国制定的《购买美国货法》规定:美国政府优先采购国产的成品,承包商只应提交国产的成品。

我军装备订购也坚持以国内订购为主要途径。这是因为:首先,中华人民共和国成立以来,我国的国防科技工业从小到大、自弱变强,走过了一条不平凡的发展道路,形成了包括核、航天、航空、船舶、兵器、军工电子在内的门类齐全、独立完整的国防工业体系,具备了研制、生产常规装备和尖端装备的能力。其次,我军装备发展坚持“自力更生为主、国际合作为辅”的指导思想。正如邓小平指出:“更新装备,实现武器装备现代化可以从外国买,但是更要立足于自己搞科学研究,自己设计出好的飞机、好的海军装备和陆军装备”。① 最后,可以推动我

① 邓小平文选(第3卷),北京:人民出版社,1993,第129页。

国国防工业的发展。通过军事装备的国内订购,加大对国防工业的投入,不但可以使尖端军事装备的技术水平进一步提升,而且可以持续促进国防工业升级。相反,如果我军不订购我国生产的装备,而以国外采购为主,国防工业必然会逐步萎缩,导致生产规模缩小,生产能力下降,技术人才流失,技术水平落后,战时受制于人。因此,我军必须把国内订购作为装备订购的主要途径。

(二)国外订购

国外订购是指军队装备部门到国外订购军事装备,是军事装备订购的另一个途径。特别是对那些国防工业规模小、水平低,甚至没有国防工业的国家来说,国外采购还是军事装备采购的主要途径。根据斯德哥尔摩国际和平研究所(SIPRI)的统计,20世纪70年代,发展中国家从美国、苏联、英国、法国等国家进口武器占全世界武器贸易的比例达3/4。[①]

美国是世界超级军事强国,但它不仅与欧洲盟国合作研制装备,而且也适当地从盟国购买某些装备。根据SIPRI的统计,2010年美国从英国、法国、德国等15个国家进口了近10亿美元的武器装备和零部件。此外,仅2002年,美国国内国防合同主承包商分包给国外的合同金额就达约70亿美元。[②] 如果将武器生产所需进口原材料也包括在内,数额会进一步增加。国防工业基础一向独立的俄罗斯也不例外。为了提升海军投送能力,弥补本国国防工业的薄弱环节,在国内不少军工企业深陷金融危机困境的情况下,2011年俄罗斯仍然与法国签署了总额达12亿欧元的"西北风"级两栖登陆舰购买合同。[③]

我军在坚持军事装备以国内订购为主要途径的同时,也把军事装备的国外订购作为一种重要的补充途径,以获得先进的武器装备、军事技术和自身供给不足的相关物资。实践表明,通过订购外国的军事装备(包括成品、关键技术、零备件和保障设备),以及消化、吸收、掌握国外先进的军事技术,加快了国产新型装备研制,促进了国防工业的发展。

中华人民共和国成立之初,我国薄弱的工业基础难以满足庞大的军事装备需求,进口武器装备和军事技术就成为加速国防现代化的必然选择。但当时的国际环境使进口来源地非常单一,除1966年与阿尔巴尼亚的一份战斗机合同,以及1968年与法国的一份轻型直升机合同以外,苏联是1968年以前中国武器进口的唯一来源。20世纪60年代两国关系的恶化,使这个渠道在1969年也被

---

① SIPRI Arms Transfers Database, http://www.sipri.org/databases/armstransfers

② 刘浩华,李毅学. 美国国防工业对国外供应源依赖风险的评估与启示,中央财经大学学报,2010(12):78-83.

③ 央视网,俄向法支付"西北风"级两栖登陆舰首批建造款,http://news.cntv.cn/military/20111125/110219.shtml

关闭了。1969—1976年的7年间，我国没有任何官方显示的武器装备进口。改革开放后的一段时间，中国的国际环境大为改善，西方发达资本主义国家在武器装备贸易上也向中国敞开了大门，但很快又重新关闭。苏联解体后，俄罗斯等国家经济大幅下滑，急于出售军事装备改善国内经济，使得我国有了购买俄罗斯当时先进装备的机会。

根据SIPRI的统计(表6－1)，我国在1999—2006年中，除2003年外都是世界最大武器进口国。2006年以后，我国的武器装备进口显著下降，至2010年，我国在世界武器装备进口国中已下降到第10位。在国防开支仍然保持较大幅度增长的情况下，军事装备进口的迅速下降反映出我国国防工业取得的较大进展，已经具备了研发制造较为先进武器装备的能力。

表6－1　中国装备进口在世界所占百分比及排名(1981—2010年)

年份	1981	1982	1983	1984	1985	1986	1987	1988	1989	1990
中国	2	15	12	71	110	17	62	83	126	215
所有国家	45887	46396	44358	41713	38356	39543	40285	37277	36091	30345
中国占百分比/%	0	0.03	0.03	0.17	0.29	0.04	0.15	0.22	0.35	0.71
中国排名	120	94	94	75	54	83	62	58	49	36
年份	1991	1992	1993	1994	1995	1996	1997	1998	1999	2000
中国	245	1265	1195	268	676	1372	835	382	1833	2116
所有国家	28129	24358	26222	23033	22945	23990	28491	27860	24987	18950
中国占百分比/%	0.87	5.20	4.56	1.16	2.95	5.72	2.93	1.37	7.34	11.17
中国排名	30	6	4	26	11	5	9	18	1	1
年份	2001	2002	2003	2004	2005	2006	2007	2008	2009	2010
中国	3364	2906	2295	3207	3602	2934	1758	1683	1054	718
所有国家	19679	17940	19232	21331	21204	24036	26448	23362	24044	24535
中国占百分比/%	17.09	16.20	11.93	15.03	16.99	12.21	6.65	7.20	4.38	2.93
中国排名	1	1	2	1	1	1	3	3	7	10

资料来源：SIPRI武器转移数据库，http://www.sipri.org，2012－06－20. 单位，百万美元，以1990年不变美元计算，部分金额进行了取整处理。

三、军事装备订购的方式

军事装备订购的方式可以按照紧急程度、竞争程度等进行划分。

(一)按照紧急程度划分

按照紧急程度，军事装备订购可以分为常规订购和应急订购。

装备常规订购是指军队装备部门按照装备订购法规制度要求组织的正常装备订购活动,是装备订购的常态化工作。通常按照装备订购计划制定、装备订购合同订立、装备订购合同履行等程序组织。

装备应急订购是指军队装备部门根据军事斗争准备、重大突发事件、重大任务急需,在紧急状态下按照有关程序组织的装备订购活动。装备应急订购时效性、指令性强,主要特点和要求包括:一是可以简化装备订购计划拟制程序;二是可以灵活选择采购方式;三是可以缩短合同谈判和签订周期,必要时可以先供货后签订合同;四是可以减少质量监督的环节。

(二)按照竞争程度划分

按照竞争程度,军事装备订购可以分为公开招标、邀请招标、竞争性谈判、单一来源、询价五种基本方式。这五种方式与装备市场类型的关系如图 6 - 2 所示。

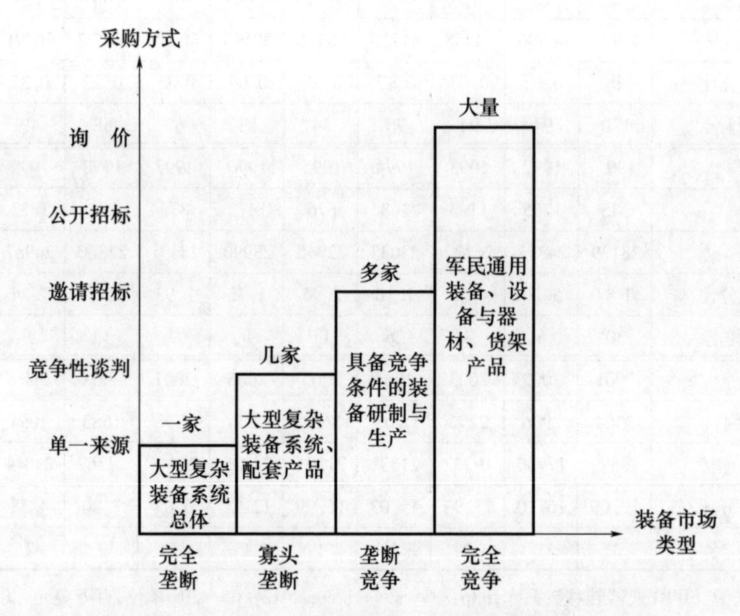

图 6 - 2　装备订购方式与装备市场类型的关系示意图

1. 公开招标方式

按照规定的程序,在规定的媒体发布招标公告,邀请不特定的装备承制单位投标,依据确定的标准和方法从所有投标中择优评选出中标装备承制单位,并与之签订合同。适用于订购金额达到限额标准以上、通用性强、不需要保密的装备采购项目。一般采用成立招标小组、组建评标委员会、拟制招标文件、报批招标文件、发标、投标、开标、评标、定标的基本程序组织实施。

2. 邀请招标方式

根据装备承制单位的资格条件，在一定范围内选择不少于两家装备承制单位，向其发出投标邀请书，由被邀请的装备承制单位投标竞争，从中择优评选出中标装备承制单位，并与之签订合同。适用于订购金额达到限额标准以上、有保密要求不适宜公开招标、只能从有限范围的装备承制单位订购或者采用公开招标方式的费用占装备订购项目总价值比例过大的装备订购项目。一般采用成立招标小组、组建评标委员会、拟制招标文件、报批招标文件、选择被邀请投标装备承制单位、发投标邀请、投标、开标、评标、定标的基本程序组织实施。

3. 竞争性谈判方式

与不少于两家装备承制单位进行谈判，择优确定装备承制单位，并与之签订合同。适用于订购金额达到限额标准以上、招标无果、采用招标方式所需时间无法满足需求、因技术复杂或者性质特殊不能确定详细规格或具体要求，以及不能事先计算出价格总额的装备订购项目。一般采用成立谈判小组、拟制谈判文件、报批谈判文件、确定邀请参加谈判的装备承制单位名单、谈判、确定承制单位的程序组织实施。

4. 单一来源方式

由于拟订购的装备项目来源渠道单一，或者紧急情况下的订购，以及为保证原有订购项目一致性或服务配套的要求，需要继续从原承制单位订购等特殊情况，只能从一家装备承制单位订购的装备订购方式。单一来源采购是一种没有竞争的采购方式，不利于提高装备订购效益，只在特殊情况下采用。

5. 询价方式

向有关装备承制单位发出询价单让其报价，在报价的基础上进行比较，并确定最优装备承制单位，并与之订立合同。适用于订购金额在限额标准以下、不需要保密、通用性强、规格标准统一、货源充足、价格变化幅度较小的装备订购项目。询价采购一般采用成立询价小组、确定被询价的装备承制单位名单、询价、确定承制单位的程序组织实施。

（三）其他订购方式

依据装备订购的时机、组织形式和全寿命阶段等的不同，也采用其他一些订购方式。

1. 一揽子订购方式

一揽子订购，也称为一体化订购，是指订购人向有关装备承制单位提出装备研制、生产、维修和使用保障一揽子要约，根据对装备承制单位承诺的评价结果，从中选定 1 ~ 2 家质量、价格、进度都能满足一揽子要约的装备承制单位签订合同的一种订购方式。一揽子订购方式适用于订购装备技术状态明确、订购数量与订购总价款已定、技术与成本风险较小、研制生产部署周期较短且有两家以上的装备承制单位可供选择的订购项目。

2. 渐进式订购方式

渐进式订购，是指从装备研制到投入使用的过程中，根据技术的发展、阶段性需求、预计的威胁和已有的研制制造能力，对装备进行逐步改进与提高，直到获得完全的作战能力而采取的分阶段实施至少 3 批订购的一种订购方式。渐进式订购适用于订购装备技术状态不够明确、各阶段订购数量与订购总价款未定、技术与成本风险较大、研制生产部署周期较长且可供选择的供应商较少的大型订购项目。

3. 滚动式订购方式

滚动式订购，是对于建设周期一年以上的大型复杂装备项目，采用多年滚动计划，使订购项目可以在一个计划期内完成。这种订购避免在装备项目生产周期内按年度计划签署多份合同，让承制单位提前掌握订购数量、品种，进行必要的生产资料和能力准备，以便维持装备项目生产的稳定性。

4. 激励式订购方式

激励式订购，是为激励承制单位主动控制成本、提高装备技术性能、提前交货或提前批量生产，在订购数量、订购价格、预付款比例和研制费补偿等方面给予倾斜或优待。适用于技术风险和费用风险比较大的装备项目。

四、军事装备订购的基本程序

军事装备订购的基本程序通常包括制定装备订购计划、订立装备订购合同、审定装备价格、检验验收装备、组织技术服务等。

(一)制定装备订购计划

军事装备订购计划是军队在一定时间内对装备订购的具体安排，是装备订购的基本依据，通常分为装备订购规划、年度装备订购计划、专项装备订购计划等。一般由军队装备部门根据军事战略方针、军事斗争任务、装备发展战略、装备体制、部队作战需求、装备购置费保障能力等，并结合装备科研生产能力组织制定。

装备订购规划纳入装备建设规划，主要明确装备订购的指导思想、基本原则、工作目标、重点方向和重大项目，提出计划、经费、组织实施和能力评估等保障措施要求。

年度装备订购计划通常按照当年的装备订购调整计划和第二年装备订购计

划两年计划滚动编制、同时下达的方式实施。

（二）订立装备订购合同

装备订购合同是军队装备部门与国防工业部门（专业集团）、企业或承包商之间签订的具有法律效力的经济合同。订购合同是装备采购的主要实现形式，是装备验收、付款、交接和技术服务的基本依据。它明确规定了双方的权力、义务和利益关系，具有法律约束力。因此，供需双方都必须严格遵守和全面履行合同的规定，保证合同的顺利执行。装备订购合同，按照价格确定方式，通常可以分为以下几种类型。

1. 固定价格合同

固定价格合同是价格基本稳定的装备订购合同。特点是合同价格不依据成本的增减而做调整，其成本风险完全由装备承制单位承担。这种合同能最大限度地推动承制方控制成本并有效履行合同，使需求方的价格风险降到最低程度。固定价格合同适用情况是：具有充分的价格竞争环境，能与以往类似项目的价格进行比较，具备费用估计所需要的成本或价格数据，预计不会出现严重影响成本的不定因素。

2. 成本补偿合同

成本补偿合同是对允许发生的成本予以补偿的装备订购合同，又称成本型合同或成本合同。根据成本补偿的形式不同，又可分为包本合同、成本分担合同、成本加奖励金合同、成本加定酬加奖励合同、成本加定酬合同五种。对于有较大的技术与成本风险的项目，采用成本补偿合同对供需双方均有益。装备部门可根据技术和需求等的变化，在合同规定的范围内，通过费用补偿而灵活地调整承制单位的工作；承制单位可最大限度地降低本身承担的费用风险，把大部分精力转向费用以外的其他主要目标。在存在难以精确估算成本的不定要素，而不能采用固定价格合同时，可采用成本补偿合同。

3. 成本－定酬－奖励合同

成本－定酬－奖励合同是由成本加定酬加奖励金组成的装备订购合同，是成本补偿合同的一种形式。合同价格除了成本之外，包括两部分补偿金：一是固定酬金。不随合同履行状况而调整，数额一般限定在估计成本的3%以内。二是奖励酬金。根据供应方完成合同情况而给予的鼓励性奖励，奖励标准视情况而定，如产品质量、交货及时性、成本控制和创新精神等。对奖励酬金的评定标准要写入合同，以便承制单位一开始就按标准努力提高工作质量，但各个评定项目的加权因素在评审前不予公布，以防承制单位知道项目在评审中所占的比重后，侧重一些项目忽视另一些项目。奖励酬金的数额通常不超过估计成本的7%，即使是项目完成后的整个酬金通常也不超过估计成本的10%。但对风险较大且急需的项目,可以采取较高的奖励酬金比例。这种合同主要在难以确定成本、进度、性能等具体定量指标,但可以依据评定标准给承制单位一定奖励,对需求方有利的情况下采用。

(三)审定装备价格

审定装备价格是指军队装备部门对军事装备的成本进行审查,并最终确定其价格的活动。

采用竞争性采购方式订购装备的,军队装备部门应当依据装备成本构成合理制定最高限价或者标底,并按照竞争性采购结果确定装备订购合同价款,通常不再组织审价。

采用单一来源方式订购装备的,军队装备部门应当以国家的物价政策、装备价格政策为依据,按照军品定价议价有关规定和要求,组织装备成本审核,根据激励约束条款协商确定装备价格,使装备价格具有真实性、合理性,为部队提供价格合理、质量可靠、性能优良的装备,提高装备订购效益。其中,立项研制的单一来源订购装备,其价格确定适用激励约束议价程序;单一来源订购但不适用激励约束议价程序的装备,以及装备价格调整,其价格确定适用成本审核议价程序。激励约束议价装备的价格方案由议价成本、目标利润、激励约束利润和税金组成。激励约束利润为目标成本与议价成本的差额乘以激励约束比例。成本审核议价装备的价格方案由议价成本、按议价成本的5%计算的利润和税金组成。

(四)检验验收装备

检验验收装备是军队装备部门对军事装备质量的“评价”和“分析”,是确定其能否交付部队使用的最后一个环节,是保证装备质量的强有力手段。检验验收工作通常在军工企业(承制单位)检验合格的基础上,由军方根据技术标准、产品图样和技术文件、订货合同等,独立进行,其结果对军工企业具有最终的强制性。对不宜独立检验的项目,如大型试验、互换性试验、可靠性试验、环境试验及费用较高的破坏性试验等,可与企业进行联合检验,但必须检查试验条件是否符合规定,并参加检验的全过程。

装备检验验收的内容包括外购器材检验、生产工序检验和成品验收检验。因此,在检验验收中,军方要牢牢把住原材料(含外购外协件)、半成品、成品三个“关口”。外购器材检验包括原材料的检验和外购外协件的检验。生产工序检验包括首件检验、重要部件检验和关键工序、工艺过程检验。成品验收检验(包括试验)是指在产品的零件、部件均经完工检验,已组装成产品成品(或大型成套产品完成各部套的生产)后,以验收为目的的产品检验活动,是成品出厂前的最后一道质量防线。

(五)组织技术服务

组织技术服务是指军队装备部门协助部队掌握新装备的使用、维修,并对装备质量进行跟踪的活动,是装备订购工作的最后一项内容。对于接收的新装备,部队往往不了解其特点和性能,不熟悉使用方法。因此,装备部门必须组织军工企业做好技术服务,使新装备迅速形成战斗力。

技术服务的内容主要包括四个方面:一是进行技术培训。根据上级主管部门下达的任务,在部队接收新装备之前,组织承制单位为部队进行新装备使用、维修和储存等方面的技术培训。二是提供维修服务。新装备首次交付部队后,配合承制单位为部队提供现场维修服务,并承担新装备所需配件的订购、验收和发运工作,以及部队零星需要的配件、因战备而急需的零配件的订购工作。三是实施技术质量跟踪。协助承制单位与部队建立质量信息反馈网络,收集新装备使用中存在的质量问题,及时向承制单位反馈质量信息,并提出改进建议。四是处理质量问题。新装备在使用中出现的成批性或性质比较严重的质量问题,军事代表机构会同承制单位共同提出处理意见,联合上报,批准后执行。

思考题

1. 简述军事装备科研的基本任务。

2. 为什么说装备的现代化改装并非装备发展的权宜之计,而是装备发展的有效措施?

3. 装备研制分为哪几个阶段,各个阶段工作的主体分别是谁?

4. 简述军事装备试验与鉴定之间的关系。

5. 简要描述军事装备试验鉴定工作中“性能试验—状态鉴定”“作战试验—列装定型”和“在役考核—改进升级”三个环路的主要内容。

6. 为什么说军事装备的国外订购是装备发展重要的补充途径?

第三部分

军事装备保障

第七章　军事装备保障的基础理论

军事装备保障是装备工作的重要内容,不仅影响战略战术的制定和运用,而且影响战争的进程和结局。做好装备保障工作,是保障部队完成作战、训练、执勤和其他各项任务的客观要求,对保持和提高军队战斗力具有十分重要的作用。研究军事装备保障,首先要厘清装备保障的概念、任务、作用,探讨装备保障思想与原则,研究装备保障的类别和方式,分析信息化战争装备保障的主要特点和要求等基础理论,打牢有效开展装备保障工作的理论根基。

第一节　军事装备保障概念、任务和作用

军事装备保障的概念内涵、任务内容以及地位作用是研究军事装备保障的起点,是构建军事装备保障理论体系的基石。

一、军事装备保障的概念内涵

军事装备保障,是为满足部队遂行各项任务需要,对装备采取的一系列保证性措施以及进行的相应活动的统称。[①] 从装备保障的概念可以得出以下几点:

第一,装备保障的目的是满足军事斗争和军队建设的需要。满足军事斗争需要,保障部队赢得军事行动的胜利,是装备保障最根本的目的,这是由军队使命任务决定的。而装备保障最常态的目的是满足军队建设需要,在保障军队战备、训练等任务的同时,加强装备保障建设,生成和提高部队战斗力和保障力。

第二,装备保障在本质上是一种保障性活动。装备保障主要通过采取一系列技术和管理的方法和措施,最大限度保持和恢复装备良好的技术状况,满足军队战备、训练和执行各项任务对于装备编配种类、数量及其战术技术性能的要求。装备保障与提供能源、物资补给的后勤保障一样,是一种保障性活动。因此在操作实施层面,装备保障有与后勤保障实施联合保障的趋势。

装备保障涉及范围广泛,已形成了结构严密、要素齐全、科技密集的整体系统。在层次上,主要包括战略装备保障、战役装备保障、战术装备保障。在军兵

---

① 李智舜,吴明曦. 军事装备保障学,北京:军事科学出版社,2009,第3页。

种上，主要包括陆军装备保障、海军装备保障、空军装备保障、火箭军装备保障等。在内容上，主要包括装备保障指挥、装备调配保障、装备维修保障等。在类型上，主要包括通用装备保障、专用装备保障。在时间上，主要包括平时装备保障、战时装备保障等。

二、军事装备保障的任务内容

装备保障的基本任务是统一筹划和运用装备保障资源，包括装备保障所需的人员、装备、设施、设备、器材、经费、技术、信息、资料等，采取多种保障方法和手段，保障军队作战、训练和其他军事行动任务的顺利完成。装备保障的主要内容包括装备调配保障、装备维修保障、装备保障指挥、装备保障建设等。

装备调配保障，即装备筹措、申请、补充、调拨供应、储备、换装、调整、交接、退役和报废等。主要包括：依据装备体制和编制，制定装备调配保障计划；合理调动和分配各种装备，建立齐装满编、系统配套的部队装备体制；建立装备储备体系，及时补充部队装备需要；适应部队任务变化，严格组织装备换装与调整；根据装备技术状况，适时组织装备退役和报废。

装备维修保障，即装备维护与检查、技术准备、修理与改装、维修器材筹措与供应、专业技术训练等。主要包括：立足装备全系统和全寿命保障，在装备研制生产、试验鉴定阶段，组织装备保障特性要求及验收准则论证、开展装备保障特性设计与验证、开展保障方案编制和保障资源开发等；[①]在装备使用服役阶段，组织实施装备维修保障计划和管理；组织装备维修保障力量，建立装备维修保障体系；运用现代科学技术和有效的保障手段，保持和恢复装备技术状况；形成和增强装备维修保障能力，保障部队遂行各项任务的需要。

装备保障指挥，即装备保障预测、决策、计划、协调和控制。主要包括：建立装备保障指挥系统，预测装备保障需求；确定装备保障目标，科学决策装备保障重点；统筹装备保障全局，制定装备保障规划计划；组织和运用装备保障力量，协调和控制装备保障行动。

装备保障建设，即组建、维持和完善装备保障力量体系，提高装备保障能力的各项工作和一系列活动。主要包括：确立装备保障力量体制编制和相关制度，建立完善装备保障组织体制；组织实施装备保障训练，培养、使用和保留高素质装备保障人才；组织实施装备保障设施与设备建设，为装备保障活动提供物质技术条件；组织装备保障信息化建设，提高基于网络信息系统的装备保障能力；组织实施装备保障战备，随时应对战争或其他重大事件；组织实施装备保障理论与

---

① 装备的保障特性，指与装备保障相关的通用质量特性，如装备的可靠性、维修性、保障性、测试性、安全性、环境适应性，装备的这六个通用质量特性，通常也统称为装备“六性”。

法规建设,科学指导和规范装备保障行动。

三、军事装备保障的地位作用

军事装备保障在军队建设和信息化战争中的地位和作用日益重要,准确理解军事装备保障的地位和作用,有利于提高对装备保障重要性的认识,推动装备保障创新发展。

(一)装备保障是装备建设的重要组成部分

装备保障贯穿于装备全寿命的各个阶段,是装备建设的重要组成部分。主要体现在以下两个方面:

一是在装备交付部队之前,通过装备保障特性设计,解决装备“高可靠、好保障”、可“保障好”等“优生”问题。即在装备论证阶段,提出装备可靠性、维修性、保障性等“六性”指标;在装备研制阶段,将装备“六性”设计指标要求通过分解、分配、预计等系统分析工作,转换为设计参数指标,经过评审后,形成不同层次、不同类型的“六性”技术规范,纳入合同有关文件之中,在装备设计研制中予以实现,并同步开展其保障系统的规划、设计和建设工作;在装备试验定型阶段,对装备“六性”进行试验、评价,验证装备是否达到“六性”技术规范中规定的要求,判明偏离预定要求的原因,确定纠正缺陷的方法。同时,对按保障资源编配清单配置的全套保障资源进行试用,对保障资源的品种和数量进行验证,考核保障资源的适用性和适配性,为其进一步改进提供依据,修订各类清单,最终形成保障资源的编配方案。

二是在装备交付部队之后,通过装备维修保障,为装备提供高效、高质保障,解决装备“优育”的问题。即在装备使用前,进行必要的技术准备与检查,确保其处于良好的技术状况;在装备部署使用过程中,进行维护保养,减少装备的故障率,进行临抢修和等级修理,恢复装设备功能和装备总体性能,进行改换装,实现装备作战能力的升级;在装备退役报废前,对装备进行技术鉴定,提出有关技术性建议,决定退役报废后的用途。

综上可见,装备保障是装备建设的重要组成部分,贯穿于装备的全寿命管理之中,并直接影响装备建设的总体效能。

(二)装备保障是形成、保持和提高部队战斗力的重要基础

通过装备保障,平时可使装备保持良好的战备状态,战时发挥其作战效能,并使受伤受损装备得以再生。因此,装备保障工作对于形成、保持和恢复装备作战能力,进而提高部队战斗力具有非常重要的意义。

第一,良好的装备保障能够尽快形成装备的作战能力。装备只有通过装备保障系统进行良好的维护、保养、排故和修理等保障活动,才能保持规定的完好率、在航率、配套率,从而发挥其应有的作战效能,形成作战能力。平时能够确保训练、战备、演习、出访等任务的顺利完成,战时则能够确保装备按需参战、按时参战。

第二,装备保障能够保持和恢复装备的作战能力。信息化战争使得装备使用强度增大,战争的破坏性和激烈程度加剧,装备故障和损伤的概率提高。据有关资料显示,现代海战中,主要作战舰艇的平均战损率可达到74%以上,其中严重受损的可占40%。而战中后方又很难及时补充新的装备,因此,要保持一定的战斗力,有效办法就是使战场损坏的装备再生,而能否使损坏的装备再生,主要取决于装备抢救抢修能力。比如,在海湾战争中,美国海军在海湾战区部署了16艘保障支援舰船伴随作战舰船航行,实施伴随保障,其中美国"吉生"号修理舰在3个月中就为80艘舰船完成了3000余项修理工程,同时抢修了被水雷炸伤的巡洋舰和两栖攻击舰各1艘。正是美国海军强大的舰船装备保障能力,使舰船装备保持了高战备水平和持续作战能力,满足了长时间海上战斗行动的需要,对保持海上战斗力起了重要作用。

(三)装备保障是决定战争时机、进程和胜负的重要影响因素

战争和作战的发起时间、样式、规模和展开范围等,主要取决于参战装备的准备情况和装备保障程度。战争的进程与胜负,也无不受到装备保障能力的制约和影响。

第一,确定作战发起的时机,必须考虑装备的供应和技术状况,以及为保证装备最高参战率而进行检测、维修、保养等所需的时间。现代海军舰船,技术含量高,必须定期进行维修保养,其全寿命由若干个"维修—训练—部署"周期构成。美国海军为执行其全球战略,确保对一定区域拥有持续威慑能力,于2003年提出了舰队反应计划(FRP),对航空母舰全寿命周期内的维修、训练、部署模式进行了改革,以使美国海军在任意时间节点上都能具备一种"6+2"的战备能力,即保持6个航母编队能够在30天内部署,同时2个航母编队能够在90天内部署。随着美国航空母舰数量规模发生变化,现役航空母舰的总数从12艘缩减到11艘,2007年美国海军又将FRP目标调整为"6+1"。美国航空母舰在部署之前,都要进行较长时间的维修和准备,以保持装备较好的技术状况,确保部署期间任务的完成。

第二,由于装备保障是战争直接现实的物质基础,因此将直接影响战争的进程。例如,英阿马岛之战中,英国距马岛7000多海里,阿根廷距马岛仅400海里,一般认为英军需较长的时间才能取得战争的主动权。事实上,英军的装备保

障能力非常强，在很短的时间内组织实施了对民用船舶的改装，仅用 3 天时间将 45000 吨级的“堪培拉”号客轮改装成运兵船，用一周时间将 67000 吨级的“伊丽莎白二世”号大型客轮改装成运兵船，用 10 天时间将 18000 吨级的“大西洋运送者”号集装箱船改装为飞机运输船，运载 20 架“鹞”式飞机出航。英国海军有力的装备保障，使短时间内海战场的力量发生了变化，极大地缩短了马岛海战的进程。

第三，装备的战场抢救抢修能力决定着敌我双方装备实力的消长，装备保障的好坏直接影响着战争的结局。比如，在第四次中东战争中，以色列凭借强大的装备维修能力在 10 天内抢修了战损坦克总数的 2/3，约 700 多辆，而阿方由于装备保障能力较弱，大量战损坦克不得不被遗弃在战场。以色列将修复的装备投入战斗，很快扭转了不利战局，最终赢得了战争的胜利。再比如，在 1942 年 5 月美日珊瑚海海战中，美国海军“约克城”号航空母舰受到重创，日军估计其数月之后才能重新投入使用。但“约克城”号在驶抵珍珠港后，仅经过 3 天紧急抢修就迅速恢复了作战能力，又重新投入到中途岛海战中，使中途岛海战美日航空母舰数之比发生重大变化，这是美军取得中途岛海战胜利的重要原因之一。

随着军事高科技和新型装备的快速发展，信息化军队建设和信息化战争对装备保障的依赖程度越来越高，装备保障的地位和作用日益重要。

第二节　军事装备保障理念与原则

军事装备保障理念与原则，是对装备保障活动规律的科学总结和理论概括，是装备保障基础理论的核心。遵循科学的装备保障理念，确立正确的装备保障原则，对于科学谋划装备保障全局，建立合理的装备保障体制，发展先进的装备保障手段，组织实施高效的装备保障活动具有十分重要的意义。

一、军事装备保障理念

装备保障理念的形成和发展，是军事装备发展、军队建设、战争形态变革及其对装备保障需求等因素共同作用的结果。

（一）深度融合保障理念

恩格斯曾经指出：“许多人协作，许多力量融合为一个总的力量，用马克思的话来说，就产生‘新力量’，这种力量和它的单个力量的总和有本质的差别”。①

① 马克思恩格斯全集（第二版）（第 26 卷），北京：人民出版社，2014，第 134 页。

随着军事斗争准备的不断深入和多样化军事任务的进一步拓展,一大批新型装备陆续列装部队,为快速提升我军综合作战能力奠定了基础。同时,以科技创新为主要手段的武器装备向信息化、智能化、隐身化快速发展,使得装备结构日趋复杂、保障范围更加宽广、保障难度持续加大、保障矛盾日益突出。在新的形势下,只有充分运用国家民用科技和保障资源优势,发挥工业部门雄厚的技术基础能力,广泛联合军内外装备保障力量,将军队和社会装备保障力量的各种要素高度融合在一起,使军队装备保障由自我封闭、自成体系、自我保障,转变为依托社会保障资源,形成深度融合的装备新型保障系统,才能尽早形成和持续保持高技术装备战斗力和保障力,这是装备保障的必然选择。

当前,引入地方保障力量进行装备保障也已成为了各国的普遍选择。例如,美国政府先后出台一系列重要法律、法规和计划,通过全寿命周期保障计划将军地维修保障力量完整地融入整个装备采办体系;完善装备维修组织管理体系,对军地保障力量进行有效的规划和管理;明确军地维修保障力量的职责和分工,同时加强财政预算管理,有效避免了重复建设;根据部队作战任务及部署需要,依托各方的力量和资源配置,在美国本土及全球范围较为合理地建立了维修保障基地,确保维修保障业务的高效率。

(二)精确保障理念

精确保障理念要求源于信息化时代装备保障实践。精确保障,是指充分运用信息化手段,精细而准确地筹划、建设和运用装备保障力量,在准确的时间、准确的地点为部队作战提供准确数量和质量的装备保障。概括地讲,精确保障就是使用最少的保障资源,满足最大的装备保障需求,以最低风险和代价达成最佳的保障效益。在精确保障思想的形成过程中,信息系统和信息化装备是基础,装备保障的高消耗和高价值是内因,信息化战争装备保障需求是牵引,信息技术发展和运用是动力。

要实施精确保障,第一,要精确掌控装备保障信息。及时、全面、准确地了解和掌握保障信息是组织实施装备保障的基础。第二,要精确运用装备保障力量。信息化局部战争,装备保障力量多元,保障关系复杂,只有精确使用各种保障力量,才能发挥整体保障的威力和效能。第三,要精确配送装备保障物资。充分利用信息技术、信息网络和现代物流理论,在战前和作战过程中精确预测装备保障需求,精确“可视”全部装备保障资源,灵活调遣装备保障资源,采取多种手段直达作战部队,主动地在需要的时间和地点为作战部队配送装备弹药器材。第四,要精确维修故障装备。运用智能化检测工具、故障诊断系统和快速修复技术,逐步实现装备故障诊断自动化、智能化,故障排除及维修程序化、模块化,在最短的时间内修复损坏装备,满足速战速决的作战需要。

美军遵循适时、适地、适量的“精确保障”理念，相继开展了利用先进信息技术实时或近实时掌控装备状态的“基于状态的维修保障”（CBM），利用先进网络技术提供技术物资支援和实施网络化指挥管理的“以网络为中心的维修保障”，利用新型供应链方式保障网络化、数字化战场的“感知与响应保障”（S&RL），利用机内测试（BIT）技术、健康管理（PHM）技术以及信息链系统实现装备维修主体前伸到装备自身的“自主式保障”（AL），以及由购买维修备件或维修服务到购买最终装备保障绩效转变的“基于性能的保障”（PBL）等一系列保障实践。

（三）联合保障理念

联合保障理念源于诸军兵种装备体系的保障实践。在保障单一装备的专业保障、部队建制装备的全系统保障的基础上，从实现并保持诸军兵种装备体系的整体作战效能出发，把与装备保障有关的全部内在和外在因素作为一个整体系统来考虑，应用系统工程的方法和手段来进行保障，以达到最佳的保障目标。

信息化条件下的诸军兵种联合作战，作战力量编成呈现多元化。以海上方向联合作战为例，作战力量不仅包括海军诸兵种，还包括火箭军、空军等其他军种力量，多元的联合作战力量分别使用不同的武器装备，其中既包含两个以上军兵种使用的通用装备，也包含各军兵种独立使用的专用装备，同一武器装备可能还分为不同的改进型号。

信息化条件下的联合作战，突出特征就是参战装备体系与体系、系统与系统整体对抗。衡量联合作战整体作战效能的标准，已不仅是单一或部队建制装备作战性能的高低，而是诸军兵种参战装备体系整体作战效能的发挥。因而客观要求参战装备体系必须齐装满编、系统配套、保持完整或相对完整，从而也使得装备保障的综合性、整体性要求更高。因此，必须把诸军兵种装备看作一个系统，对其实施系统保障。

要实施一体化联合保障，就是要以信息系统为依托，运用系统综合集成的方法，使各作战单元与陆、海、空、天、电各装备保障单元和装备保障力量、装备情报信息、装备指挥控制、装备物资储供、装备维修保障等保障要素高度融合，形成一体化联合作战装备保障体系，对一体化联合作战实施精确高效的综合保障。各军兵种装备保障要素、保障单元的综合集成并与作战单元的高度融合，是实现一体化联合保障的核心和关键。

海湾战争、车臣战争和伊拉克战争中，美军、俄军在部队独立保障的基础上，通过战区联合作战司令部的统一筹划、统一指挥和统一控制，组织实施了不同层次、不同程度的军兵种一体化联合保障。特别是在伊拉克战争后，美军及时总结经验教训，制定了新的《转型路线图》。其装备保障的主要思路是：淡化军种独立保障能力，强调联合保障能力；淡化大规模保障能力，强调快速保障能力。当前，俄军正推行跨军兵种的战区综合保障体制，建立军队与各强力部门的联合保障体制，逐步加大装备集中采购力度，从源头上推进联合保障。

(四)全寿命保障理念

全寿命保障理念源于装备全寿命过程综合保障实践。装备全寿命，是指装备从论证到退役处理的整个过程，通常分为论证、研制、试验鉴定、生产订购、调配、使用、维修、退役报废等阶段。全寿命保障，是在系统论思想的指导下，从装备全寿命过程方面，运用系统工程的技术和方法，来综合考虑装备保障问题。

全寿命保障，强调装备全寿命各阶段保障衔接。在装备论证阶段，要从装备使用保障需求出发，同步论证和确定装备保障要求；在装备研制阶段，要落实论证阶段所提出的各项装备保障要求，分析和研究装备保障方案；在装备试验鉴定阶段，要充分试验和验证装备与保障有关的特性，确保装备保障特性设计要求落到实处；在装备生产阶段，生产出的装备要符合装备使用与维修要求，同步制造或获取与新装备相匹配的各种保障资源，完善与优化装备保障计划，并做好接装准备，如初始人员培训、供应保障和技术资料等；在装备使用阶段，既要充分利用研制、生产中形成的特性和数据，合理、正确地实施装备保障，又要及时、准确地收集、分析保障信息，组织装备保障性分析、保障能力的评估，并反馈装备保障信息，从而改善装备的可靠性、保障性和维修性。

全寿命保障，强调装备全寿命费用。对于装备来说，除作战效能外，还应当重视经济性，即装备的采购、使用、保障应当是经济上可承担的。只有寿命周期费用才能真实地反映经济性，也只有寿命周期费用最小才是真正最经济的。现代武器装备越来越复杂，使得其使用与保障费用急剧上升，以致在装备的全寿命费用中，使用与保障费用大幅超过购置费用。据统计，典型战斗机的使用与保障费用占飞机全寿命的50% ~70%，驱逐舰占60% ~75%，装甲车占70% ~80%。然而，对于复杂装备，寿命周期费用中论证研制阶段的费用虽然仅占约15%，但论证研制阶段却直接决定了全寿命费用的绝大部分。因此，要在论证、研制阶段对不同方案的寿命周期费用进行估算、比较，使新型装备具有预期的“费用－效能比”。

二、军事装备保障的基本原则

装备保障原则是装备保障理念的具体体现，是筹划决策和组织实施装备保障活动的准则。新时代军事装备保障的基本原则包括：统筹规划、分级分类，战建一体、联合保障，深度融合、集约高效。

(一)统筹规划、分级分类

坚持统筹规划、分级分类的原则，就是要根据新的形势与使命任务的要求，着眼军事装备保障建设现状和未来发展的需要，采取自上而下、上下联动、点面结合的方法，加强系统论证，搞好总体设计，制定规划计划，科学确定发展方向、目标任务、方法步骤和落实措施，确保装备保障工作严格按照中央军委的决策部署，沿着正确的方向实施。统筹的是事关装备保障全局的重大问题，规划的是事关装备保障发展的方向问题。

坚持统筹规划、分级分类的原则，就是从军队建设的大局出发，树立全军一盘棋的思想，理顺保障关系，明确职责分工，加强相互协调，避免相互掣肘，实现各种装备保障力量、各种装备保障行动的有机结合，形成装备保障合力，发挥保障整体效能。

坚持统筹规划、分级分类的原则，就是要区分指挥权限和保障任务，在各负其责的基础上协调一致地行动。统分结合的装备保障体制，决定了要实行层级管理，最高装备部门主要负责宏观指导，制定装备保障的方针、政策、法规，重点研究、解决带有全局性的问题；战区、军兵种及时发现和研究解决带有普遍性、倾向性的问题；部队装备部门加强检查指导，抓好装备保障的具体组织工作并实施管理。

坚持统筹规划、分级分类的原则，就是要区分装备类型，制定科学策略，实施分类保障。军事装备体系庞大，种类繁多。按照装备在战争中的作用划分，可以分为战略装备、战役装备和战术装备；按照装备在各军兵种的使用情况划分，可以分为通用装备和专用装备，专用装备可以按照军兵种分为陆军专用装备、海军专用装备、空军专用装备、火箭军专用装备等。要实施科学的装备保障，就需要针对各类装备的保障特点，分类施策，以获得最佳的装备保障效能。

（二）战建一体、联合保障

坚持战建一体、联合保障的原则，就是要坚持战斗力标准，紧贴联合作战需要，围绕联合作战决心，根据联合作战任务、战场环境和作战行动对装备保障的需求，就近就便部署装备保障力量，全力组织装备保障，以确保联合作战的顺利实施。

坚持战建一体、联合保障的原则，就是要用辩证的观点看待“战区主战”和“军种主建”。“主战”与“主建”虽职责不同，但都统一于“能打仗、打胜仗”这一根本目标，要按照以战领建、以建促战的要求，破解装备保障战与建存在的突出矛盾，确保装备保障能力和部队战斗力建设齐头并进。

坚持战建一体、联合保障的原则，就是要统筹处理平时保障与战时保障的关系，以战时的需求牵引带动平时的建设，确保军事装备保障能力适应战时需求。同时，要通过平时的建设打牢战时保障的基础，在完成好平时军事装备保障任务的同时，积极探索保障组织模式，练好战时联合保障的内功。

坚持战建一体、联合保障的原则,就是要综合运用全军装备保障力量,将战区和各军兵种装备保障力量统一整合、统一部署、统一使用,合理布局和调配使用装备保障资源,建立与作战行动和装备保障任务相适应的装备保障部署,整体计划和协调装备保障行动,把握各种作战样式、各个作战阶段的保障重点,以适应诸军兵种联合作战的需要。

(三)深度融合、集约高效

坚持深度融合、集约高效的原则,就是要在战时根据联合作战装备保障的实际需要,迅速修订装备保障动员方案、制定利用地方装备保障力量的计划,积极动员和合理利用地方装备保障资源,如科研院所、工厂、企业等单位的技术人员、技术装备、设施、器材等,对已动员的地方装备保障力量进行统一分配、合理编组、归口使用,最大限度地发挥地方装备保障资源的效能,满足信息化条件下联合作战装备保障的需要。

坚持深度融合、集约高效的原则,就是要在平时建立健全装备保障的动员法规、完善装备保障的动员体制、制定装备保障动员方案、构建地方装备保障资源数据库,确保地方的装备保障资源在战时能迅速地转换为军队的装备保障能力。

坚持深度融合、集约高效的原则,就是要及时收集、掌握和分析各种信息,充分运用信息化技术手段,预测保障需求,预置保障资源,提前进行各项保障准备,实现在准确的时间、准确的地点,为准确的对象提供准确的装备保障。

坚持深度融合、集约高效的原则,就是要依据装备保障法规制度,运用科学的管理方法和手段,在确保完成装备保障任务的前提下,最大限度地减少保障资源的投入,以获得最大的军事与经济效益。

第三节 军事装备保障类别和方式

军事装备保障类别和方式,是在一定历史时期装备保障能力和保障关系的基础上产生的,是随着社会生产力的发展、科学技术的进步、军队作战需求和保障能力的提高,以及保障关系的变化而不断发展变化的。

一、军事装备保障的主要类别

按不同的标准和特征,军事装备保障有不同的类型区分。按保障层级,可划分为战略、战役和战术装备保障;按保障对象,可划分为通用装备保障和专用装备保障。

（一）战略、战役、战术装备保障

装备保障层级的划分，与作战指挥的层级相对应，可以分为战略装备保障、战役装备保障和战术装备保障。

1. 战略装备保障

战略装备保障，是军队统率机构统筹和运用装备保障资源，在战争准备和实施过程中所进行的装备保障，是军事装备保障的最高层次，是战役、战术装备保障的基本依托。战略装备保障主要包括五个方面的内容：

（1）进行谋划和决策。战略装备保障机构对装备保障工作全局进行总体筹划，并对这些全局性的重大问题作出决定。平时主要包括装备保障方针与原则的确立，装备保障政策和法规的制定，装备保障体制的改革与完善，装备保障经费的分配与使用，装备保障模式的建立与完善，装备保障能力的建设与发展等。战时则主要围绕战争中如何筹划与指导装备保障力量发挥更大的效能，更好地为作战提供装备保障来展开。

（2）制定规划与计划。战略装备保障机构制定规划计划，主要依据军事战略需求、军事装备建设规划计划、军事斗争准备需要等，解决新订购主要装备的配套保障问题，确定一定时期内主要装备的储备、调拨供应、使用、调整、维护、修理，以及装备的退役、报废数量，弹药的消耗、报废数量，配套的物资器材的补充、供应、库存等。

（3）实施指导与协调。战略装备保障机构为保证装备保障总体决策和规划计划的圆满实现，对全局性的装备保障行动进行指导与协调，重点是宏观把握装备保障质量，指导装备保障各项工作，不间断协调装备保障内外部关系，激发装备保障机构的内在动力，提高装备保障工作的质量和效率。

（4）实施监督与检查。战略装备保障机构对全局的装备保障工作实施监督与检查。监督和检查的重点是各级机关、部队、分队的装备保障工作落实情况，装备经费的预算、计划、分配、使用情况，以及装备保障物资器材的筹集、储存、保管、维护和发放情况等。

（5）实施保障与支援。战略装备保障机构根据军事战略意图和军事装备的现实情况，完成自身所担负的装备保障任务，并以一定的物质和技术力量，对战役、战术装备保障机构实施包括信息支援、物质支援、技术支援在内的各种支援。

2. 战役装备保障

战役装备保障，是战役军团筹划和运用装备保障资源，在战役准备和实施过程中所进行的军事装备保障，是战略装备保障与战术装备保障之间的桥梁和纽带。战役装备保障主要包括九个方面的内容：

（1）统一规划和组织实施战役军团装备保障建设，加强装备保障人员训练，增强战役装备保障能力。

(2)根据战役任务、战役决心、保障任务和上级指示,组织计划战役装备保障。

(3)掌握战役军团各类装备的数质量及其对装备保障的需求情况,为战役军团进行战役准备和实施提供准确的装备信息保障。

(4)对战役军团所需装备经费进行统一筹措和分配,并对部队装备经费使用情况进行监督。

(5)组织实施装备及其弹药、器材的筹措、储备、补充、换装、调整、退役、报废,以及申请、调拨供应、交接等。

(6)组织指导装备的正确使用,组织实施装备技术准备、技术检查、维护、修理、加改装和战场抢救抢修等。

(7)组织实施战场装备管理。

(8)组织实施装备保障防卫与通信联络。

(9)会同有关部门组织实施地方装备保障资源的动员、分配、使用和管理。

3. 战术装备保障

战术装备保障,是战术兵团筹划和运用装备保障资源,在战斗准备与实施过程中所进行的军事装备保障,是装备保障的基础环节,直接服务于部队。战术装备保障任务及其采取的相应措施,必须服从并服务于战斗行动,才能取得快速高效的保障成效,才能顺利达到预期的战斗目的。战术装备保障主要包括九个方面的内容:

(1)掌握本部队装备数量及技术状况,为战术指挥员定下决心提供装备信息和有关技术资料,提出装备保障报告和建议。

(2)根据指挥员的决心、装备任务和上级指示,拟制装备保障计划。

(3)组织装备经费的分配和使用。

(4)组织实施装备及其弹药、器材的筹措、储备、补充、换装、调整、退役、报废,以及申请、调拨供应、交接。

(5)组织指导装备的正确使用,组织实施装备技术准备、技术检查、维护、修理、加改装和战场抢救抢修。

(6)组织实施战场装备管理。

(7)组织实施战时装备保障防卫与通信联络。

(8)组织实施装备保障人员训练。

(9)会同有关部门组织实施地方装备保障资源的动员、分配、使用和管理。

4. 战略、战役、战术装备保障的融合

信息化战争,将是系统与系统的整体对抗,敌对双方将在陆、海、空、天、电一体化的战场实施多军种、多样式的一体化联合作战,战场空间广阔、流动性大,作战节奏加快,使战略、战役、战术三个层次的作战行动趋于一体,必然要求战略、战役和战术装备保障向一体化发展。同时,高新军事技术大量运用于装备,不仅大大提高了信息互联互通的能力,而且将大幅度提升战略投送与机动保障能力,为战略、战役、战术层次实现一体化保障创造了条件。战略、战役和战术装备保障的一体化,需要构成一个完整的由“信息流”和“物资流”有机结合、高效运转的装备保障链条,从而保证装备保障活动的顺利实施。

美军非常重视战略、战役和战术三位一体的保障体系建设,在战略层次,美军不仅在本土建有可靠的战略物资储备,而且还在海外建立了一定的战略预置储备(包括陆上预置和海上预置),同时还建立了一支强大的战略海上、空中投送力量,从而使其战略支援能力成为整个美军装备保障体系的强有力支撑和坚实基础;在战役和战术层次,美军在陆上编配了大量的运输直升机和越野机动能力极强的多用途轮式车辆,在海上编配了高速运输船只,对作战部队实施全方位、立体的直接前送补给和机动伴随保障,实现了战略、战役、战术装备保障的无缝链接。

(二)通用、专用装备保障

通用装备保障与专用装备保障,是装备保障的基本内容。区分通用装备保障和专用装备保障,实质上是对诸军兵种保障任务所进行的分工。

1. 通用装备保障

通用装备是指多个军兵种广泛使用,通用性、基础性强,或对兼容互通、技术体制统一要求高的装备。

由于装备保障体制和装备类别的划分不尽相同,在通用装备保障的组织实施上也不相同。对于通用性和基础性强的通用装备,其保障采用由最高装备部门统一拟制规划计划、指定主责单位负责科研订购、最高装备部门统一调配,各军兵种分别负责维修保障的模式;对于兼容互通、技术体制统一要求高的通用装备,其保障采用由最高装备部门统一组织拟制规划计划、主责单位负责科研,各军兵种分别负责订购、调配和维修保障的模式。

2. 专用装备保障

专用装备保障,是对专用装备所进行的一系列保障活动,与通用装备保障相对应。专用装备一般科技含量高,特殊功能强,专用装备保障对部队战斗力和保障力的生成与发展,具有重要的作用。

专用装备保障,实行由最高装备部门统一组织拟制规划计划,军兵种按建制系统分别组织实施的方式。对于两个以上军兵种使用的专用装备,科研由主用军兵种牵头组织,订购、调配、维修则由各军兵种分别组织实施。

为了提高专用装备保障的效益和效率,世界许多国家的军队开始逐步走联勤保障的模式,如在飞机的保障上,实行空军与海军航空兵联勤保障;在导弹的保障上,实行陆军、海军、空军三军联勤保障。

二、军事装备保障的基本方式

装备保障方式,是组织与实施装备保障活动时所采取的方法和形式。装备保障方式既包含组织与实施装备保障时的力量组织、部署和使用的形式,也包括保障活动中所运用的方法。

(一)建制保障

建制保障,是装备保障力量按隶属关系组织实施装备保障的方式,是装备保障的基本方式之一。采取建制保障时,装备保障力量和装备保障对象属于同一个建制系统,长期在一起相互协同和配合,相互之间保障关系清晰,保障对象固定,保障任务明确,组织实施方便。建制保障方式是军队战役军团以下各级组织实施装备保障的主要方式。在军队的编制中,战役军团以下各级作战部队通常编有建制装备保障力量,其主要任务就是对编制内的各部队(分队)提供装备保障。所以,按建制保障是军队战役军团普遍采用的装备保障方式。此外,对各军种专用装备的保障,通常也采取军种范围内按建制进行保障的方式。

(二)区域保障

区域保障,亦称划区保障,是装备保障力量按划分区域组织实施保障的方式。随着部队机动能力的提高,战时部队将进行频繁调动,如果按建制关系实施保障,那些远离建制保障力量的部队将难以获得及时的保障,会产生较大的保障延误;同时,战时非常紧缺的保障资源不能有效用于对其附近非建制关系部队实施保障,会造成浪费。因此,必须突破建制保障方式,按就近就便原则实施区域保障。

采取区域保障方式时,通常根据作战方向或地区划分若干保障区,在每个划定的区域编配一定的装备保障力量,并派出相应的装备保障指挥机构,负责对区域内所有部队或分队遂行保障。这种保障方式的特点是保障力量固定,而保障对象不定。保障力量与保障对象之间的关系是一种区域保障责任关系,即保障对象位于保障力量所负责的区域时,保障力量则负责为其提供保障;保障对象一旦离开保障力量所负责的区域,保障关系随即解除。这种方式是在战场范围较大的作战空间内实施装备保障的一种基本方式。

(三)固定保障

固定保障,是将装备保障力量配置在固定地点遂行装备保障的方式。固定保障主要是区域性、专业性装备保障机构,依托平时构建的固定保障设施和设备,承担高等级的装备维修、装备技术准备和区域性的弹药器材供应等较为复杂的装备保障任务。

这种方式主要适用于不能或不便于实施机动的装备保障机构。例如,按企业化方式组织的各种修理工厂主要采取这种保障方式;具有机动能力,但是进行装备保障时需要较为稳定的工作环境的装备保障机构,展开工作时也需要采用这种方式。其特点是工作环境比较稳定,易于进行一些较为复杂的抢救修理工作。但是,由于固定保障不能在装备现场遂行保障,因而保障的及时性和应变能力较差。特别是各种修理工厂,往往离战场较远,这个问题显得更为突出。同时,在现代战场上,采取这种方式进行保障的机构一旦被敌发现,较易遭到攻击,因此应加强对固定保障设施和机构的防护。

(四)机动保障

机动保障,是装备保障力量通过机动到达保障地点实施保障的方式。战时,由于部队频繁调动、大范围机动,要求装备保障力量能够摆脱对固定设施设备的依赖,尽可能地利用各种条件,随时进行大范围机动,实施机动保障。机动保障是战役军团以下各级装备保障力量遂行战场保障,特别是担负敌火力下装备保障任务的基本方式。

采取这种方式可以使保障力量最大限度地接近被保障部队和装备,缩短保障需求与保障行动之间的空间差和时间差,使保障及时有效,有较强的应变能力。但是,这种方式往往受战场环境条件的制约,难以保证稳定的装备保障工作环境;另外受保障装备性能和战场时空环境的影响,很难完成较为复杂的保障任务。频繁地在战场上机动,被敌发现概率也较大,而且机动中通常防护能力较差,因而遭敌杀伤的可能性也较大。这个问题对于位于己方部队前沿、直接在敌火力下进行保障的装备保障部队(分队)来说,显得更为突出。

机动保障中装备保障力量随同作战部队一起行动,直接为其提供保障的一种方式,称为伴随保障。这种方式可以最大限度地消除保障力量和保障对象之间的空间差和时间差,从作战编成和行动上实现作战力量和保障力量的一体化,可以提供最及时和最直接的保障。在保障部队长途开进、攻击等机动作战任务时,应尽可能采用这种方式。但是,由于作战和保障毕竟是两种不同性质的行动,其基本任务和对战场环境等条件的要求不同,因此,伴随保障只能在一定程度上得到应用。

(五)支援保障

支援保障,是支援其他装备保障力量实施装备保障的方式。从支援对象上分,支援保障主要包括五种类型:一是战略装备保障力量对战役、战术装备保障力量的支援;二是战役装备保障力量对战术装备保障力量的支援;三是不同战区装备保障力量的支援;四是不同军兵种装备保障力量的支援;五是地方装备保障力量对军队装备保障力量的支援。从支援内容上分,支援保障可分装备保障人力支援、装备物资器材支援、装备保障信息支援、装备保障技术支援。

技术支援是支援保障的重要方面,重点是装备维修技术支持。随着装备技术含量的全面提高和装备种类的增多,新型武器装备技术十分密集,智能化水平很高,装备保障需求差别大,专业性要求高,没有及时高水平的技术支援,就很难保证装备维修保障的顺利进行。

在实施方式上,一是组织技术支援力量现场支援。下级遇到无法解决的技术难题时,上级保障机构派出技术人员帮助诊断,提出解决办法。二是网络技术支援。运用网络技术、智能检测和诊断技术,将不同地点的装备与装备维修保障中心、装备承研承制单位及军事代表机构联系起来,进行“在线服务”,对武器装备进行远程故障检测、诊断,实行超视距、可视化技术支援。实际操作中,既可以由修理人员将现场的各种信息通过网络传至远程专家系统,请求技术支援,远程专家通过对战场传来的状态信息和故障现象进行分析,得出故障诊断结论,并将信息反馈给装备维修现场,指导现场维修人员进行维修,也可以由远程专家进行网上跟踪监视,实时指导。

(六)自主保障

自主保障是相对于支援保障而言的保障方式,指建制单位立足于自身的人员、物资、设备、技术资料等实施装备保障。

信息化局部战争具有突发性强、节奏快、参战人员少、战略与战役战术之间的界限模糊等特点,这在很大程度上决定了未来首战即是决战的趋势。在这种大背景下,一旦战争突然爆发,军方建制装备保障力量必须在获得支援保障前,尽可能保持和恢复装备的战术技术性能,为后续的装备保障赢得宝贵时间。特别对于海军舰船装备,作战区域远离母港基地,支援保障力量也只能在作战海区外集结待命,在未取得绝对的制空和制海权优势下,战斗进行中难以及时施救,作战舰艇的生命力和战斗力保持主要依靠舰员积极有效的战场抢修。

我国海军历来重视舰员自修能力的培养和提高,在“八·六”海战中,战斗英雄麦贤得正是凭借着在平时训练中练就的装备操作和维修硬功夫,在头部重伤的情况下坚持战斗三个小时,在几十条管道、千百颗螺丝中摸出一颗被振松的油阀螺丝,并顽强地用扳手拧紧,保证了机器的正常运转。大量的战例表明,部队若缺乏强有力的自主保障能力,是难以取得战争胜利的。

第四节　信息化战争装备保障特点和要求

信息化战争装备保障，是指在信息化条件下运用各种装备保障力量和资源对部队作战行动所实施的一系列保障活动，其特点和要求是由信息化战争的特点和装备保障本身的属性所决定的。信息化战争使军事装备保障面临着保障范围广、保障任务重、保障时效强、保障要求高等特点，致使传统的保障观念、理论、模式、技术和指挥等方面都面临着新的挑战。

一、信息化战争对装备保障的影响

信息化战争对装备保障有着特殊的要求。信息化战争在理论、作战样式、部队编成发生革命性变化的同时，对未来装备保障的影响也是巨大的。它将从根本上改变传统的装备保障方式，引起装备保障方面的深刻变革。

（一）信息化战争使装备保障战略适时调整

装备保障战略直接受制于军事战略，并为军事战略服务；而军事战略的发展变化，必然引起装备保障战略的发展变化。以信息技术为核心的新军事变革，是人类文明有史以来影响最广泛、最深刻的一次军事革命。就像核武器出现后军事战略出现“核化”趋势一样，现在的军事战略也出现了“信息化”趋势。必须根据信息化战争战场环境特点和装备发展现状有重点、分阶段地发展军事装备保障。整体规划，全局运筹，确保重点，积极发展信息主导型武器装备及与其相配套的保障装备以提高装备保障的信息化、自动化和智能化水平。

（二）信息化战争使装备保障重心围绕制信息权展开

与冷兵器时代和火器时代装备保障不同，信息化战争交战双方所进行的角逐主要体现在信息和信息化装备的对抗上。各种武器的能量都是在智能系统产生的信息控制下释放出来的，整个战争机器的运转主要依赖于信息源，谁夺取了制信息权，谁就将拥有战场主动权。因此，信息化战争装备保障必须紧紧围绕制信息权展开。即由过去机械化战争以供应弹药、器材和实施机械维修为主，向以供应信息化装备软硬件及其零配件、维护信息化作战系统正常运转、提供信息化装备维修保障方向转化。

（三）信息化战争使装备保障方式发生根本性转变

信息化战争是非线式作战，多点、多向、多种样式作战交织进行，其“动态性”特征改变了装备保障的时空观。战场无处不在，外线与内线、前线与后方的分界将日渐模糊。机械化战争中那种以陆军为主、逐级前伸的平面线式保障方式已不适应未来信息化战争的需要。装备保障要适应全纵深、全方位、全天候的战场环境,就必须具备直达保障、远程保障的能力。直达保障是保障过程中的信息化和投送装备机动能力提高的结果;而远程遥控保障则是多媒体技术在装备保障领域应用的产物。两者在未来信息化战争中的广泛应用,将对装备物资器材实时准确调用、武器装备智能维修产生革命性影响。

(四)信息化战争使装备保障趋向一体化

从指挥体系上看,参战力量的多元化决定了保障力量的多元化。传统的树状指挥控制体系,将被网状指挥控制体系所取代,各军兵种之间的界限将逐渐模糊,成为一体化联合作战方式。作战力量的一体化和武器装备的横向一体化导致装备保障向一体化保障方向发展。装备保障一体化包括横向一体化和纵向一体化两个方面。只有建立联合作战装备保障指挥体系,打破各军兵种条块分割、自成体系、自我保障的“烟囱”式保障模式,变“单一空间、逐级、独立”保障为诸军兵种“多点全维聚焦、联合、超越”保障,把社会保障力量和作战部队的保障力量从全局上优化配置和使用,才能达成全方位一体、全过程一体、全纵深一体的装备保障格局,最大限度地发挥装备保障系统的整体保障效能。

(五)信息化战争使装备保障信息化进程加快

信息化战争以信息化装备平台为载体,以陆、海、空、天、电一体化的信息链接和信息技术运用为支持,以夺取信息优势为主要对抗目的。保障对象信息化程度的不断提高,要求装备保障信息化的大力支持,从而牵引和推动着装备保障信息化建设快速发展。同时,随着信息化战争实践的不断丰富,人们对信息化战争的认识更加全面、深刻,这必将催生信息化装备保障理论的诞生,推动装备保障理论走向成熟,在信息化条件下新的装备保障理论的指导下,军队装备保障信息化建设将会走上快速发展的道路。

二、信息化战争装备保障的特点

信息技术在军事装备上的广泛应用,使军事装备的作战效能显著增强。使用信息化装备,打赢信息化战争,导致作战思想、作战样式发生深刻变化,由此引发装备保障一系列变革,呈现出许多新的特点。

(一)保障力量多元,指挥控制复杂

诸军兵种一体化联合作战是信息化战争的基本作战样式。未来遂行的信息

化战争，不可能再是以往以陆军为主的协同式作战，而必然是诸军兵种一体化联合作战。与参战部队类型多样相适应，战场装备保障力量也必然多元构成，并以多种保障行动满足各作战集团装备保障需要。战场装备保障力量既有军队建制内的装备保障力量，又有地方的装备科研机构、制造（修理）工厂和有关院校的保障力量，专业门类多，技术性强，来源广泛，多元组合。对所有参战部队，既要实施通用装备保障，又要实施专用装备保障；既要组织协调战场各作战部队的装备保障关系、通用与专用装备保障关系，形成上下紧密衔接、三军一体的保障体系，又要组织协调装备部门与参谋、政治工作和后勤部门的关系，创造良好的战场装备保障外部环境条件，还要组织协调与国家动员机构、军工企业、地方支前机构的关系，发挥人民战争的保障潜力，将装备保障力量的“要素优势”转化为“能力优势”，组织指挥十分复杂。

（二）装备需求递增，保障任务繁重

信息化战争的巨大消耗和战争持续时间的短促性，决定了作战装备物资需求量在短时间内急剧增加，即在单位时间内消耗的装备物资数量呈急剧增大的趋势。它是作战手段和作战样式变革的直接结果。首先，随着武器装备性能的不断提高，战争消耗已不只是传统的枪、炮和弹药，而更主要的是技术密集、造价昂贵的高精尖武器装备，这就使作战物资消耗量不断增大。其次，“无限制”集结兵力武器争夺优势，使物资消耗剧增。信息化战争中，作战双方都为确保主动而不遗余力地加强兵力，使得战场对抗异常激烈，战争消耗急剧增加。最后，战争节奏的加快、战场破坏性增大等特点也加剧了战争的需求，从而提高了物资消耗速度。而且由于参战军兵种多，装备类型多、性能复杂，再加上战场空间的不断拓展，作战部队机动频繁、跨度大，补充要求急、时效性高，任何一个保障环节跟不上，都有可能降低部队的整体作战能力。所有这些，加剧了装备物资补充的困难，装备保障任务极其繁重。

（三）装备技术高新，保障难度增大

信息化战场大量高技术武器装备的使用，使得装备保障面临严峻的挑战，保障难度显著增大。其一，信息化战争装备保障的对象、内容和环境具有技术密集的特点，装备保障的战场环境也必将发生重大变化。以信息化武器装备为代表的高技术武器装备涉及微电子技术、计算机技术、人工智能技术、光电技术、新材料技术、隐身技术等。因此，信息化武器装备保障的内容具有多样化的特征，保障范围广，保障难度大。其二，信息化武器装备自身的性能特点，决定了对保障有更强的依赖性。信息化武器装备技术密集、结构复杂、整体性强、精确度高。

所具备的功能越多、性能越高，其结构、技术、系统越复杂，满足武器系统整体可靠性要求的难度也就越大，保障实施极为复杂。其中，信息化战争高强度、快节奏的特点，对装备保障的时效性提出了更高的要求。在高度透明的信息化战场中，由于敌对双方都十分重视对高技术武器装备的打击，必然使装备的损坏率大大提高，保障任务空前加重，保障难度进一步增大。

（四）战场空间立体，环境复杂多变

高技术武器装备具有全纵深、全时空、全天候的精确打击能力，打击对方的装备保障活动，破坏对方的装备保障潜力，已成为达成战略战役目的的重要手段。战场装备保障机构作为维持部队战斗力的重要因素，必将成为敌重点打击的目标。一是战场装备保障机构面临硬杀伤威胁。各种高技术侦察情报系统的综合运用使装备保障机构目标的透明度增大，传统的隐蔽伪装手段难以达到目的，加之精确制导技术的发展，装备保障目标一旦被发现，就意味着被消灭。敌人对装备保障目标的破坏贯穿于战争的全过程，持续时间长，手段多，规模大，装备保障力量和资源遭受损失的程度要比过去的战争更加严重。兵力机动能力的提高，增大了部队的灵活性，使装备保障目标遭受敌纵深兵力突击的可能性进一步增大。二是战场装备保障机构面临软杀伤威胁。装备保障数据库既是重要的装备保障资源，也是装备保障赖以运转的信息源。因此，装备信息数据库内容的更改和丢失，将给装备保障造成重大损失，甚至是无法挽回的损失。由于信息在装备保障中的地位作用日益突出，交战双方都非常重视运用多种手段制造信息阻塞、信息欺骗，攻击对方装备信息系统，使装备指挥自动化系统瘫痪概率明显上升，造成各级指挥机构之间、各保障部队（分队）之间信息中断，失去装备保障指挥能力。来自软硬两方面的双重威胁，使得战场装备保障环境急剧恶化，装备保障力量战场生存能力面临巨大威胁。

（五）保障手段智能，保障日趋精确

信息技术的发展及其在装备保障领域的广泛应用，使信息资源共享成为可能，网上保障、远程维修、可视化保障等保障手段不断涌现，装备保障日趋精确。利用信息采集、处理和可视化技术，一方面，战场装备保障人员可以随时了解战场各作战集团的保障需求，并且可通过计算机模拟，预测未来一段时间内的保障需求变化；另一方面，战场指挥人员也可以通过信息网络系统，准确掌握战场装备储备情况和装备保障部队的部署情况，可对装备保障过程进行实时监控，根据不断变化的情况，适时修订保障方案，从而在保障活动中最大限度地避免盲目性，实现适时适地适量保障。在信息化战争中，通过实施精确保障而改变传统的

保障方式和手段，通过信息流、人员流、物资流的有效控制和有机融合，实现装备保障由前沿存放型向定点投送型、数量规模型向速度效益型、被动补给型向主动配送型的转变，从而成为争夺战场综合实力的“倍增器”和提高战斗力的有力“杠杆”。

三、信息化战争装备保障的要求

信息化战争对装备保障提出了新的要求，要为未来信息化战场提供强有力的装备保障，必须积极推进装备保障信息化建设，向信息化要装备保障力。装备保障建设作为提升军队战斗力的重要保证，应着眼军事变革的新要求，从整体上向信息化转型。从发展趋势看，装备保障建设转型主要是由应对一般机械化战争向打赢信息化战争转变；由相对分散、功能单一的装备保障体系向集约合成的保障体系转变；由数量规模型的保障队伍向质量智能型的保障队伍转变；由组织常规技术保障向组织高新技术保障转变；由传统的保障模式向信息化的保障模式转变。

（一）一体化保障

一体化装备保障，即以一体化联合作战需求为牵引、以军民一体化社会保障为依托、以信息网络技术为主体支撑、以综合集成为主要方法，通过建立一体化的装备保障指挥机构，对各军兵种和地方保障力量实施集中统一指挥和综合协调，从而实时准确地获取、传递和处理作战需求和保障信息，实现保障诸要素的高度融合及与作战要素的无缝链接，提高整体保障能力和保障效能。其核心是一体化联合作战装备保障行动的统一决策、计划、组织、控制和协调。本质是诸军兵种一体、军地一体、前后方一体、战场多维空间一体。装备保障体系一体化是打赢信息化局部战争的必然选择，也是提高军队一体化联合作战装备保障能力的根本途径。

要推进装备保障向一体化方向发展，一方面要根据信息化战争的需要，构建紧密衔接的军地一体、平战一体、三军一体的装备保障系统，对各军兵种作战力量实施装备保障，充分体现“整体保障，聚焦支援”的思想。另一方面，战略、战役、战术各级装备保障要素也将联成一个统一的整体。通过科学的统筹优化，适度有效地超越某些中间环节和层次，最佳合并同类因素，达成全方位一体、全过程一体、全纵深一体的装备“大保障”格局，最大限度地发挥装备系统的整体保障效能，提高信息化条件下一体化联合作战装备保障能力。

（二）综合化保障

综合化保障，是运用新的装备保障理论和观点，调整机构职能，减少中间层次，充实保障实体，完善运行机制，以实现精干、合成、高效的要求，提高装备保障应急机动能力、综合保障能力和整体保障效能，建立满足未来战争需求的综合化装备保障体系。美国国防部提出“一体化持续维修”概念将所有装备保障工作在直接保障层展开。俄罗斯提出建立综合技术保障体制的设想，在各战区内建立综合性维修中心，以及时修复各种类型的武器装备。一些国家军队在建制保障与划区保障相结合的基础上，更加强调发展区域化保障。在装备保障力量建设上，强调野战部队装备保障编组合成化、职能综合化、运用“积木化”实现装备保障部队（分队）编成由单一功能的专业型向多功能的综合型发展。

装备维修体制是装备保障体制的一个重要组成部分。未来的装备维修将是体制一体化和维修作业专业化兼行，体现出装备保障的综合化。维修体制一体化有利于装备维修保障力量的集中指挥管理与协作和专业化作业，可以保证维修的优质高效。如苏军在20世纪80年代初对陆军进行了一次大的改编后，除总部、方面军、集团军仍保留了坦克装备保障独立、其他装备纳入后勤系统的双轨制外，在坦克、摩托化步兵师、团两级，建立了以原坦克装备保障系统为基础的一体化维修体制，各种装备的修理，由师、团技术副指挥员统一组织实施，师、团所属修理分队内部，则按装备类型，分别编制对口修理的专业分队。美军长期以来一直在后勤系统内实行一体化的装备维修体制。由于美军武器装备日益高技术化和复杂化，尤为强调维修作业的专业化。1982年颁发的美国陆军野战条令（FM701－587）第17条规定其“陆军部队编制的维修分队……应力求专业化，换言之，其组织形式须便于完成某些武器装备的专门维修任务。”为此，美军各级维修部队（分队）内部编制有更多的与不同类型装备对口的维修单位。

（三）社会化保障

信息化战争装备保障所需人员在数量和质量上都越来越高，仅靠军队建制内的保障力量难以完成大量繁重的保障任务。因此，建立社会化保障体制，实施社会化保障是做好装备保障工作的一项重要措施。装备保障社会化充分利用军队保障与社会经济诸多方面可以相互替代、相互转换、相互支援的特性，加强军队保障与社会经济各个方面的横向联系，平时可以谋求利军利民的综合效益，战时能把寓于国家经济中的装备保障潜力迅速转化为军队装备保障实力。社会保障力量的加入，不仅可以节约军方在装备物资储备和人员培训等方面的开支，也可以大大提高地方承研承制方的经济利益。

实施装备保障社会化，要以完善装备保障动员法规为依据，以军民兼容的修理网络、物资器材储备系统和运输网络为基础，以预备役装备保障部队（分队）为骨干，这样才可能真正实现装备保障的社会化。

为了保障民间力量的有效利用，外军制定规划和计划，设立专门机构，加强与民间机构和部门的联系。日本自卫队要求积极利用强大的地方装备保障力量，建立补给、维修、回收、输送等以地方力量为主体的装备保障体系。日本自卫队以军工企业为核心，建立起新的军地合作的装备保障模式，将海军、空军部分基地级装备保障业务委托给地方企业承担，装备保障呈现出多样化的军地联修联供合作形式。

美军把筹措和充分利用民间资源，增强装备保障能力，作为对战区、战役的重要要求之一。美国国防部提出的“供应商直接交货计划”，由供货商向国防部各用户直接交货，大大减少国防部库存，同时将其全部通用装备保养工作的28%交给军外经营。印军的装备保障除边远地区由军方实施外，其他地区均由社会力量实施保障。

（四）智能化保障

信息化战争中，作战形式多样化和装备保障信息化，要求装备保障手段向智能化方向发展。保障手段智能化就是适应信息化战争全维对抗、体系对抗、信息对抗和技术对抗的特点，依托军队指挥自动化系统和信息化战场环境，以自动化检测、修复为主体提高装备保障能力。充分利用现有军用和民用技术，抓好高新科技成果的吸收引进和自主创新，以智能化、通用化、系列化和组合化为发展方向，研制多功能、野战化、智能化的保障装备和抢修工具，逐步实现指挥手段、检测手段、抢修手段、管理手段的智能化，全面提高装备保障的整体效能。

世界各国军队都十分注重吸收最新科技成果，改进保障手段，使保障技术、保障装备与作战装备相适应，提高装备保障的预见性、连续性、灵活性、应变能力和自动化水平；使保障装备与作战装备同步发展，实现保障装备系统配套，强调提高技术保障装备的机动能力、防护能力和多功能水平。一些发达国家提出保障装备要具有与作战装备、后勤装备同等的机动能力，大力发展高机动性保障装备，并实现保障装备的车载化、方舱化和集装化。同时，重视提高保障装备的防护能力，积极发展弹药、器材等补给装甲车、装甲抢救车、装甲修理车等保障装甲车族，以提高防护能力。对于野战维修装备，包括抢救装备、修理装备和诊断检测设备，外军历来十分重视。由于轮式保障车辆已不能适应装甲机械化部队快速机动作战的需要，一线保障车辆与战斗装备同步实现了履带装甲化。可以预见，随着野战维修技术的发展，高效能、多用途和系列化的抢救、抢修车辆将大量用于未来战场，先进的电子诊断检测设备将更普遍地应用于野战维修。今后，保障装备将更多采用高新技术，标准化、通用化、系统化程度将大为提高，具有与作战装备同等的机动能力和防护能力。

（五）精确化保障

信息化战争的特点，客观要求装备保障必须实施精确保障。信息技术的快速发展和广泛应用，数字化部队和数字化战场的建立，使精确保障成为可能。装备保障方式转向精确化，其实质就是用最小的保障资源，满足一定的保障需求，获取最大的保障效益，达到最佳的效费比。装备保障精确化是一种全新的装备保障方式，它是信息时代的产物，是装备保障信息化发展的必然要求。

装备保障精确化是适应信息化战争对武器装备系统实施精确保障的必然要求。过去实施装备保障，通常采用把一切现有保障器材、备件，按计划基数送往作战部队的办法，大量的保障器材、备件聚集于战场上，极易造成损失和浪费。而在信息化战争中，以信息技术为核心的高新技术手段充分得到运用，实现战场数字化、网络化，使供应保障系统可随时了解作战部队的需求，精确掌握装备物资储备情况和装备保障力量的部署情况，并可对装备保障过程进行实时监控，根据不断变化的情况，适时修订保障方案，进行精细而准确的筹划，合理地运用装备保障力量，在精确的时间、精确的地点为作战部队提供数量准确和质量优良的装备保障，最大限度地节约保障资源。

（六）快速化保障

信息化战争中，装备保障的快速性主要表现在两个方面：一是单位时间内集结或保持装备规模（数量与质量）是夺取胜利的物质基础，装备保障必须做到快速；二是战争进程快、强度大，在有限的时间和空间内，对部队适时、有效地进行装备物资的供应与维修保障是保持部队战斗力的重要保证。因此，需要通过缩短装备物资补给订货与运输时间，减少装备维修时间，精确库存量等措施，有效提高保障效率，并依托网络提高战场装备物资的分发速度使装备物资在积极主动的控制下经由分发网络快速流动，绕过传统的库存环节，从起点直接送达战斗部队手中。

思考题

1. 简述军事装备保障的主要内容。
2. 试述军事装备保障对提高部队战斗力的重要作用。
3. 什么是装备精确保障，如何实现装备精确保障？
4. 军事装备保障应当遵循什么原则？
5. 试分析战略、战役、战术装备保障一体化的趋势。
6. 信息化战争装备保障有什么特点？

第八章　军事装备保障的主要工作

军事装备保障是部队装备工作的主体,是保持和恢复部队战斗力的根本保证。通常通过装备调配保障为部队配备体系完整、配套齐全、适量顶用的武器装备,通过装备维修保障及时恢复装备良好技术状况,通过装备保障指挥组织协调装备保障行动,通过装备战备工作保持应对战争和突发事件的能力,通过装备保障训练提高保障人员队伍能力素质。装备保障各主要工作相互衔接、有机结合,共同确保装备保障效能的有效发挥。受篇幅所限,本章主要探讨装备调配保障、维修保障和保障指挥等工作。

第一节　军事装备调配保障

军事装备调配保障的范围广、内容多、任务重,组织实施的难度大、要求高。组织实施科学高效的装备调配保障,是高技术条件下部队建设、训练和作战的客观要求,对保持和提高军队战斗力具有重要作用。

一、军事装备调配保障的概念内涵

了解掌握军事装备调配保障的基本概念、主要依据和基本要求,研究分析军事装备调配保障的客观规律和特点,是精心计划、充分准备、周密组织军事装备调配保障的基础。

(一)基本概念

军事装备调配保障,是为保持部队装备齐全配套所进行的一系列装备保障活动,主要包括装备分配、调整,装备退役、报废与处理等活动,是装备保障的重要组成部分。

军事装备调配保障主要任务,是科学配置军事装备资源并发挥其最佳军事经济效益,保持装备的在编率、配套率,保障部队战备、训练和作战的需要,保持和提高部队战斗力。

(二)主要依据

军事装备的调配保障受多种相关因素的影响,其中装备体制、部队编制、担负任务、装备实力和保障能力等因素具有更为直接的影响。

1. 装备体制

装备体制是军队在一定时期内装备总体结构制式化的体现,在总体上规定了装备编配的种类及相互之间的比例构成。它既规定已列编装备的型号、配备单位,也规定拟列编装备的种类、单位和时限,还规定一定时期内重点发展和编配的装备类型、单位等,全面反映了一定时期的装备需求。因此,装备体制是装备调配保障的基本依据。

2. 部队编制

部队装备编制则明确了各类部队的装备编配种类和数量,具体反映了各部队不尽相同的装备需求,属于军队的微观编成。编制就是法规,部队装备编制具有很强的权威性和规范性,一经正式颁发,各部队装备的调配保障,都必须据此严格执行。

3. 担负任务

部队担负的任务不同,决定了对装备的需求不同。主要体现在两个方面:一是军兵种各自作战任务的需求。在不同的空间领域作战,各军兵种所配备的专用主战装备不尽相同,如海军舰艇部队的主战装备是水面舰艇、潜艇,空军航空兵主战装备是作战飞机,陆军机械化步兵主要是坦克、装甲车和自行火炮等。二是多样化军事任务的不同需求。在完成多样化军事任务中,作战行动装备使用的数量多、强度大,损耗严重,装备补充供应的需求和保障难度远远高于平时。因此,军事装备调配保障必须依据任务需求,科学制定需求计划,有效搞好装备资源的合理配置,保障部队执行任务的需要。

4. 装备实力

装备实力是指部队实际编配的装备的数量、质量、分布、增减变化和所属单位情况等,是各级机关部门计划决策和进行宏观管理的重要依据,是拟制军队装备管理、装备保障、装备训练、装备发展计划的基础。装备调配保障需要根据装备实力数据,摸清装备底数,分析部队实际装备数量、质量与体制编制、任务需求之间的差别,优化装备编配布局,从而科学合理地进行装备的分配、补充、调整和更新。

5. 保障能力

装备作战效能的发挥,离不开装备保障能力,部队装备实际保障能力,也是实施装备调配保障的依据之一。首先是装备调拨供应保障能力。财力和生产能力直接制约着装备的筹措和储备,装备的储备布局、种类、数量及储备、输送条件制约着装备补充、供应,尤其对战时装备调配保障的组织计划、实施方式和保障效率有着十分重要的影响。其次是装备维修保障能力。维修保障能力是以一定的维修保障设施设备、保障力量等为基础的,保障能力在一定时期存在上限。编配超过部队维修保障实际能力的装备,会使得编配的装备难以得到有力的保障,从而影响战斗力的生成和保持。因此,军事装备调配保障必须以实际保障能力为依据。

(三)基本要求

军事装备调配保障既要遵从军事资源配置的一般规律,又要突出自身特点,严格落实各项要求。

1. 统一计划、分级实施

统一计划、分级实施,是对装备调配保障的组织实施要求。统一计划,就是按照统一计划筹集、储存、分配、调整装备物资,使装备分配与调整协调有序。分级实施,就是根据统一计划,按照职责分工,逐级实施装备调配保障。

2. 突出重点、统筹兼顾

突出重点、统筹兼顾,是对装备调配保障的运行策略要求。供需矛盾是装备调配保障的基本矛盾。解决这一矛盾,必须分清主次急缓,把握重点、要点,即关照重点对象、重点内容、重点时节、重要阶段、重要行动,集中力量保重点;视情适时调整重点,确保重点急需。同时做到统筹全局,兼顾其他。

3. 优化结构、系统配套

优化结构、系统配套,是对装备调配保障的整体协调要求。现代装备是由多种装备构成的相互依存、互为补充、有机结合的整体系统,装备分配与调整必须按照各种装备在整体系统中的地位、功能、作用,按照系统性、配套性、层级性要求组织实施。

4. 科学预测、及时精确

科学预测、及时精确,是对装备调配保障的效率效益要求。必须运用先进手段,对装备需求进行科学预测,全面分析、综合平衡需求与可能,以适当的人力、物力、财力,在适当的时间内,为部队提供适量的装备,提高装备调配保障的效率效益。

二、军事装备的分配与调整

军事装备的分配与调整,是装备调配保障的重要内容。装备的分配与调整要统筹兼顾部队需要与保障可能,最大限度地缓解供需矛盾,满足部队的需求,就必须综合分析相关的影响因素,遵循装备分配调整的基本要求,按照法规制度明确的程序组织实施。

(一)主要内容

装备的分配与调整,包括装备的请领、分配、调整、调拨供应、交接、周转等主要内容。

1. 装备请领

装备请领,是为保障军队遂行作战、训练等任务,下级向上级提出有关装备分配、调整等的申请,是军事装备分配与调整的重要内容之一。

部队请领装备,应当根据本单位的编制、现有装备的数量和质量、执行任务的需要等情况,制定装备申请计划。请领正常需要的装备,拟制年度装备申请计划;请领执行作战或者其他紧急任务需要临时补充的装备,拟制临时装备申请计划。装备申请计划需要按照隶属关系逐级上报。

2. 装备分配

装备分配,是为满足部队装备需要而进行的装备配给活动,是装备分配和调整的重要内容和环节。

装备分配,通常以计划下达的方式逐级实施,遇到有紧急情况时,可以越级实施,但应当及时通知有关单位。最高装备部门和军兵种按照权责分工,依据装备体制、部队担负任务、装备实力,统筹考虑部队装备数量质量、请领需求、装备库存和保障能力等,拟制年度装备分配计划,按照规定程序报批后下达。其他各级单位则严格根据上级下达的装备分配计划、所属部队的申请和任务需要等情况,制定本级装备分配计划,并报上一级备案。对于因作战、战备、训练和其他任务急需的零星装备分配,可以由相应级别单位先行组织,同时按照程序报批。

3. 装备调整

装备调整,是指对装备实体实施调动,改变装备编配的隶属关系及装备的管理、使用权隶属关系的活动。

装备调整以制定、下达调整计划并组织实施的方式进行。装备调整的时机主要有以下三种:一是当部队编制调整时;二是当部队任务转换时;三是当部队装备配备不合理时。部队综合考虑上述三种时机,拟制年度装备调整申请,按隶属关系逐级上报。装备调整计划区分主要装备和其他装备,以及装备调整范围,分别由最高装备部门和各军兵种按照程序报批下达。计划下达后,各级单位应当根据上级下达的装备调整计划和任务需要等情况,制定本级装备调整计划并报上一级单位备案。零星装备的调配,与零星装备分配相同,可以由相应级别单位先行组织,同时按照程序报批。

4. 装备调拨供应

装备调拨供应,指依据装备分配、调整计划,将装备从储存地(生产地)配备到部队的活动,是装备分配与调整的重要环节。

装备调拨供应,要严格依据计划,履行调拨、供应、交接手续,明确装备品种、数量、质量及配套标准和要求,按照就近就便、集约高效的原则组织实施。装备调拨供应,需要统筹使用军地物流资源。为了使部队更好地聚焦训练、战备和各项任务，通常由仓储单位或者供应商直接供应至计划明确的装备分配单位，使用军队物流体系时，则通常由接装单位组织相关勤务。部队执行作战等任务所急需的装备，主要由仓储单位或者供应商采取前送方式供应，条件具备时也可以由任务单位自行接装。

5. 装备交接

装备交接，是指装备改变隶属关系之前，对准备改变隶属关系的装备组织移交和接收的工作，是装备分配与调整的重要环节。

装备交接的时机包括：一是部队接装，其中大量的是从各仓储单位领取，也有直接从供应商接装，还有的到装备调出单位领收；二是本级单位向所属单位和人员配发；三是本级单位的组织和人员发生变动时，包括使用、管理、修理等单位的组织和人员变动。

装备交接应当办理书面交接手续，交接装备的品种、数量、技术状态、质量状况以及器材、工具、附件、资料等，应当齐全、完整、清楚。

6. 装备周转

装备周转，是指为了缓解装备生产、供应、修理周期与部队训练和执行任务需要之间的矛盾，而按照规定在装备编制数量之外掌握部分装备，并进行定期维护和轮换的活动。

建立装备周转库存的目的是减少因装备生产、供应、修理需要一定的时间，而带来的部队实有装备的周期性波动。部队可以在因生产、供应或者修理延误而装备实有数量下降时，优先从库存周转装备中调拨供应，及时补充满足训练、战备、作战和其他各项任务的需要。

周转装备可以库存保管，也可以编配部队携行。各单位对负责调拨的库存周转装备，要合理安排储存布局，根据任务需要组织调整。分配装备时，要按照用旧存新的原则组织实施。

(二)组织实施

军事装备分配与调整的组织实施，主要包括组织部队提报装备分配与调整申请、拟制下达装备分配与调整计划、组织装备调拨供应和交接。

1. 组织部队提报装备分配与调整申请

按照装备分配与调整工作的统一部署，各单位组织所属部队研究提报年度装备分配与调整的书面申请，经本单位首长批准后逐级上报。装备分配、调整申请的内容通常包括：申请单位，申请装备的品种、数量，装备编制和现有装备的品种、数量、质量以及申请原因、交接地点、完成时限等。装备分配与调整申请的提报是组织实施装备分配与调整工作的起点，也是编制装备分配与调整计划的依据之一。

2. 拟制下达装备分配与调整计划

装备的分配与调整工作实行计划管理制度。装备分配与调整计划是对年度装备分配与调整工作做出的统筹安排,是组织实施装备分配、调整的依据,是各级单位必须执行的强制性文件。因此,拟制装备分配与调整计划是一项科学性和政策性都很强的工作。其科学性直接关系到装备分配与调整工作的效益和装备编配部队后作战效能的发挥。科学制定装备分配调整计划,是加强装备宏观调控,增强装备保障整体效能,从而提高部队战斗力的必然要求。制定下达装备分配与调整计划的步骤如下:

(1)估算测算。计划拟制责任部门,应当根据部队的编制、任务、使用强度和战时敌军武器装备的打击破坏威力,以及部队现有的装备数量等因素,对各种装备及其配套弹药和器材的分配与调整的种类、数量等,进行预计。通常采用经验推算法、任务计算法和模拟计算法等方法。装备分配调整需求的估算和测算,应综合运用多种方法进行,以便提高预计的准确性。

(2)综合权衡。装备分配与调整需要考虑的因素众多,在很多时候,这些因素对应的要求可能是矛盾的,如担负的任务很重但装备保障能力不足之间的矛盾、装备请领数量较大与新装备生产筹措不足之间的矛盾等。这就需要在众多因素中进行综合权衡,拟制出多个可供选择的方案,并通过比较选择出最佳方案。

(3)征求意见。形成装备分配调整计划初步方案后,如果条件允许,还应当征求作战、训练等部门意见建议,以求得更加广泛的共识,提高装备分配调整计划的科学性。

(4)报批下达。编制形成装备分配调整计划草案后,需要按照规定程序报批。经具有权限的单位批准后的正式计划,按照规定的程序逐级下达,作为各级组织实施装备分配与调整的依据。

3. 组织装备调拨供应和交接

装备请领申请和分配调整计划下达,属于装备分配与调整工作中的指挥管理部分,是装备调配的信息流在上下级之间流转,装备本身并没有从原存放地转移到接装部队。因此,在装备分配调整计划下达后,各级装备部门需要组织装备的调拨供应和交接,使得装备从储存地(生产地)配备到部队,这一部分工作是装备分配与调整的勤务部分。装备调拨供应的一般步骤如下:

(1)选择调拨供应方式。调拨供应方式主要由上级机关业务部门统筹使用军地物流资源,依据战斗样式、作战部署、物资损耗程度、敌军威胁情况、运输力量编成和调拨供应行动地区内的地形道路等因素确定。装备调拨供应通常采用按计划调拨供应与零星调拨供应相结合,以计划供应为主;仓储单位或者供应商前送与接装单位自行接装相结合,以前送为主的方式,必要时也可采取相互调剂的方式。在组织实施调拨供应时,要灵活采取多种方法和手段实施。

（2）开具调拨单。上级机关业务部门根据装备分配调整计划和选定的调拨供应方式，按照就近就便、集约高效的原则，开具装备调拨单。

（3）装备分发。根据上级指令和装备调拨单，由发物单位按照用旧存新、用零存整的原则，组织实施装备的分配、发放。分发工作的内容主要包括：核对账物，清点分发装备的品种、数量、配套、批次，检查质量，配发随物证件，填写发单等。

（4）装备装运。主要工作包括拟制计划、调配人员、选定场地、准备搬运机械、检验运载设备工具的技术状况等。装运前，核对物资品种、数量，明确运达地点、到达时间、接收单位、注意事项；装运中，要做好隐蔽、伪装、防卫工作，并派遣押运人员。可采用铁路、公路、水运和空运等方式。装运武器装备一般按照先卸后装、先重后轻、先整后零、先大后小、大小搭配、轻重平衡的原则组织实施。

（5）装备交接。发物单位派人押运时，由押运员向接物单位交验清楚；接物单位派人领取时，由发物单位向领物人当面交验。一般是按照发物文件内容，交接人员组织验收清点，包括物资品种、数量、质量、配套，批次、凭证资料及包装物等。交验结束后，办理交接手续，并及时注销账目、处理资料。

根据海军舰艇的特点，海军新造舰艇的接舰工作不同于其他装备的调拨供应和交接。海军新造舰艇根据舰艇类型不同，在船坞合拢前或者系泊试验前，组建接舰部队并安排首批接舰舰员进驻舰艇承制单位，接受接舰培训，并开展跟产跟试、熟悉装备、部署操演等工作，以便尽早形成作战能力和保障能力。

三、军事装备的退役、报废与处理

军事装备退役、报废与处理是装备调配保障的重要内容和环节，是适应部队任务变化，不断优化装备体系结构，提高部队整体战斗力的重要途径。

（一）装备退役、报废标准

军事装备的退役与报废，以装备科研生产、军队装备建设规划、部队装备的现状以及有关法规规定的标准为依据，并按照规定的程序申报和批准后，统一组织实施。

1. 装备退役标准

装备有下列情形之一的，应当退役。

（1）单装的战术技术指标达不到标准要求。由于使用、储备时间较长，自然灾害、意外事故等问题，使装备的可靠性和战术技术性能下降，影响正常使用的装备；材料结构老化，功能逐渐丧失，达不到规定战术技术指标的装备，应当退役。

(2)型号的整体技术水平明显落后，且可被新型号替代。由于科学技术的发展，不断出现技术上更为先进、经济上更为合理的同类新型装备，现役的装备型号处于落后状态。为了保持和提高军事实力，加速装备现代化，争取军事斗争的优势，通常情况下，在装备未达到自然寿命时，就应当用更为先进合理的同类新型装备取代落后的装备。

(3)因其他原因不宜继续服役。如费效比低，即对装备的战术、技术、经济等因素进行综合权衡，装备的效能与消耗费用比率超过了一定的标准；部队精简整编、编制调整、换装或大规模裁军时，虽然有些装备尚未达到退役标准，但已接近退役标准，也可以考虑列入退役。

2. 装备报废标准

装备有下列情形之一的，应当报废。

(1)已达到总寿命规定，且没有延寿、修复、使用价值。装备已达到总的使用寿命期限，可靠性和技术性能降低，材料、结构老化，功能逐渐丧失，经过对装备效能、经济性和时间性等方面的综合分析，确定无延寿、修复和使用价值的，应当报废。

(2)未达到总寿命规定，但不具有修复、使用价值。因作战、事故、自然灾害等原因造成严重装备损坏，不能排除故障、无法修复、无使用价值的，应当报废。

(3)超过储存年限，且影响安全使用、储存的弹药。弹药由于超过储存年限，或受外力、自然损害等其他各种原因，技术性能下降，存在不安全因素的，应当报废。

(二)装备退役、报废及处理程序

军事装备退役、报废与处理需要严格执行报批手续和监督检查，并按一定的程序组织实施。

1. 装备技术鉴定

装备使用单位首先要按照装备技术鉴定的程序和要求，组织有关业务部门及技术力量，对需要退役、报废的装备技术状况进行全面检查、测定、分析，从装备的使用寿命、技术状况及经济价值等各个方面，确认其是否符合装备退役、报废标准，并出具装备技术鉴定意见。

2. 装备退役、报废申请

装备使用单位对经过技术鉴定，并确认已达到退役、报废标准的装备，按照有关规定拟制装备退役、报废申请，经本单位首长批准后，按隶属关系逐级上报。

3. 装备退役、报废计划下达

各种装备的退役、报废都有其严格的审核、审批手续。通常，不同类型装备，其退役报废审批权限不同。各级装备部门应按规定的程序和权限逐级上报与审批。装备退役、报废审批部门,应按照规定的退役、报废标准,对部队上报的装备退役、报废申请进行认真细致的审核、检查,并按照权限下达装备退役、报废计划。

4. 装备退役、报废处理申请

装备退役、报废计划下达后,各级装备部门应当根据上级下达的装备退役、报废计划和安全性要求、保密要求、相关技术标准,以及本级其他业务部门提交或者下级上报的退役、报废装备处理申请,拟制退役、报废装备处理申请,经本单位首长批准后,按照隶属关系逐级上报审批;具备条件的,也可以随装备退役、报废申请一并上报。

5. 装备退役、报废处理计划下达

各级装备部门根据装备退役、报废计划,以及各单位上报的装备退役、报废处理申请,拟制装备退役、报废处理计划草案,按照程序报批后,由具有相关权限的单位下达。

6. 装备退役、报废处理

装备退役、报废处理计划下达后,各单位要及时按照计划下达的方式处理退役、报废装备,严禁未经批准擅自处理或者更改处理方式。

(三)装备退役、报废处理方式

退役、报废装备的处理,主要有留存利用、销毁处理、物资回收等方式,其中应当优先安排留存利用。处理退役、报废的装备,可能造成失密、泄密或者危及社会安全的,必须进行技术处理,使其符合装备管理有关规定和安全保密要求,并失去军事功能。

1. 留存利用

装备退役后,并不一定全都失去利用价值,有些尽管不宜在部队服役,但还可以考虑改造利用,或者用于部队演训、科研试验、教学训练,以及支援地方国防教育、防灾减灾等。

(1)改造利用。针对技术状况良好的退役装备,采取技术升级、信息化改造等装备革新手段,赋予这类装备适应信息化条件下联合作战的新生命。

(2)部队演训。对具备基本机动能力、外观结构良好的退役报废装备,可以作为部队在练兵备战时设置假目标、建立假阵地,进一步提高部队演习和训练的实战化水平。

(3)科研试验。对于基本完好的退役报废装备,通过实炸实爆的科研试验和科学研究,摸清这类装备的战损规律和器材的消耗规律,进一步提升装备保障的精确化水平。

(4)教学训练。对于因战术技术性能下降、不能满足作战使用要求,或大修次数超过规定的退役装备，且其同型装备仍在部队服役，可以用作工程类院校、指挥类院校的训练装备，进一步提高装备教学的实战化水平。

(5)国防教育。对于外观良好的军队退役报废装备，在去除射击和机动功能后，可用作地方国防教育园、军事主题城、装备博物馆等装备陈列，进一步提高国民的国防意识。

(6)防灾减灾。对于某些军事功能良好的退役装备，经过技术改造后，可以供地方人工影响气候机构作为人工降雨、森林灭火等防灾减灾的发射平台，进一步提高退役报废装备的使用效能。

2. 销毁处理

退役、报废的轻武器、通用弹药、爆破器材、化学危险品等，流入社会易造成危害的军械类维修器材，以及放射源和有毒有害物质等，应当进行销毁处理。

3. 物资回收

不具备留存利用价值、不需销毁处理且不易产生社会危害的退役、报废通用车辆、工程机械、后勤装备，以及有金属回收利用价值的装备和报废维修器材、维修保障设备等，可以按相关技术标准毁型后回收废旧金属材料，禁止功能性再生利用。

四、战时装备调配保障

战时装备调配保障，在指挥员及其指挥机构装备保障要素的指挥控制下组织实施。其主要包括预计战时装备调配保障任务、制定装备调配保障计划、筹措战时所需装备、建立各级装备储备、实施装备补充、控制弹药消耗等。

（一）预计装备调配保障需求

预计装备调配保障需求，是对战时装备调配保障需求的预先估算，是制定装备保障计划、建立装备储备以及规定弹药器材消耗限额的依据。

在任务准备阶段，任务部队应当预计战时装备调配保障需求，主要根据作战任务、作战样式、持续时间，以及装备及其弹药器材的种类、数量、用途、使用时机等因素进行。不同装备、不同弹药的调配保障需求，预计方法不同。主战装备的调配保障需求主要依据装备的性能、用途、使用时机、战损规律，以及修复、再利用的程度等进行预计；弹药器材的调配保障需求，主要依据弹药器材的用途、使用时机、消耗规律等进行预计。

装备调配保障需求预计的方法主要有经验推算法、任务计算法和模拟计算法等，这些方法各有短长，适用范围也不尽相同，应结合运用，以便扬长避短，互相验证，提高预计的准确性。

（二）提报装备调配保障申请

任务部队根据战时调配保障需求预计，形成战时调配保障申请，按照指挥关系或者保障关系逐级提报。情况特殊时，也可以越级提报。作战进程中的新增需求，由任务部队按照指挥关系逐级提报，情况特殊时，也可以越级提报。

（三）拟制装备调配保障方案

各级指挥机构装备保障要素，根据装备调配保障需求和调配装备保障能力，拟制装备调配保障方案。拟制装备调配保障方案，应着重把握以下几点：一是统筹全局，分清主次缓急。既要统筹兼顾需要与可能、全局与局部、当前与尔后、重点与一般，又要分清主次缓急，突出保障重点，对主要方向、主要作战部队、关键作战阶段及行动实施优先保障。二是积极主动，搞好协调配合。要根据作战计划制定供应保障计划，使之与作战需要及作战行动相一致、相协调；要周密协调仓库储备、发放及运输事项，使储备、发放、运输相互协同、紧密结合。三是多案准备，预有应变措施。要立足最困难、最复杂的局面和战中可能变化的情况，制定多种保障方案，留有充分的余地，预有各种应变的准备和措施，增强计划的适应性和可行性。

（四）组织装备调配保障力量

各级指挥机构装备保障要素，应当根据各自的装备供应保障任务，迅速组织装备供应保障力量，形成战略、战役、战术层次装备供应保障力量紧密衔接、有机结合的保障力量体系。战略层次装备供应保障力量，通常建立战略装备供应保障集团，采取后方基地固定配置与机动前伸配置相结合的布局，对战役层次的装备调配保障实施支援。战役层次装备调配保障力量，主要建立若干固定的战役装备保障基地仓库群，以及若干野战仓库，采取基地仓库群固定配置与野战机动仓库机动前伸配置相结合的区域部署，按保障区对基层战役军团和战术兵团的装备供应保障实施支援。战术装备调配保障力量，通常以战术部（分）队建制内的装备供应保障力量为主体，与上级加强、地方动员的装备供应保障力量相结合，编组若干保障部队（分队），紧随部队实施快速、机动保障。

（五）调整充实装备储备

各级指挥机构装备保障要素，应当根据各自的装备供应保障任务，迅速调整充实装备储备，对作战方向和地区，形成以战役、战术储备为重点，战略、战役、战术层次纵深梯次、紧密衔接的装备储备体系，增强装备供应保障的及时性和连续性，确保战争初期和尔后作战的不间断供应。

装备储备的数量，应根据预计的需要量、各级装备供应保障机构的储存能力、战中筹措补充的难易程度、可能的损失量和机动量、战场自然条件等进行确定，通常应适当高于预计的消耗量。在确定装备储备总量的基础上，应分别区分战略、战役和战术层次的储备量，重点应加大战役、战术储备。战役、战术各层次和各级部队储备区分，还应根据作战任务、作战环境、保障可能等情况进行具体的储备区分。通常情况下，战区储备多于基本战役军团储备，战役储备多于战术储备；主要作战方向储备多于其他作战方向储备，执行主要作战任务的部队储备多于其他部队储备，筹措补充难度较大的装备储备多于易于筹措补充的装备储备等。

（六）实施装备调配保障

各级指挥机构装备保障要素，应当根据临战和战中部队的装备需求，分别组织实施装备供应保障。

临战准备阶段，各级指挥机构装备保障要素应当根据装备供应保障计划，及时组织实施部队组扩编的装备补充和战前的装备储备补充。对装备及其配套器材的供应保障，主要在临战准备阶段进行。应当根据部队组扩编的装备供应保障计划，及时组织飞机、坦克、舰船、火炮、枪械、车辆等各种装备的补充，满足部队迅速完成组扩编的需要，保障部队齐装满员，达到作战需要的配备率和完好率；对配备新型装备的部队，应同时提供相应的配套设施，并组织装备专家队伍和专业技术力量，为部队实施新装备的使用及管理指导，确保其迅速形成战斗力，顺利投入作战使用；战中使用强度大、损坏率高的主要作战装备和保障装备，应分别在各级预先建立适量的储备，以便在战中随时予以补充，保持和巩固部队的战斗力。弹药的供应保障，应当根据弹药储备与补充计划，按照各级的储备标准及储备任务区分，及时将所缺的弹药补充到位，确保按时完成规定的储备标准。临战阶段的装备补充，通常采取逐级补充与越级补充相结合的方法组织实施，尽可能实施越级补充，以减少补充环节，缩短保障时间，保障部队迅速完成作战准备。

作战实施阶段，各级指挥机构装备保障要素应当根据部队的装备损坏及弹药消耗情况，结合作战需要和保障可能，及时组织装备及配套器材、弹药的补充。装备及配套器材的补充，应当根据战中损坏的数量、程度及作战需要而定。当主要作战装备和保障装备损坏数量多、程度严重，难以及时修复，直接影响遂行作战和保障任务时，通常应及时实施补充，以恢复和保持部队的作战和保障能力。战役、战术层次装备供应保障机构储备的装备，通常按照就近就便的原则实施补充；战役、战术层次装备供应保障机构没有储备的装备，应由战略层次装备供应保障机构实施越级补充。

第二节　军事装备维修保障

随着军事技术的发展，军事装备的复杂程度日益增加，对维修保障的依赖性也越来越大，军事装备维修保障的地位和作用也就越来越重要。世界各国军队都非常重视装备维修保障，已经成为了装备保障必不可少的重要组成部分。

一、军事装备维修保障的基本内涵

准确理解军事装备维修保障的内涵，对于全面正确地认识和研究军事装备维修保障具有重要的影响和作用，是开展军事装备维修保障工作的基础。

（一）基本概念

军事装备维修保障是为保持、恢复和改善装备良好技术状况而采取的各项保障性措施及相应活动的统称，曾经也被称为装备技术保障。主要包括为保持和恢复装备良好的技术状况而开展的装备维护修理，维修器材和维修保障设备筹措供应，维修保障设施、维修保障力量建设和维修科学研究与改革等活动。

军事装备维修保障的主要任务是，坚持全系统全寿命管理，增强针对性、及时性和有效性，保持装备良好的技术状况，满足装备完好率（在航率）要求，保障部队随时执行各项任务。

（二）主要依据

影响装备维修保障的因素比较多，其中，能作为最基础、最直接依据的主要是装备的技术特性、维修性和技术法规、标准等。

1. 装备技术特性

装备维修保障的对象是装备，而装备是科学技术物化的结果。所以，装备维修保障的根本依据必然是装备的技术特性。

首先，装备的技术形态决定维修保障样式。机械化装备的“预防性维修”就是由“机件要工作，工作要磨损，磨损要产生故障，故障影响使用和安全”这一机械运动特性规定的，而机械化装备故障规律的“浴盆曲线”又为定期检查和预防性维修提供了理论依据。在机械化向信息化转变进程中，信息技术逐步与机械化技术融合，“以可靠性为中心”的维修保障开始出现，它不仅考虑设计、制造等因素对装备可靠性的影响，还根据不同部件功能及其故障规律，对装备实施有选择、有重点、有区别、有针对性的维修，避免了强制性定程定时维修导致的盲目性和附带损伤。

其次,装备的结构功能决定维修保障方式。装备结构越复杂,功能越先进,对其进行检测、保养、修理的难度和要求就越高。如机械化装备,一般采取分布式结构,通过功能叠加实现总体功能,其维修自然也是按总成、分专业进行,将各分支力量的维修工作集中在一起,共同完成装备维修保障。而信息化武器装备,由于其采用集成化结构,总体功能往往是系统功能集成的结果,其维修方式相应地改变为以信息链路功能为主线,实行系统化维修。

最后,装备的损伤机理决定维修保障手段。机械化装备主要因机械磨损和硬摧毁而损伤,相应的维修保障主要使用机械测量、机械修配和机械化机具、设备。随着信息技术的不断嵌入以及信息系统的直接应用,装备的损伤机理发生了质的变化,硬摧毁与软杀伤相结合、机械故障与信息阻滞共存,使得维修保障手段越来越多,信息化程度越来越高。大量信息化装备的维修保障,机械化测量、修配和机具成为辅助手段,而信息化、智能化检测手段则成为主要手段。

2. 装备的维修性

外军曾就装备故障原因进行过分析统计,一般认为,设计缺陷占43%,生产制造占20%,操作不当占30%,耗损用坏占7%,其中,维修性差又是设计缺陷的主要方面。维修性作为装备的重要通用质量特性,直接决定维修保障方案、措施和相关管理要素的确定。

3. 技术法规、标准

有关装备维修保障的条令、条例、规章、制度等规范性文件统称为装备维修保障法规。各种法规,既从管理层面对装备维修保障各个部门职责、相互关系进行了规范,也从具体操作面对保障活动进行了技术规范。

军用技术标准对调整对象及其关系做出的规范更为明确细致,既有技术特性的规定,也有性能指标的规定,既有测试方法的规定,又有环境条件的规定,同样是装备维修保障的重要依据。

(三)作业体系

军事装备维修保障作业体系是指依据装备编制及维修保障的需求,军队在装备维修保障活动中所建立的组织体系。

美军维修保障作业总体上三级与两级体系并存,逐步推行两级。美国海军、空军,三级维修作业体系(基层级、中继级、基地级)与两级维修作业体系(基层级、基地级)并存,逐步推行两级维修作业体系的状态。美国陆军,则是由四级维修作业体系(基层级、直接支援级、全般支援级、基地级)向两级维修作业体系(野战级、支援级)转换的状态。俄军维修保障作业总体采取三级体系，即基层级、中继级、基地级。我军装备维修保障作业体系由基地级和部队级构成。

（四）保障模式

军事装备维修保障的模式为军队自主保障和社会化保障相结合的方式。保障方式的选择，主要依据装备的技术含量、通用化程度、保障风险、维修工作量、编配数量和迭代更新速度等因素来决定，其分类保障决策模型如图 8－1 所示。

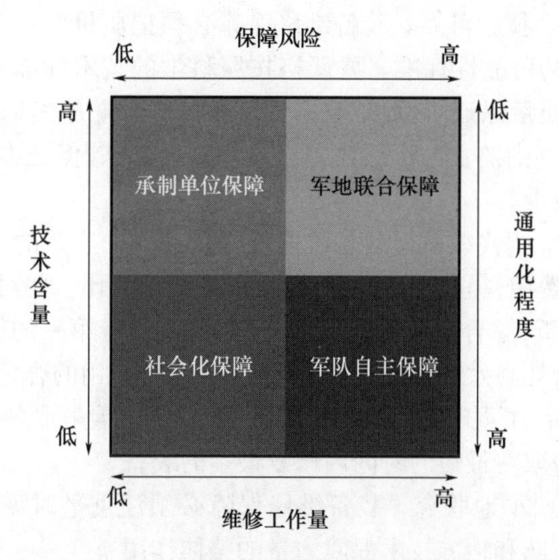

图 8－1　装备维修保障分类决策模型

装备技术含量高、通用化程度低且维修工作量较大、保障风险较高的任务适合实行军地联合保障。有利于尽快形成军方对高技术装备的自主保障能力，降低保障风险，并提高维修保障效率和效益。

装备技术含量高、通用化程度低且维修工作量较小、保障风险较低的任务适合实行承制单位保障。利用装备承制单位已有的生产线和技术能力对装备实施保障，有利于降低保障成本，提高保障效率。

装备技术含量较低、通用化程度较高且维修工作量较大、保障风险较高的任务适合实行军队自主保障。有利于发挥军队修理机构保障效益，保持和提高军方修理机构保障能力，降低装备保障风险。

装备技术含量低、通用化程度高且维修工作量较低、保障风险较低的任务适合实行社会化保障。因为通用化程度较强，在地方可以找到很多能提供保障的机构，相互之间可以形成充分的市场竞争，通过合理的招标机制可确保有效降低修理成本。

（五）基本要求

装备维修保障作为一项特殊的军事和技术活动，要保持其规范性和有效性，必须同时遵循军事活动和技术活动的规律，按基本要求组织实施。

（1）理论指导、科学组织。装备维修保障要在现代维修理论指导下，坚持科学组织。贯彻以可靠性为中心的维修思想，以保障对象的可靠性分析为依据，以有效监控为手段，科学地确定维修时机、任务和维修工艺、程序，从而减少盲目性，增强装备维修保障的科学性。

（2）质量第一、技术可靠。装备维修保障必须把质量放在首位，保证维修后的装备符合相应的可靠性标准。要严格按照科学的技术标准和工艺规范进行，并要建立严格的质量保证体系和质量监督制度，完善检测手段，改进质量监督方法，将事前预防、事中监督与事后监督有机地结合起来，保证维修达到相应的可靠性指标，确保质量。

（3）降低费用、提高效益。装备维修保障要在保证质量的前提下，尽可能地降低装备的维修费用，提高经济效益，追求最佳的效费比。要对装备维修进行必要的技术经济分析，综合比较投入与效益，在坚持质量第一的前提下，努力降低维修成本，争取低耗高效的维修效益，从而保证装备费用的合理平衡。

（4）简便灵活、注重时效。装备维修保障必须注重采取各种简便灵活的保障措施和手段，争取在最短的时间内修复最多的装备。

（5）平战结合、军地联合。装备维修保障必须注重平时需要和战时需要的结合，善于发挥军队和地方技术保障力量的整体作用。

（六）海军装备维修保障的特点

海军装备种类繁多，技术复杂，维修保障任务繁重，充分认识海军装备维修保障特点，揭示海军装备维修保障规律，对组织良好的维修保有着重要的意义。

1. 技术密集保障难度大

随着战争形态、作战样式和装备技术的不断发展变化，一方面，海军装备呈现电子化、自动化和系统化，信息化程度和指挥控制网络化程度不断提高，装备平台动力呈现多样化，武器制导技术及机电一体化技术广泛应用。这一系列发展变化使装备维修保障越来越复杂，对系统化、信息化保障的要求越来越高，保障难度也越来越大。另一方面，海军装备修理所必需的维修器材种类繁杂，通常一艘驱逐舰，其维修器材种类就高达数千种，一架新型舰载战斗机的航材零配件已达2万余件。特别是战时舰艇器材消耗，主要是源于装备战斗损伤或其他一些不可预见的因素，器材备件的消耗不确定性很大，这就为器材备件保障增加了难度。此外，各种新概念武器的使用，其全新的破坏机理使得装备修理难度更大。

2. 修理周期长耗费高

海军装备种类繁多,技术复杂,维修过程需要时间长。较长的修理周期,对战时舰艇装备抢修提出更高的要求。为了提高战时装备修理的时效性,必须打破常规,采取超常方法手段,聚合各种力量进行维修保障。此外,海军装备耗费高。一是装备造价比较高。例如,一艘现代化舰艇的购置价格少则1亿~2亿元,多则数十亿元。二是装备维修费用比较高。一艘舰艇在全寿命过程中,其维修费一般占全寿命费用的60%~75%。而且随着海军装备的升级换代,修理价格也在不断攀升。三是与装备相配套的维修保障设施建设费用也比较高,无论是用于修理舰艇装备的船坞,还是用于导弹、鱼雷技术准备的阵地都需要耗费大量的经费。

3. 对岸基依赖性大

海军装备维修保障分岸基定点保障和海上机动保障两部分。前者是后者的依托,后者是前者的海上前伸,二者相辅相成,缺一不可。岸基定点维修保障是海军装备赖以保持或恢复战术技术性能的主要场所,无论是舰艇装备还是航空装备的维修保障,岸基定点维修保障配系都有着比较齐全的保障设施、设备和技术力量,在整个维修保障体系中处于骨干地位,起着支撑作用。海军舰艇、飞机无论出航前的准备,还是返航后战斗力的恢复,以及海上保障能力的获得,都始终离不开岸基的维修保障。海上维修保障是岸基保障的前伸,关系到海军兵力海上作战的效能,强调海上维修保障并不否定岸基的基础性地位,离开了岸基保障,海上维修保障就失去了支撑。

4. 海上保障实施困难

与其他军种相比,海军遂行任务的主要活动区域是海洋。当海军装备在海上出现故障或遭到战损时,能否得到及时有效的维修保障关系到海军兵力的作战效能。然而,恶劣的海洋环境、战时近乎透明的海战场环境,给装备的海上抢修带来很多困难。一方面,茫茫大海难以有可利用的保障资源,舰员级维修空间狭小、条件手段较为有限。另一方面,当战时需要组织海上机动抢修力量实施支援保障时,由于浮船坞、修理舰等机动修理力量目标大、防护能力差,往往成为敌攻击的重要目标,这对海上机动抢修力量的部署、保障时机提出了很高的要求,大大增加海上作战编队指挥员组织指挥作战的难度和复杂性。

二、维修保障理论与技术发展趋势

装备维修保障是一项技术性和综合性非常强的工作,以美国为代表的发达国家,在装备维修保障理论领域持续创新,引领着美军维修保障技术的发展,使其始终保持较高的装备保障能力。

(一)国外装备维修保障理论

美军在继续推行“装备全寿命保障”“以可靠性为中心的维修保障”(RCM)等传统成熟维修理论的同时,又在适时、适地、适量的“精确保障”(FL)转型建设目标引领下,相继提出了利用先进信息技术实时或近实时掌控装备状态的“基于状态的维修保障”(CBM),利用先进网络技术提供技术物质支援和实施网络化指挥管理的“以网络为中心的维修保障”,利用新型供应链方式保障网络化、数字化战场的“感知与响应保障”(S&RL),利用机内测试(BIT)技术、健康管理(PHM)技术以及信息链系统实现装备维修主体前伸到装备自身的“自主式保障”(AL),以及由购买维修备件或维修服务到购买最终装备保障绩效转变的“基于性能的保障”(PBL)等一系列新理论,并指导装备维修保障实践。

1. 基于状态的维修保障

“基于状态的维修保障”(CBM)利用实时的状态信息,通过各种分析方法,对武器系统状态进行评估判断,并据此提出维修需求,安排维修的时机与方式,实现根据维修对象实际的健康状态有效实施维修。

“增强型基于状态的维修”(CBM+)则在CBM基础上,更加注重故障预测和诊断技术、故障趋势分析技术、便携式维修辅助工具、自动识别技术、交互式维修训练技术、全资可视技术等的应用,重视利用以可靠性为中心的维修等工程方法开展维修分析,注重各种信息的传输、共享、融合与运用,以及各种信息系统与资源的整合,从而可进一步增强维修人员有效保障武器系统的能力。CBM+的最终目的是在武器系统的全寿命周期内以较低的成本,提高武器装备的作战可用性及战备完好性,实现按需维修,即在适当的时间,使用适当的工具,开展适当的维修,核心内容是在有维修需求时,才进行维修活动。

2. 以网络为中心的维修保障

“以网络为中心的维修保障”实质是最大程度地利用互联网和军用通信网,使装备维修保障机构和人员能通过安全的网络化设施解决装备遇到的维修保障问题,以达到降低维修保障费用,提高装备维修保障效率的目标。美国海军正在实施的“以网络为中心的维修保障系统”具备以下五种能力:一是远程诊断能力;二是预防性维修的远程准备能力;三是远程测试和鉴定能力;四是远程下载软件并提取装备在使用过程中积累数据的能力;五是远程维护装备的配置数据库。

“以网络为中心的维修保障”有利于简化维修流程、缩短故障处理时间、节省大量维修保障费用,并可大幅降低对维修保障人员的能力要求,允许维修保障人员直接访问原始设备制造商,以解决重大的维修保障问题,增强发现和修复故障的能力。

3. 感知与响应保障

“感知与响应保障”(S&RL)是利用以网络为中心的技术手段,实现对未来联合保障需求的快速感知,实现适时、适地向部队提供适量保障资源的“精确保障”能力。

美军基于“感知与响应保障”理念采取了以下措施:一是军种从顶层谋划提升保障领域信息化水平;二是建立装备寿命周期管理能力,实现所有利益相关方之间信息共享,提供对装备在整个寿命周期内各种信息的访问,从而提升装备全寿命保障能力;三是推行基于状态的维修技术,对武器系统嵌入各种智能传感器及预测与诊断设备,用于监控、收集、处理、记录、报告、存储和归档武器系统的运行状况,有效监控装备的状态,更加准确地预测部队装备维修需求;四是提升备件保障可视性,使得大多数维修部件申请能够在相当短的时间内获得响应,战场保障活动更加高效。

4. 自主式保障

“自主式保障”(AL)通过一个实时更新的信息系统,将任务规划、维修训练和维修保障作业等各种要素集成起来,对武器系统的状态进行实时监控,根据监控结果自主确定合适的维修方案,在装备使用期间预先启动维修任务规划和维修资源调配,在最佳时机进行维修,确保装备保持良好的状态。实现自主式保障后,装备几乎全部的诊断测试、维修和保障活动都将实现自动化,从而最大程度地减少人力和消除人为差错,高效保障装备的作战部署。

自主式保障是一种先导式的装备保障模式。旨在借助现代信息技术等高新技术,将保障要素综合起来形成一种无缝的后勤保障系统,从而降低装备的使用保障费用,提高其战备完好性和机动部署能力。美军认为,自主式保障模式在一定程度上代表了21世纪武器装备保障的发展方向。

5. 基于性能的保障

“基于性能的保障”(PBL)是美军针对具体型号装备提出的全新维修保障理论和模式,其核心是“项目办公室”通过“装备保障集成方”加强对装备全寿命保障的管理,促进军方与合同商的合作,实现优势互补与风险共担,从而在经济可承受的条件下确保型号装备在寿命周期内实现预定的战备完好性目标。

“基于性能的保障”的主要原则包括:购买性能,而不只是货物和服务;项目经理对全寿命周期系统管理负责;签订以客观的度量标准为基础的基于性能的协议;明确产品保障集成方将保障集成起来并实现性能/保障目标的“单一联系点”;公私合作。它将保障作为一个综合的、可承受的性能包来购买,以便优化系统的战备完好性,并通过以具有清晰的权利和责任界线的长期性能协议为基础的保障结构来实现装备的性能目标。

(二)维修保障技术现状

近年来,以美军为代表的世界主要发达国家军队积极推动包括装备维修保障改革在内的军队建设全面转型,重点加强了状态监测与故障诊断技术、维修保障信息化技术、维修作业方式手段和保障资源可视化技术等多个方面的装备维修保障技术研究与实践。

1. 状态监测与故障诊断技术

美军十分重视配套发展标准化、系列化的综合测试与诊断设备,加大武器装备智能机内测试技术、综合诊断技术的应用,提高状态检测与故障诊断的准确性和效率。2009 年,海军水面部队司令部和海军费城舰船系统工程基地通过在两艘"阿利·伯克"级导弹驱逐舰上安装"自动化振动监控模块",进一步验证了技术的实际作用。2011 年,美国海军在"濒海战斗舰"等新型舰艇上通过安装维修传感器,建立一体化维修与可靠性数据平台,并能够实现数据在舰上和海岸基地间的无缝传输,有效提升了舰船执行任务的可用率。目前,美国海军以综合状态评估系统(ICAS)作为 CBM 的实施工具,并在"华盛顿"号航空母舰(CVN-73)编队进行试点,以"提康德罗加"级巡洋舰(CG-47)型舰为例,部署后舰艇主机运行时间提高 41%,任务出动率提升 25%,维修费用降低 56%,意外维修次数降低 82%。

2. 维修保障信息化技术

在信息技术的推动下,美军装备维修保障的信息化程度大幅提高,加大了人工智能技术、建模仿真技术、虚拟现实技术、网络技术等的应用力度,智能维修技术、远程维修技术及虚拟维修技术等均取得了较大进展并得到应用,特别是加快了一体化装备维修保障信息系统的研制和部署步伐。目前,国防部开发的"全球作战保障系统"(GCSS)基本型已经开始投入试用,其他维修信息系统将逐步集成到 GCSS 中;"陆军战略级全球作战保障系统"(LMP)已经部署完毕,"海军舰船与器材管理系统"(3M)已在美国海军运用多年,"海军陆战队全球作战保障系统"(GCSS-MC)已经成功试运行,"海军企业资源规划系统"(ERP)已经开始部署,而原计划集成现有 700 多个信息系统的"空军远征作战保障系统"(ECSS)宣告失败。

3. 维修作业方式手段

随着各种先进维修技术的涌现,美军的维修作业方式和手段不断改进,向着信息化和高技术化方向发展。在信息化维修作业手段方面,大力推广便携式维修辅助设备、交互式电子技术手册等,美军在装备维修中使用多年的传统纸质技术支持手册已经基本消失,取而代之的是移植到笔记本、平板、便携式维修辅助设备等各种智能终端上的数字化技术支持手册,基于移动智能终端的应用程序也开始在维修保障领域得到初步应用。在新型维修作业手段方面,积极采用表面工程、零件快速激光成型制造等先进维修技术,提高装备修复效率,特别是3D打印技术已经在美军装备维修保障中的备件应急生产环节得到实际应用,如美国空军于2012年投资研制用于F-35战机机翼等部件生产的3D打印机,陆军为阿富汗战场的远征移动实验室装备了第一台3D打印机,用于GPS接收机、空投设备等故障易发部件的快速制造。

4. 保障资源可视化技术

美军高度重视维修保障备件供应链建设,采用条码识别技术、射频识别技术以及跟踪、定位与通信技术,提高维修资源供应的精确化和可视化水平。美军的主要做法包括:一是加强自动识别代码的标准化规范化设计,2007年出版的军标MIL-STD-129P《运输和存储中的军用标识(第四版)》,明确了技术开发规范和标准;二是通过对现有系统改造、统一数据标准等措施,重点建设联合全资可视化能力,已经开始进行跨军种的备件供应试点;三是推行"产品唯一标识",确保进入装备维修供应链的所有产品都有唯一、可读的标识码,以实现备件信息的准确性和唯一性,目前美国陆军航空兵380万种、海军航空兵700万种、空军1220万种、战略武器14.4万种产品实现了"产品唯一标识"。2006年,美军战略保障物资的可视化水平为78%,2007年达到84%,到2011年陆军已经基本实现保障物资可视化。

(三)维修保障技术发展趋势

未来武器装备精确化、智能化、隐身化、无人化趋势将更加明显,作战手段信息化、一体化、集约化程度不断提高,装备维修保障技术也将呈现出更加多元和积极的发展趋势。

1. 作战需求牵引作用更加凸显

信息化战争具有爆发突然、进程快、战损大、救援实施难度大等特点,由此决定了装备维修保障技术必须强化作战需求牵引,适应快速、高效修复要求。3D打印为代表的装备快速修复技术将成为未来战场抢修技术的发展重点,也将在海军装备远海保障中发挥重要作用;应急抢修等技术将成为应急保持装备战斗力和生命力的重要措施和手段;远程维修支援技术将得到广泛应用,传输的数据类型、数据量将不断加大,辅助决策支持力度将不断增强,将成为部队级保障能力的有益补充。

2. 维修保障理念不断创新

理论是行动的指南,只有理论先行,发挥好理论的指导作用和牵引作用,维修保障才能有更大的发展。随着维修保障实践的发展,对维修保障的认识已突破了传统的定义,其概念、内涵不断扩展,维修思想及策略得到了不断发展:从

“事后维修”(BM)发展到“预防维修”(PM)、“预测维修”(PDM)乃至“改善维修”(CM)和“风险维修”等,移植了“并行工程”等理论,深化了“以可靠性为中心的维修”理论,正在实施“CBM”“CBM+”“差异维修”等理念。基于信息、网络等技术的发展,发达国家还提出适用于满足分散性和机动性越来越强的“精确保障”“敏捷保障”等维修保障新理念。这些理念创新以维修保障技术进步为基础,并有效地引导维修保障技术的发展。

3. 应用基础研究支撑更加突显

要从根源上预防和解决故障,维修保障技术必须能够针对维修保障实践中军事装备的磨损、腐蚀、老化、疲劳、失效和不稳定载荷的反应等机理性问题,对装备寿命预测等规律性问题进行理论探索与试验研究,以及运用基础科学的理论为解决维修保障不同领域中的普遍性问题提供理论和试验依据。维修保障技术的应用基础研究需要广泛结合物理学、化学、电子、材料、冶金、机械、力学等科学技术领域的基础研究或应用基础研究成果,以促进维修保障技术的发展。如新型腐蚀防护材料以及防污涂料等研究的基础是表面化学和应用材料研究。而材料、结构和数据分析方面的基础研究将进一步提高无损检测和评估方法的灵敏度。

4. 信息技术的带动作用更加突出

信息技术以其广泛的渗透性、功能的整合性、效能的倍增性,在维修保障的作业、规划、统筹、训练等诸多方面都有着非常广泛的应用。已经衍生了全资可视化、状态监测、健康管理、虚拟维修、远程维修保障、交互式电子技术手册等技术,促进了传统监测与诊断技术进步,产生了基于虚拟仪器的监测与诊断等新仪器及系统,推动了维修保障决策支持系统的智能化发展,提高了从各种完全不同的、分布极为分散的系统和数据库中检索信息的能力,加速了维修信息系统与维修保障等系统的融合。基于信息技术的先进维修保障技术和理念将成为先进装备尤其是新一代装备采用的主流维修保障技术;自动识别技术将得到深入快速的发展,在装备维修器材供应链领域得到广泛应用,极大提高物资器材可视化水平。

5. 多学科交叉融合发展更加明显

维修保障技术是一门较为典型的综合性工程技术,其发展和创新越来越依赖于多学科的综合、渗透和交叉。不仅新兴的维修保障技术研究领域很多都跨越了传统的学科分类,而且许多传统的维修保障技术研究领域也都通过更深入的开发、创新,突破了原有的传统技术界限。如故障诊断系统已经逐步发展成为一个复杂的综合体,其中包含了模式识别技术、形象思维技术、可视化技术、建模技术、并行推理技术和数据压缩等。这些技术综合有效地改善了故障诊断系统的推理、并行处理、信息综合和知识集成的能力,推动故障诊断技术向着信息化、网络化、智能化和集成化的方向发展。

三、军事装备维护与修理

军事装备的维护与修理，通常称为装备维修。要消除装备的一切故障是很难做到的，但采取适当的装备维护方式降低故障的发生，或者通过修理使装备发生故障后尽快恢复其可用性则是可能的。因此，世界各国军队都非常重视装备的维修，维修已成为现代装备全寿命管理中必不可少的重要组成部分。

（一）装备维护

装备维护，又称装备保养，是为保持装备性能完好、保持规定的技术状况所采取的预防性技术措施。其目的是减少装备过早损坏，消除故障隐患。

1. 装备维护的分类

装备维护工作通常分为装备试运转维护、日常维护、等级维护、特殊条件下维护、换季维护，以及软件维护等。

装备试运转维护是指新装备或经过大修、中修的装备，在投入使用初期进行的维护。

日常维护是指装备在动用前、使用后以及使用过程中，结合实际情况，对装备实施的例行维护。

等级维护是指按照装备的工作（飞行、航行）时间、行驶里程、发射次数、架设次数以及维护的广度、深度等划分为若干等级，当装备使用运行到一定时间、次数或者里程时，对装备实施相应等级的维护。

特殊条件下的维护是指在特殊气候、特殊环境以及执行特殊任务等条件下，及时对装备实施的专项维护。其中，特殊气候包括严寒、炎热、高湿等，特殊环境包括山地、高原、沙漠、戈壁、近海等地区，以及核生化环境、复杂电磁环境等，执行特殊任务包括远海训练、抢险救灾、海外军事行动等。

换季维护是根据季节变化对装备不同的使用要求，在春夏和秋冬交替等时机，对装备实施的维护。

软件维护是指软件密集型装备交付后，对软件进行的日常监控和问题跟踪，包括适时开展适应性、纠错性等维护，及时升级病毒库、木马库、漏洞库等支撑数据，确保装备运行可靠、稳定、安全。

2. 海军舰艇维护制度

海军舰艇维护执行日检拭、周检修、月检修、航行检修、舰体检查五项制度，简称舰艇保养“五项制度”。舰艇保养“五项制度”是随着第一批引进的苏联舰艇在海军部队施行，经过多次优化调整，稳定运行数十年，为规范舰艇保养工作，系统有效保持装备良好技术状况,确保随时遂行各项任务提供了直接支持,已成为舰艇部队一项基础性、经常性、长期性工作,构成舰艇部队爱装管装优良传统之一。

(二)装备修理

装备修理的基本任务,是充分发挥各种维修资源的作用,以最低的消耗,保持和恢复军事装备功能和性能,保障部队完成作战、训练和其他任务。

1. 装备修理的分类

军事装备修理可以按照不同的标准分类。

1)小修、中修、大修

按照修理范围、深度、工艺复杂程度等,分为小修、中修、大修。小修是对装备使用中的一般故障和轻度损坏进行的修理,属于装备的运行性修理;中修是对装备进行局部拆解、检查,对主要系统、部组件进行的恢复性能的修理,属于装备的平衡性修理,即修复装备的某些部分,使其与其他未修理的部分能继续配套使用;大修是对装备性能进行全面恢复的修理,属于装备的全面恢复性修理,即对装备进行全面拆解、检测、调试、试验,对系统、部组件进行全面修复等,使装备达到或接近新品标准或规定的技术性能指标。

有的装备因其特殊性,其修理类别略有不同。如舰艇按照修理范围和深度的不同,通常分为舰艇三级修理、舰艇二级修理和舰艇一级修理3个级别。

2)预防性修理、修复性修理

按修理目的,分为预防性修理和修复性修理。预防性修理又分为定期修理和视情修理。定期修理是按照工作时间确定修理间隔期,一般按装备的主要(关键)设备、机件或整机的寿命单位(如日历时间、使用时间、里程、次数、发射弹数等)计算。视情修理没有固定时间间隔,根据检查、监控和诊断结论,对处于阈值或可能发生功能性故障的部分进行适时修理。修复性修理是针对装备的随机故障或损坏情况进行的修理,目的是使装备迅速恢复到可以执行任务的状态,或达到自救状态,具有很强的临时性、局部性。

3)平时修理、战时修理

按修理时机,分为平时修理和战时修理。平时修理是指在和平时期对装备所进行的修理。其目的主要是恢复和保持装备的良好技术性能,保证装备的良好战备状态及在训练和其他行动中的使用。战时修理是指在战争时期对装备所进行的修理。其目的主要是恢复和保持装备的战术技术性能,保证装备有较高的重复参战率和持续参战率,从而保持军队战斗力。

4)计划修理、非计划修理

按修理的必然和偶然程度,分为计划修理和非计划修理。计划修理是指根据装备修理计划所规定的修理时机、间隔期、范围、内容及任务区分等进行的正常修理活动。非计划修理是指针对装备出现故障、损坏、技术性能下降等情况进行的临时修理活动。

2. 装备修理的方式

修理要求不同,修理的方式也不同。

1)定时修理、视情修理、事后修理

根据控制装备及其部件维修时机的形式来分,装备修理有定时修理、视情修理和事后修理三种方式。

(1)定时修理。定时修理是只按装备规定的使用期限对其进行分解检修,以避免发生故障的一种修理方式。这种方式要对装备及其零部件进行定时分解检修,通常不考虑装备(部件)的实际技术状况。它便于装备的计划使用和维修,但是不能充分利用装备的可用寿命。该方式适用于故障率随着使用时间的增加而增高,而其他修理方式又不适用的装备(部件修理)修理。在20世纪50年代末修理理论开始变革之前,定时修理方式在装备修理中一直占据着统治地位。

(2)视情修理。视情修理是在装备(部件)的技术状况劣化到规定的下限时将其分解检修,以避免发生故障的一种修理方式。其特征是用状态监控技术定期地或连续地监控装备(部件)的技术状态,发现故障征兆时立即检修。它可以比较充分地利用装备(部件)的可用寿命,但需要有反映装备技术状况的可检测参数和反映故障征兆的参数判据,并要求在装备设计时就确定适用的状态监控技术以及相应的检测点。该方式比较适用于故障率随使用时间的增加而缓慢增高的装备(部件)修理。

(3)事后修理。事后修理是让装备(部件)用到出故障后才进行分解检修的修理方式。这种方式可以最充分地使装备(部件)的可用寿命得到利用,但是其前提是装备(部件)的故障不应直接影响装备的安全使用或任务的完成。该方式适用于故障率不会随使用时间的增加而增高,或虽会增高但预防性修理费用大于故障损失费用的装备(部件)修理,还可用于故障规律尚不清楚的装备(部件)修理。

定时修理、视情修理和事后修理三种方式各有一定的适用范围。为了有效而经济地保持装备(部件)的可靠性,充分发挥装备的效能,尽量利用装备的可用寿命,往往要把这三种修理方式结合起来使用。

2)原件修理、换件修理和拆拼修理

按零配件取用渠道,可以分为原件修理、换件修理和拆拼修理。

(1)原件修理,是对故障或损坏的零部件进行调整、加工或其他技术处理,使其恢复到所要求的功能后继续使用的修理方法。这种修理方法在修理耗费比较经济或没有备件的情况下比较适用，但不满足靠前、及时和快速保障的要求。

(2)换件修理，是用完好的备用零部件、元器件或总成、模块，更换故障、损坏或报废的零部件、元器件或总成、模块的修理方法。换件修理能满足靠前、及时和快速保障的要求，对修理级别和技术人员的技能要求也不高。但实施换件修理，要求装备的标准化程度要高，备件要具有互换性，同时还必须科学地确定备件的品种和数量。

(3)拆拼修理，是指经过批准，将暂时无法修复或报废装备上的、可以使用或有修复价值的部分零部件或总成拆卸下来，更换其他装备上损坏的相应总成及零部件，从而利用故障、损坏或报废装备重新组配完好装备的修理方法。这种方法可缓解装备维修器材的紧张状态，保证故障、损坏装备尽快得到恢复并投入使用，是适用于在战时或在某些特殊情况下修复装备的修理方法。拆拼修理只有情况紧急并经指挥员批准后才能进行。

3. 装备修理的组织实施

装备修理通常按照下达计划(订立合同)、修前准备、装备送修、技术检查(工程勘验)、修理实施、修竣检验、验收交付的程序组织实施。

1)下达计划(订立合同)

修理部队(分队)修理装备实行计划管理，由相应装备部门组织实施修竣检验和验收交付；其他承担修理任务的单位修理装备实行合同制管理，按照装备采购合同监督管理的有关规定实施合同履行监督和检验验收。

2)修前准备

承修单位需要按照装备维修保障计划，提前组织装备修理准备，了解装备基本状况(初步勘验)，收集图样资料，编制修理工艺文件，配置工装设备，筹措维修器材，培训修理人员等。

3)装备送修

送修单位应当按照送修计划和约定的方式将装备送至指定地点。承修单位应当按照送修要求，对送修装备及随装工具备品、履历文件等进行检查点验，履行入场交接手续。

4)技术检查(工程勘验)

装备修理前，通常组织修理工程勘验。修理工程勘验一般由承修单位会同装备军事代表机构、送修单位共同组织，全面掌握送修装备技术状况。

5)修理实施

承修单位根据装备修理技术标准、工程勘验结果等，制定修理实施方案，并严密组织实施。修理过程中遇有重大修理技术瓶颈以及扩大修理范围、延长修理周期等情况，需要及时上报。

6）修竣检验

修竣检验由装备部门或者军事代表机构组织实施。验收不合格的装备，由承修单位组织整改，按程序重新验收。

7）验收交付

验收合格的装备，由装备军事代表机构、承修单位、送修单位等共同办理交接手续。

四、军事装备维修器材保障

装备维修器材，是指用于装备维护、修理所需的部组件、元器件、原材料等的统称，包括备件、附件、工具、仪表（器）、油液、材料等。备件通常指完成装备维修所需的专门组件、部件和零件等，可以是单件，也可以是成套的；可以是新的，也可以是修复后转入备用的。按照使用性质，分为周转维修器材和战备储备维修器材。军事装备维修器材保障主要包括了器材的筹措、储备和供应，是装备维修保障的重要方面，在装备维修保障中居于基础性地位。

（一）器材筹措

装备维修器材筹措，是考虑部队遂行的任务、维修器材供应标准、维修器材资源量、部队的实际需要量以及经费的保障程度等情况，通过申请、采购、组织旧品翻新等手段，获取军事装备维修保障所需要的维修器材的活动，是军事装备维修器材保障的首要环节。

1. 器材筹措的依据

军事装备维修器材筹措的主要依据是军事装备维修器材标准，主要有维修器材的周转标准、库存限额和供应标准。

1）维修器材周转标准

装备维修器材周转标准，也称周转器材储备标准。由于周转器材实行限额储备，其周转储存限额量决定于计划供应期内的器材消耗量和预防意外情况所需的器材保险储备量。

2）维修器材库存限额

装备维修器材库存限额，是依据维修器材储备基数标准、维修保障任务、器材筹措供应周期等测算得到，主要明确为保证装备维护、修理所需库存维修器材的品种、数量，包括库存上限和库存下限。

3）维修器材供应标准

装备维修器材供应标准，是综合考虑装备年度计划维护修理任务量、装备维护修理的器材消耗定额，以及历年装备维修器材供应统计资料来确定年供应品种数量或经费。

2. 器材筹措的方式

根据军事装备维修器材所具有的专用性、专有性和多样性，以及军事装备维修保障体制和军事装备维修器材保障原则的规范和制约，决定了军事装备维修器材筹措必须采取集中筹措与分散筹措相结合，以集中筹措为主的方式进行。

(1)集中筹措。集中筹措，就是适应军事装备维修器材的专用性、专有性特点，将军事装备维修器材筹措的主要职责和权力集中掌握于相关装备部门，由其通过有计划地统一组织国内订货、军内生产和境外进口等方式来集中统一地筹措所需要的绝大部分的军事装备维修器材。

(2)分散筹措。分散筹措，就是适应军事装备维修器材的通用性、多样性特点，对部分军事装备维修器材，特别是可以直接从市场上获取的维修器材、原材料等，可将其筹措的职责和权力下放给各级装备部门或部队，由其根据就近就便、择优筹措的原则，采取就地采购、自行加工，战时条件下还可以利用缴获等多种方法进行，以作为维修器材筹措的必要补充。

无论采取上述哪种筹措方式，军事装备维修器材的筹措都必须以满足军事装备维修保障的需要为目标，以适应装备的发展和市场的变化为要求，加强科学预测，提高筹措的计划性和针对性，搞好装备使用任务量、维修器材消耗量、经费限额量之间的综合平衡。要积极引入竞争机制，实行招标合同制，进一步拓宽筹措渠道，择优选择承制单位，确保军事装备维修器材的质量和供货时间，提高维修器材筹措的军事和经济效益。

3. 器材筹措的一般过程

军事装备维修器材筹措是一个从器材使用单位提出需求开始，到生产企业或保障单位将器材运送至使用单位或保障机构，并办理完财务结算手续为止的完整过程。这一过程主要分为筹措决策、供需衔接、进货作业三个阶段。

(1)筹措决策阶段。该阶段的主要任务是根据军事装备维修器材筹措需要，确定筹措目标，提出实现筹措目标可以采取的多种策略，按一定准则做出相应决策，并根据决策以计划和方案等形式对筹措行动做出进一步的细致安排。该阶段的主要工作有：收集并分析各种有关资料，预测维修器材需求，确定筹措目标与评价准则；预计筹措任务量、需要量和资源量，并与经费指标进行综合平衡，确定器材筹措的品种、规格和数量；按评价准则合理地选择筹措方式、供货单位、购货时机、购货批次和每批进货数量、运输方式等；编制维修器材申请计划、订(采)购计划、进货计划和修复与自制计划等各种与维修器材筹措相关的计划。

(2)供需衔接阶段。供需双方一般通过协商，按品种、数量、质量、时间和价格等多方面的条件进行平衡，在平等互利的原则上消除供需双方之间的矛盾，在品种、数量、质量、价格、时间、交货地点、运输方式、货款支付、售后服务、信息反馈等方面达成一致意见,然后签订合同,确定供需关系。

(3)进货作业阶段。该阶段是器材资源由供方转移到需方的过程。军事装备维修器材管理和保障机构要及时组织接运或提货、验收入库等工作。主要内容包括:订货合同的审查登记,及时了解合同执行情况;根据合同条款编制运输计划,组织接运或提货,验收入库,付款结算等。

(二)器材储备

军事装备维修器材储备,是为满足部队装备维修保障而进行的预先有计划的储存,是军事装备维修器材保障的基础环节,是保证军事装备维修器材保障连续、及时、可靠的重要条件。

1. 储备分类

装备维修器材储备,根据储备的目的和用途的不同,可分为战备储备和周转储备两类。

(1)战备储备。军事装备维修器材的战备储备,是为了保证完成战时军事装备维修保障任务的需要而建立的储备。器材战备储备分为战略储备、战役储备和战术储备三种。

战略储备,通常部署在战略后方隐蔽而又便于运输的位置。战役储备,通常布置在各战役纵深地区,形成梯次配置,由各战役单位直接掌握使用。战术储备,通常以部队携、运行的战备基数形式储备。为满足部队一次作战或一定时间的作战需要,有时可以在携、运行量外,增加一部分器材储备,称加大储备。各级战备器材的储备量,主要依据战时部队装备编制,作战使用频度,修理编制体制,修理任务分工,正常磨损的器材消耗规律和军事装备的战损率及损伤程度,以及采用的修理方式(通常战场以换件修理为主)等情况确定。

(2)周转储备。军事装备维修器材的周转储备,是为保证平时军事装备维修保障需要而建立的储备。这种储备包括经常储备和保险储备两部分。经常储备是指在两次进货的间隔期内,为保证正常供应的需要而设置的器材储备;保险储备是预防出现意外情况时,能实施不间断供应而设置的器材储备。最高储备量是这两种储备的数量之和。如果可以确切地知道维修器材的未来需求量,也可不建立保险储备;但是若以概率分布确定的维修器材需求量,一般都应建立保险储备。

2. 储备要求

军事装备维修器材储备的基本要求是,既能满足平时训练的需求,又能适应未来战争的需要;同时又要经济合理,能及时发挥器材的效能。具体有以下几个方面的要求:

(1)合理的方式。平时不可能将大量资金投入大规模的器材储备,这就要求把实物储备、合同储备、能力储备结合起来。实物储备是为了满足平时训练装备维修以及未来作战初期实施保障所需的器材。合同储备是指对于生产周期较短且不易产生社会危害的装备维修器材,可以委托具备储存条件的装备器材生产单位代为储存保管,并负责其日常管理、更新轮换,需要时负责运送到指定地点。能力储备是指生产能力的储备。采用实物储备与能力储备相结合、军队储备与社会储备相结合的方式,既有利于平时经济建设,又有利于适应未来战争的需要。

(2)合理的规模。为持续满足军事装备维修保障的需要,军事装备维修器材储备应当具有合理的数量规模。受装备维修器材储备的规律和特点影响,这一规模既不能过大,也不能过小。规模过大,周转、使用和更新的时间长,容易造成过期失效和积压浪费,增加储存保管成本等导致保障效益降低的问题。规模过小,难以及时连续地满足部队需要,造成保障中断,从而影响部队建设和作战任务的完成。

(3)合理的结构。储备结构,是指所储备的军事装备维修器材的各种类别、品种、规格、性能之间的构成关系。现代军事装备的种类繁多、系列化程度高,军事装备维修保障对维修器材的依赖性不断增强,任何一种装备维修器材的缺少,都会影响军事装备维修保障活动的有效进行,直至影响军事装备整体作战效能的发挥。因此,装备维修器材应当形成综合配套、比例恰当的储备结构。

(4)合理的布局。军事装备维修器材储备布局,是指军事装备维修器材储备的空间分布、层次分布。为了在部队要求的任何地区都能提供所需的军事装备维修器材,装备维修器材储备应当形成合理的布局。通常应结合部队的平时部署、战时可能的作战任务及兵力配置、自然地理条件等情况,根据储备的层次分工和军种分工,建立以战略储备基地为依托,各战区的分区储备与随部队的携运行储备相衔接,全纵深、多层次、全方位的装备维修器材储备布局。

3. 储备的库存控制

随着军事装备维修器材的筹措、补充和供应活动的不断进行,装备维修器材的实际库存量是动态变化的。库存控制就是根据军事装备维修器材储备、供应的需要和库存变化情况,通过采取一定的动态控制措施,使维修器材库存量保持在既能满足需求,又不造成积压浪费的合理水平上。

保持经济合理的军事装备维修器材库存量,关键是要制定一个合适的订货策略。订货策略的内容,主要包括订货时机、订货数量、订货方法。制定订货策略可以有一种或多种方法。其中,采用得较多的是重点控制法。

军事装备维修器材重点控制法是根据库存器材品种和所占金额的不均衡性,将项数众多、品种规格繁杂、价格高低不一的器材,按器材的类别所占的总金额的大小进行分类,分别采取不同的库存控制方法。通常可以将库存器材按其所占金额大小分为 ABC 三类:A 类器材是大的部、组件(也称总成),数量宜占器材总品种的 10% 左右,价值约占总金额的 80%;B 类器材是常用器材,消耗量较大,数量宜占器材总品种的 30%,价值约占 15%;C 类器材是那些品种数量大而所占金额小的器材,数量宜占器材总品种的 60% 左右,但其价值不到 5%。通常对 A 类器材实施重点严格的控制,对 B 类视情实施重点控制或一般控制,对 C 类器材主要实施一般控制。采取这种方法,可以抓住重点、照顾一般,达到提高库存控制效果和经济效益的目的。

(三)器材供应

军事装备维修器材供应,是为了满足部队对装备维修器材的保障需要而进行的分配、调拨、发放、输送和接收等活动的统称,是军事装备维修器材保障的最后环节。只有供应活动,才能将军事装备维修器材转移到使用者的手中,实现装备维修器材的使用价值。

1. 供应时机

装备维修器材的供应时机,主要根据部队执行各种任务时对装备维修器材的需要和装备维修器材的供应条件等情况确定。一般可分为平时供应与战时供应。平时供应又分为年度供应与临时供应,战时供应可分为任务前供应、任务中供应和任务后供应。对于装备维修周转器材,通常按平时的消耗定额按年度实施供应,执行各种任务的额外需要量实施临时供应。对于装备维修战备器材,通常在部队执行任务前按规定的装备维修器材储备标准和携、运行量等全部供应到位。执行任务过程的维修器材消耗,通常在遂行任务过程中视情实施补充供应。当部队完成作战任务后,按规定的储备标准和携、运行量及时补充装备维修器材的缺额,以保证部队迅速形成装备维修器材的保障能力。

2. 供应方式

装备维修器材的供应方式,从不同的角度有不同的区分,应根据供应对象、供应时间、供应地点和供应内容等具体情况灵活选择。

按供应渠道可分为上级供应、就地筹措供应、调剂供应。上级供应,是指按照装备保障体制确定的上下级装备维修器材保障关系,由上级保障机构对下级保障机构或部队实施供应的方式。它是装备维修器材供应的主要方式。就地筹措供应,是指在驻地或遂行任务的地区,采取就地采购、动员生产和征集等手段获取需要的装备维修器材,特别是军民通用的装备维修器材,并对部队进行补充供应的方式。它是装备维修器材供应的辅助方式。调剂供应,是指在需求紧急、供应不及的情况下,通过在同一地区的部队之间进行装备维修器材的调剂,来实施供应的一种临时应急性供应方式。它是应对紧急需求的一种有效补充方式。

按供应形态可分为实物供应和经费供应。实物供应,是指向部队供应可以直接使用的装备维修器材。它是使部队及时获取和使用装备维修器材的重要保证,是装备维修器材供应的基本方式。经费供应,是指向部队提供一定数量的装备维修器材购置经费,由部队自行采购所需的装备维修器材。它可以适当减轻实物供应的压力,是装备维修器材供应的辅助方式。

按供应环节可分为逐级供应、越级供应。逐级供应,是指部队需要的装备维修器材由上一级装备维修器材保障机构实施供应。由于各级装备维修器材保障机构都有明确的保障对象和保障职能,对所保障部队的任务及其装备维修器材需求掌握准确,供应关系明确,供应计划和行动的针对性强,因此逐级供应是装备维修器材供应的基本方式。越级供应,是指超越一定保障层次或环节实施装备维修器材供应的方式。越级供应可以减少装备维修器材保障过程中的运输中转环节,提高供应时效,但是组织协调难度大、要求高,因此它只是在必要情况下采用的一种辅助供应方式。

按补充程序可分为计划供应和申请供应。计划供应,是指部队需要的装备维修器材按照预先拟制的供应计划实施供应的方式。装备维修器材供应计划是装备维修器材供应的基本依据,当装备维修器材需求未发生重大变化时,通常以计划供应为主。申请供应,是指根据部队临时提出的申请而实施供应的方式。它是计划供应的补充方式。

按供应内容可分为配套供应与单品种供应。配套供应,是指按装备维修器材的储备或消耗定额,将装备维修器材按品种、数量配备齐全,成套进行供应的方式。这种供应方式手续简单、发放迅速,是组织装备维修器材供应所采用的主要方式。单品种供应,是指按装备维修器材的单个品种需要组织供应的方式。单品种供应灵活性较强,可以弥补配套供应所存在的器材消耗品种、数量不均,个别器材可能出现短缺的不足,是一种可以在多种情况下采用的辅助供应方式。

五、战时装备维修保障

战时装备维修保障,应当围绕作战行动,采取多种方式组织实施装备维护、装备抢救、装备抢修和维修器材供应。

(一)战时装备维护

装备维护,应当结合作战进程,选择适当的时机和地点,根据遂行的任务、装备技术状况等,利用战前和作战间隙等进行。

战前,各级指挥机构装备保障要素应指导各作战部队,对所有参战装备进行全面检查和强制性保养。必要时,应派出专业修理力量和科研院所、军工企业的科技人员等,定点或巡回指导部队的装备维护,协助部队解决各种技术难题。

在作战实施阶段,各级指挥机构装备保障要素按计划、有重点地指导部队进行经常性的战中装备维护,提高装备的再次参战率和持续作战能力。一是突出战中装备维护的重点。需要着重根据下一步的作战行动和需要投入的装备,区分轻重急缓,集中主要力量,对主要参战装备实施重点维护。二是充分利用有利时机组织实施。需要紧密结合作战和受敌威胁情况,考虑装备检查、维护的时间要求,充分利用作战阶段转换和作战行动的间隙,快速进行装备的战中维护。三是采取多种维护保养形式。需要根据军事装备的作战使用对维护保养的要求,将日常维护保养、定期维护保养(等级保养)和不定期维护保养结合起来,及时消除隐患、排除故障,保持装备经常处于规定的战时状态。

在作战结束阶段,各级指挥机构装备保障要素指导各作战部队对参战装备进行全面的维护,尽快恢复其战术技术性能,确保再战需要。

(二)战时装备抢救

装备抢救,是在战场上对淤陷、战伤、损伤和有故障的装备实施自救、拖救、牵引和后送等行动的统称。其是使遇险、战伤或因为技术故障等原因而失去战斗力或机动力的大型装备(如坦克、舰艇、飞机)脱险和转移的行动。

对各种装备进行抢救是战时各级装备维修保障力量经常遂行的保障任务,也是进一步对装备进行抢修或后运的前提。装备抢救,应当采取自救、互救等方法,按照先主要作战方向后次要作战方向,先指挥装备、主战装备后其他装备,先轻度损坏装备后重度损坏装备的顺序实施。

(三)战时装备抢修

装备抢修,是在战场上为使战伤、技术损伤的装备尽快恢复战斗力而进行的一系列活动,是战时装备维修保障的核心工作。部队战斗力“再生”的一个重要方面就是要使损坏装备能够及时得以“再生”,而使损坏装备“再生”的唯一手段就是装备抢修,特别是装备的战场抢修。

装备抢修,应当采取后方基地修理与战场修理相结合,以战场修理为主的方式进行。战场修理可以在装备所在地(如损坏现场、阵地、集结地域、行军途中等)或其附近使装备得到修理,最大限度地减少装备的后运量,缩短装备在修时间,及时使修复装备再次投入作战。其主要组织形式,有阵地修理、伴随修理、巡回修理、临时设点修理等。

装备抢修采取原件修理、换件修理与拆拼修理相结合的方法进行,以换件修理为主。还要采取应急修理与按技术标准修理相结合,以应急修理为主的方法。

(四)战时装备维修器材供应

战时装备维修器材供应受供应体系、补充方式和补充手段等诸多因素的综合影响。

完善合理的供应体系是高效地实施维修器材供应的基础。信息化条件下的联合作战,对维修器材供应的时效性要求更高,应尽量减少供应层次和中转环节,提高补充速度。

灵活采用多种补充方式,是提高维修器材供应时效的重要保证。由于联合作战各参战军兵种部队担负的任务不同,陆战场、海战场、空战场的环境不同,补充手段也不同,因而维修器材供应的方式也应灵活多样。按补充的环节、层次,可分为逐级供应、越级供应,必要时还可以在诸战役军团之间进行相互调剂;按补充程序、分工,可分为计划供应、紧急供应、上级前送供应、下级领取供应;按补给力量的运作方式,可分为前送供应、定点供应和伴随供应等。

第三节　军事装备保障指挥

军事装备保障指挥,是指各级指挥员及其指挥机构装备保障要素,运用装备保障力量保障部队作战及其他军事行动所进行的组织领导活动。其目的在于统一装备保障人员的意志和行动,最大限度地发挥装备保障效能,保障作战需要。

一、军事装备保障指挥的任务和原则

明确装备保障指挥的基本任务、原则和要求,是装备保障指挥应当首先解决的问题。

(一)装备保障指挥的任务

装备保障指挥的任务,是指各级指挥员及其指挥机构装备保障要素为有效组织装备保障所需要做的工作。主要包括筹划和运用装备保障力量、组织计划装备保障、指挥控制装备保障机构的行动、协调装备保障系统内外部关系、组织装备保障机构的防卫等。具体来说,主要有以下内容:掌握各种装备在作战过程中的数质量情况,为军事指挥员定下作战决心和实施作战指挥提供必要的装备信息;根据作战决心、作战部署以及军事指挥员对组织与实施装备保障的有关指示,进行战时装备保障决策,拟制战时装备保障计划,组织装备保障力量实施保障;组织指导装备的正确使用与维护保养,保证装备的首次参战率;组织指导损坏装备的抢救抢修,保证装备的持续参战率;组织指导武器、弹药、维修器材的筹措、储备与供应;组织指导装备保障机构的训练,提高装备保障力量的保障能力;组织指挥装备保障机构的战场防卫,确保装备保障体系的安全稳定。

(二)装备保障指挥的基本原则

信息化战争条件下,随着军队装备现代化程度的提高,各军兵种武器装备种类增多及技术含量加大,装备保障系统的力量构成日趋多元化、综合化,战时装备保障任务更加繁重和复杂。因而,装备保障指挥必须遵循以下原则:

(1)集中统一、分级控制。只有立足全局,实行集中统一的装备保障指挥,才能充分发挥现有装备保障力量的整体效能,使有限的、分散的装备保障力量聚合形成保障优势。战时装备保障具有很强的时间性要求,靠前完成装备保障任务是提高战时装备保障时效性的重要途径。为此,还需要在集中统一指挥的前提下,建立分级控制机制。

(2)关照全局、把握重心。战时装备保障具有保障对象多、范围广、任务重、要求急等特点。装备保障指挥,既要顾及所有的作战方向和保障领域,又要将主要注意力集中到对战争全局具有最重要最有决定意义的保障重点上,集中使用有限的保障力量,在局部方向形成聚合保障优势。

(3)及时高效、灵活指挥。信息化局部战争,战争发起突然,作战强度大,作战节奏快,装备保障的时效性要求更加突出。在组织实施战时装备保障时,应当及时了解前方作战情况,密切关注整个战局发展,快速准确掌握作战部队保障需求,适时制定保障计划和应急保障措施,使装备保障无论是在时间、空间上,还是在数量、质量上,都能做到及时到位,与作战部队的需要相适应。

二、军事装备保障指挥方式

装备保障指挥方式是指指挥员及其指挥机构装备保障要素,对指挥对象实施指挥的方法和形式。不同的指挥方式,对装备保障产生的作用和效果有很大不同。必须根据装备保障的任务和保障环境,有针对性地选择合理的指挥方式。

(一)集中指挥

集中指挥,又称集权式指挥,是指指挥员及指挥机构装备保障要素对装备保障、防卫和其他行动实施集中决策、统一控制的指挥。通常按照隶属关系,对建制的和上级加强的装备保障力量以及地方支前的力量,实施直接掌握和控制,通过装备保障命令或装备保障指示对下级的装备保障进行协调与控制。

装备保障集中指挥,能够将各种装备保障力量统一组织、调动、使用,形成整体的保障合力，并保持各种装备保障活动在全局上达成协调一致，保证按指挥员的意图和总的计划完成装备保障任务；便于指挥员关照全局，把握保障重点以及把握一些关键性的保障行动；便于下级更多地得到上级的有力支持，减少下级指挥员的组织计划工作，提高装备保障指挥效能。这种指挥方式，对于充分发挥各军兵种装备力量和地方支前力量的整体保障能力具有重要作用。

但是，这种指挥方式也存在一些缺陷。一是指挥权过分集中，难以完全适应复杂多变的战场环境。二是对下级装备保障部门和所属部队（分队）的主动性和创造性的发挥有较大的限制。三是对指挥工具依赖性大。一旦通信保障不畅，指挥的反应速度和对战场情况快速变化的适应性便大大降低，易造成指挥不及时甚至中断的现象。

（二）分散指挥

分散指挥，又称分权式指挥，是指上级指挥员和指挥机构装备保障要素将部分职权下放给下级指挥员的一种指挥方式。这种指挥方式的主要特征是"示任务而不示手段"，上级指挥员对下级的装备保障活动只是概略性地规定保障任务，原则性地下达装备保障指示以及完成装备保障任务的要求和时限，而不规定完成保障任务的具体方法和步骤，由下级保障部门或所属部队（分队）根据上级指挥员的总体意图和实际情况，独立自主地计划和指挥本级所属力量，完成本级装备保障任务。所谓交代任务式指挥、委托任务式指挥等，都属于分散指挥的范畴。

装备保障分散指挥，一是有利于下级指挥员及时灵活地处置情况，下级指挥员能够根据上级赋予的行动自主权，按照上级意图，灵活地根据当时的战场情况，及时地定下保障决心，从而能够更好地适时、适地、适量地组织装备保障。二是有利于充分调动下级指挥员的积极性和创造性，增强其完成任务的责任感和压力感。三是有利于上级指挥员从繁琐的指挥控制事务中解脱出来，将更多的精力用于统观全局、运筹谋划。四是有利于装备保障指挥的持续稳定。

尽管分散指挥方式在现代战争中地位越来越重要，但它仍然存在一些局限。一是不利于整体保障合力的形成。由于下级有较多的指挥自主权，各保障部队（分队）在独立遂行装备保障任务时，如果把握不好局部与全局的关系，容易影响装备保障全局。二是装备保障力量分散，保障效益相对降低。装备保障部队（分队）遂行独立保障、自主指挥时，必须增加指挥人员，编组更多的预备力量。为此，上级必须要给下级加强必要的保障力量和指挥器材等。这样，分散的下属单位越多，需要上级加强的力量也就越多，装备保障力量越分散，使得保障效益也就相对降低。三是对下级指挥员素质要求更高。分散指挥要求下级指挥员，能够正确理解合成首长作战意图和上级装备保障决心，准确判断面临的形势，在错综复杂的情况下，能创造性地组织各项装备保障。

（三）按级指挥

按级指挥，也称逐级指挥，是按照指挥关系从上到下逐级实施的指挥，其实质是现代军事控制论中的多级递阶控制的指挥控制方法。这种指挥方式，递阶控制，各司其职，是装备保障指挥程序的基本规范。

装备保障按级指挥，上下级指挥机构装备保障要素之间有着较为明确的指挥职权和相对稳定的指挥关系，便于各级指挥员履行职责，发挥各级指挥机构的作用；便于指挥活动的有序展开和进行，有条不紊地实施保障。但由于指挥活动逐级展开，指挥信息的流通环节增加，指挥周期加长，从而在一定程度上影响指挥的时效性。当中间某一级指挥机构联络中断时，容易出现“切断一支瘫痪一片”的后果。当出现突发情况，特别是出现影响装备保障全局的特殊情况时，往往难以及时地处置。

采取按级指挥方式时，指挥员按照作战编成和隶属关系，预先要建立或者完善指挥体系，具体明确各指挥机构装备保障要素之间的关系和每一层次指挥机构的指挥任务以及职权范围。各级指挥机构装备保障要素应按照规定的职责和指挥权限逐级地对所属部队实施指挥。该行使的职权没行使，就会造成下级行动的失控和混乱；超越行使本级职权，就会造成下级无所适从。采取按级指挥方式，要强调局部服从全局、下级服从上级。当发现本级决策与上级意图发生矛盾时，即使本级利益受到损害也要迅速纠正，以保证上级意图和总体任务的实现。

（四）越级指挥

越级指挥，是超越一级或数级实施的指挥，它能够在指挥者与被指挥者之间快速地形成直接指挥关系，减少指挥环节，缩短指挥周期，加快信息传递速度，及时地处理装备保障过程中出现的紧急情况，提高装备保障指挥的时效性。运用越级指挥时，上级指挥员应将自己的意图和指示通报被超越的指挥员和指挥机构，情况紧急时也可事后通知，被越级指挥的单位也应及时向直接上级报告执行任务的情况。

一体化联合作战，由于指挥技术手段的发展，促使越级指挥方式地位上升，尤其是在紧急情况下跨越一级或两级指挥层次进行装备保障指挥，已成为一种常见的指挥方式。装备保障指挥信息系统的建立和完善，能够把各级装备保障指挥机构紧密连接为一个完整的指挥系统，使指挥机构有可能利用多种通信手段及时发送指令，实施越级指挥，提高指挥效率。同时，被超越的层次或单位，几乎能与越级指挥的对象同时了解到相应情况，降低了越级指挥可能带来的副作用。这种主观需要与客观可能的矛盾运动，使越级指挥在装备保障指挥中的运用机会增多。但这种指挥方式容易打乱原有的指挥层次和指挥关系，需要预先与被指挥者之间建立相应的通信联络，并尽量减少越级指挥的单位数量，以保持装备保障指挥的有序性。

采取越级指挥时，应注意选择运用时机。一是情况突然变化，时间紧急按级指挥又来不及时，为了争取保障时间和赢得保障的主动，就可以打破正常的指挥层次，实施越级指挥。二是对独立执行保障任务的部队（分队）可实施越级指挥。三是按级指挥通信联络中断，又便于越级指挥时，可采取越级指挥。四是越级指挥对象靠近指挥机构，而远离其直接上级时，也可采取越级指挥。五是对一些关键性的、有可能影响整个保障全局的装备保障行动，也可实施越级指挥。

三、军事装备保障指挥活动

装备保障指挥活动主要包括拟制装备保障方案，部署、调整装备保障力量，组织实施装备保障，控制装备保障行动，组织装备保障协同和撤出战场等内容。

（一）拟制装备保障方案

装备保障方案，是指挥机构装备保障要素为完成装备保障任务而进行的预先筹划、部署和安排的指挥文书。装备保障方案是组织实施装备保障的基本依据。拟制装备保障方案是装备保障指挥活动的重要工作，只有拟制好装备保障方案，装备保障指挥活动才能有序展开。

装备保障方案的内容主要包括：保障力量的区分、编组；装备保障机构的配置、任务区分、运动路线、开设时机；上级保障机构的编成、配置、任务区分、开设时机；各阶段装备的保养、抢救、修理和后送的措施；弹药的消耗、储备标准和区分，补给的路线、顺序和方法；维修器材的消耗、储备标准，补给的路线、顺序和方法；通信联络的规定；防卫的规定；协同的有关事项等。

拟制装备保障方案，首先要明确方案拟制的依据。全面了解与装备保障有关的敌我情况、战场环境、作战目标，以及为达成作战目标而应完成的保障任务，找出保障中需要解决的关键问题，结合现实条件，初步确定装备保障所能达到的极限。其次要预计装备保障任务量。根据作战规模和有可能出现的战斗激烈程度，借助科学的手段和有效的方法，对装备保障任务量进行预测。再次，要进行多方案择优。在装备保障方案的拟制过程中，应准备几个互不相同的方案，对备选方案进行分析论证，然后从中优选保障效益最大、人力和物力消耗最小、可靠性最大、风险性最小的方案。最后，要及时修订装备保障方案。在实施过程中，要掌握情况的变化和决心的执行情况，根据反馈的信息和作战环境的变化、保障力量的消长，及时调整或修改装备保障方案。

（二）部署、调整装备保障力量

装备保障部署是指对装备保障力量进行的区分、编组和配置。装备保障力量的区分、编组和配置，对组织一次战役来说，通常按照作战任务将装备保障力量分成若干部分；而对完成各个任务的装备保障力量，还要进行适当的编组，比如编成伴随保障群或固定保障群、装备保障预备队等；在编组的基础上要具体确定各个保障单元的保障位置。

装备保障调整是指作战过程中，指挥员及其指挥机构装备保障要素根据变化了的情况，及时修订或变更装备保障方案。由于战场情况变化急剧，致使装备保障任务、保障关系和保障行动发生较大变化，装备保障方案难以执行时，就要求指挥员及其指挥机构装备保障要素，随时了解部队（分队）作战任务的变化和进展情况，掌握装备保障部队（分队）的保障情况，并根据战场情况变化和对装备保障行动的影响程度，及时主动地组织调整装备保障分队的保障行动，提高保障效率。

（三）组织实施装备保障

组织装备保障，是把本级建制的、上级加强和地方支援的各种装备保障力量，优化组合成一个有机整体的指挥活动过程。其组织是否科学、合理，将直接影响保障能力的发挥、保障效益的提高和保障任务的完成。

组织装备保障的方法。应根据装备保障特点和完成任务的需要，采取不同的方法。比如，可按各专业性质组织、按各专业部门组织等；在具体执行保障任务的过程中，又可按工作程序进行组织、按完成任务的具体方面进行组织等。选择组织方法，要有利于充分调动装备保障人员的积极性，有利于提高工作效率和效益，以达到最佳的组织效果。在装备保障的不同阶段，组织装备保障的任务各不相同。在战前要认真做好装备保障的各项准备工作，做好战时装备保障的各项准备。在作战过程中，要及时了解作战部队的装备保障需求，适时调整装备保障方案，确保满足作战需要；根据需要适时指导装备保障机构靠前实施装备保障；对主要作战部队（分队）要及时组织装备保障力量实施越级直达保障等。

（四）控制装备保障行动

装备保障行动控制，是对装备保障决策目标、命令、指示、计划执行过程进行监督和检查，及时发现问题，采取措施迅速纠正偏差或将偏差限定在允许范围之内，保证装备保障活动按计划顺利实施的指挥活动。及时督促、检查装备保障部队（分队）遂行每一项保障任务，引导其按保障方案行动是装备保障控制的主要内容。

装备保障行动控制一般遵循如下程序:首先,确定控制标准。控制标准是实施控制的依据,主要包括上级的指示、标准、规定和要求,本级指挥员的命令、指示,本级制定的保障方案等。其次,评估执行情况。就是将保障实施情况与上述标准进行对比,并作出正确的评价。最后,纠正偏差。通过衡量执行情况发现保障现状与保障计划的偏差,确定产生的原因,判断这些偏差对实现决策目标的影响程度,根据偏差的大小和控制能力,制定纠正偏差的方案,从而消除偏差或将偏差的影响限定在允许的范围内,使有限的保障能力与决策目标相适应。

(五)组织装备保障协同

装备保障协同,是指挥员及其指挥机构装备保障要素组织所属和配属的保障部队(分队)同有关部门,为完成装备保障任务所进行的协调配合行动。现代战争装备保障是一个十分复杂的系统,要使其有序运转,充分发挥整体保障功能,就必须组织良好的协同。装备保障协同贯穿于装备保障活动的全过程。战中,当情况发生变化,原协同不适应新情况时,应及时组织新的协同。

(六)作战结束后撤出战场

作战结束后,指挥机构装备保障要素应组织装备保障力量及时清理战场,保障部队顺利撤离,并为撤离部队执行下一个任务提供装备保障。

作战结束后,一项重要工作就是装备保障效果评估。装备保障效果评估,是一种运用现代科学方法,对装备保障所取得的实际成效进行的评析和估量。主要目的在于总结经验教训,以便在下一次装备保障中取得更好的成绩。评估的主要内容包括装备保障指挥评估、装备保障方案评估、装备保障方式方法评估、装备保障成效评估等。

思考题

1. 军事装备调配保障主要包括哪些内容?

2. 简述如何组织退役报废装备的技术鉴定?

3. 简述军事装备维修保障的内涵与主要任务。

4. 以职掌或者熟悉的装备为例,试分析定时修理、视情修理、事后修理三种方式的特点和各自的适用范围。

5. 简述军事装备维修器材库存控制的 ABC 方法。

6. 试述军事装备保障按级指挥和越级指挥的优缺点。

第四部分

军事装备管理

第九章　军事装备管理的基础理论

军事装备管理理论，是对装备管理工作的理性认识，是对装备管理实践的理论总结和提升。军事装备管理作为军事装备工作的重要内容和军队管理的重要组成部分，为了适应武器装备信息化、智能化、体系化发展的需要，实现科学管理，必须认识与把握装备管理的基本要素、基本职能、基本内容、基本原则和基本方法等基础理论。

第一节　军事装备管理的内涵、原则和要求

了解掌握军事装备管理的基本内涵、主要内容和实施装备管理的原则，是正确实施装备管理的前提。

一、军事装备管理的概念内涵

（一）概念区分

军事装备管理的概念，由于大家认识角度的不同，存在着一定的差异。整体来说，对装备管理的理解，主要有狭义和广义之分。

广义的装备管理是指对装备全系统、全寿命的管理，是对军事装备“从生到死”各个环节一系列管理活动的总称。包括对装备发展的预测决策、规划计划、科研试验、生产监造、订购采购、调配动用、储存保管、维修保障、退役报废等活动的管理，因此装备管理可分为建设阶段的管理和使用阶段的管理两个阶段。

装备建设阶段的管理是指装备全寿命过程中部队接收之前的管理活动，称为装备发展管理。使用阶段的管理是指部队对装备从接收到退役、报废之前进行的一系列管理活动。使用阶段的管理就是狭义上的装备管理，也称为部队装备管理。

（二）基本任务

军事装备管理的基本任务是合理配置装备建设和管理资源，加快装备发展，保持装备的良好技术状况和管理秩序，保障部队遂行作战、训练、执勤和其他

任务。

1. 提供性能优良、质量可靠的军事装备

装备部门根据军队装备发展更新的方针和规划，为部队提供技术先进、实用高效、质量优良和价格合理的军事装备，并做好装备的申请、供应（包括调整、更新）、退役、报废等工作。根据部队使用需求，组织有关专家和人员对军事装备的发展和更新工作进行充分论证，对新装备提出有关质量特性要求（含可靠性、维修性和保障性要求）。

2. 正确使用军事装备

装备部门通过对官兵进行爱装管装教育，对装备使用人员、保障人员进行技术培训，为部队及时提供技术指导；在部队组织开展装备管理“四会”活动，保证部队按照装备的特性、编配用途和使用要求，正确合理地使用装备；执行装备的封存、动用和使用规定。

3. 保持军事装备良好的技术状况

通过对装备实施维护保养、监测诊断、技术检查、技术准备等勤务工作，使军事装备始终保持良好技术状况，满足完好率或在航率要求。

4. 保持军事装备良好的管理秩序

通过法规制度的刚性约束和装备管理检查的督促考评，形成部队装备管理的良好秩序，实现武器装备与人之间良好的匹配，尽快生成和持续保持装备战斗力和保障力，充分发挥武器装备作战效能。

二、军事装备管理的原则

军事装备管理基本原则，是装备管理工作中必须遵循的基本法则和要求，是长期装备管理实践经验的科学总结，是装备管理规律的客观反映。不同历史时期、不同社会制度的国家和军队，装备管理原则各异，我军根据多年的管理实践，总结出“统一领导、统筹规划，科学决策、注重效益，质量第一、安全可靠，首长负责、分级管理，全员参与、依法管装”的原则。这些原则是不可分割的有机整体，是各个方面、各个系统、各个环节都必须遵守的基本准则。

统一领导、统筹规划。装备管理工作是一个复杂的系统工程，实行统一规划计划、统一组织实施、统一经费管理、统一政策法规，使各项管理工作按计划、有步骤、协调一致地开展，提高装备管理的整体效能。

科学决策、注重效益。在装备管理决策中，根据军事需求，结合经济和技术可能，正确处理需求和可能、近期和长远、局部和全局的关系，进行调查研究，充分论证，选择合理的科研采购方式和保障方式，实施正确决策，提高装备管理效益。

质量第一、安全可靠。装备质量关系战争胜负和官兵生命。在装备全寿命过程管理中，坚持质量第一，正确处理质量、进度和效益的关系，正确处理性能的先进性和质量的可靠性、稳定性、安全性的关系，加强设计、试制、试验、生产、使用、维修等环节的质量控制和管理，确保装备性能优良、质量可靠、状态良好。

首长负责、分级管理。首长负责，是指部队（分队）首长要对本级所属的装备管理工作负完全责任，这是由装备管理工作的重要地位决定的。分级管理，是指在装备管理工作中，分层次、按系统实施管理，其目的是为充分发挥各级管理机构的职能作用，调动各单位、各部门、各系统和全体人员的积极性，共同管好用好装备。

全员参与、依法管装。全员参与、依法管装是装备管理的基本方针。装备管理是部队的一项经常性工作，首先要依靠广大官兵全员参与、全程参与。其次，依据部队装备管理的客观规律，装备管理的管理职责、管理方法、管理程序和管理要求都要按照条令条例、规章制度执行。

三、军事装备管理的要求

军事装备管理有其内在的规律性，各个阶段、各个环节的特点不同，具体要求也有所不同。但从整体和全过程看，最基本的要求是“科学化、制度化、经常化”，简称“三化”。装备“三化”管理是1983年在全军武器装备三年大整顿总结表彰时提出来的。装备“三化”管理，是一个不可分割的整体，“三化”之间既相互区别，又有机联系，具有很强的系统性。“三化”既是我军装备管理的基本要求，又是检验装备管理工作质量的重要标准。

（一）装备管理的科学化

装备管理的科学化，是指根据装备管理的客观规律，从充分发挥装备的最佳效能出发，确立和采用科学的管理思想、理论、方式方法和手段，实现最佳管理效益。

科学化是新时期装备管理的客观要求，要实现科学化管理，应注意抓好以下三个关键环节：一是要严格按照装备管理的客观规律办事。装备管理有其不以人的主观意志为转移的客观规律，违背了客观规律就谈不上科学性。例如，装备放在潮湿的地方就容易生锈、霉烂，再先进的装备也经不起常年的日晒雨淋，这就是规律。又如，装备都有一定的寿命期，超过了寿命期，技术性能就要下降甚至丧失，这也是规律。再如，装备的使用强度和使用条件都有客观标准，超强度、超条件使用，就会发生故障或造成损坏，这还是规律。可以说，按照客观规律办事是装备科学管理的基础。二是不断学习和运用先进管理思想、理论和方法，指导装备管理实践。如在装备“三化”管理中,为使装备在复杂多变的情况下始终保持良好的技术状况,将管理理念由强调“静态”管理转变为强调“动态”管理,摸索了动中达标的基本方法和手段,从而使装备完好率大大提高。三是不断改革完善管理机制,努力开发和应用先进的管理手段和方法。一方面要注重“硬件”,即管理设备、设施的改进和提高,创造采用先进管理手段和方法的良好的物质基础。另一方面更应注重“软件”,即体制、制度、手段、方法的改进和完善,充分利用现有的物质条件提高管理效益。

(二)装备管理的制度化

制度是要求人们共同遵守的行为规范和准则,具有一定的强制性。军事装备管理的制度化,是指建立健全装备管理的各项规章制度和系统的工作标准,规范和监督全体人员自觉按照制度和标准办事,保证各项管理活动的正常进行。装备管理制度化的内容主要包括:根据不同层次、不同类别装备管理活动的需要,建立健全的法规制度体系,明确各部门、岗位、人员的工作职责、工作程序和行为标准;监督控制各个单位、人员自觉执行规章制度和行为标准;对违反规章制度的行为依法处理等。

我军在几十年作战和建设实践中,经过不断探索和总结,逐步建立了一套具有我军特色的装备管理法规制度体系,如我军装备条例、装备管理规定等。认真贯彻执行装备管理方面的条令、条例、规章制度,是实现装备管理制度化的基本途径。第一,应树立法治观念,增强依法管装的自觉性。第二,要明确装备管理法规制度的有关内容,熟记与本职工作相关的规定和要求,做到心中有数。如岗位责任制度、交接制度、保管制度、检查点验制度、登记制度、动用和封存制度、维护保养制度、退役报废处理制度、装备安全管理制度、奖惩制度等。第三,要以条令、条例和有关规章制度为行为准则,各负其责,各尽其职。要在规定的职权范围内严格履行职责,建立起正规的装备管理秩序,并要做到在制度面前人人平等,严禁以权代法。第四,要奖罚严明。实现装备管理制度化,必须奖罚严明。奖罚不严,将使规章制度形同虚设,不但会助长不正之风,打击广大官兵依法管装的积极性,而且可能酿成重大事故。

(三)装备管理的经常化

装备管理的经常化,是指在军事装备管理的全过程中,始终保持管理的连续性和稳定性,对各项规章制度的执行、各个环节的控制、各项具体工作的管理都要做到延续不间断。装备管理的经常化,是使科学化和制度化落到实处的基本保证,是各级领导、各个业务部门、全体管理和使用人员共同的责任。

要实现装备管理经常化,首先,要将其纳入军队总体建设的正常轨道,要以军队整体建设目标为指导,与各项工作紧密衔接,形成良好的秩序和氛围。若把装备管理工作与其他工作割裂开来,不但会影响军队建设整体目标的实现,而且不利于提高装备管理工作的效益和实现装备管理的经常化。

其次,要把装备管理化为全体人员的自觉行动。不仅要发挥领导、有关部门和专业人员的积极性,而且要发挥部队全体人员的积极性。要通过经常性的普遍深入的教育,使每个人牢固树立起爱装管装的观念,自觉在思想和行动上把装备当作自己的"第二生命",使装备管理的经常化真正落到实处。

最后,要抓好管理的各个环节、各项具体工作,做到持之以恒,常抓不懈。装备全寿命过程的管理,是由众多环节和各项具体内容构成的,这些环节和内容既相互联系,又互相制约,哪一个环节或具体工作出了问题,都会对整体造成不利影响。因此,装备管理部门和人员,应时时处处坚持执行装备管理的各项制度和规定,经常检查落实情况,及时发现隐患和问题,采取有力的解决措施。

军事装备的"三化"管理,虽然各自的侧重点有所不同,但其总目标是一致的。要实现"三化"管理,关键在于采用科学的管理思想和方法,建立完善的行为规范和工作准则,并持之以恒地抓好落实。

第二节　军事装备管理方法和手段

科学合理的军事装备管理方法和手段,有助于优化装备资源配置,缩短装备建设周期,降低装备全寿命成本,减少技术风险,保持装备良好技术状况,提高装备管理的综合效能。

一、军事装备管理的基本方法

军事装备管理方法是指为实现装备管理目标,保证装备管理活动顺利进行所采取的方式和途径的总称。军事装备管理基本方法有计划管理、目标管理、系统工程、项目管理、风险管理、责任制管理、标准化管理等。

(一)计划管理

对军事装备管理计划的制定、实施和调整过程所进行的管理活动。目的是通过外部环境输入的信息和内部反馈的信息做出分析,确定军事装备管理的目标,安排、选择最佳方案,并通过全面计划的实施,实现军事装备管理的目标。计划按照时间长短可以分为长期计划、中期计划和短期计划。长期计划一般期限在十年以上,是战略性计划,纲领性地提出发展的重大问题,通过中期计划和短期计划加以具体化并组织实施。中期计划期限一般为五年,是计划管理的基本形式。中期计划是制定短期计划的依据。短期计划一般是年度计划,是贯彻实现中长期计划的具体执行计划。

计划管理程序包括:第一,计划的编制。包括制定计划的目标,综合平衡、核定计划指标,编制综合计划。第二,计划的执行。把装备管理计划的各项指标逐层分解,落实到各单位或个人。第三,计划的调整。计划制定后,根据计划在执行中的反馈情况进行某些变动与调整。第四,计划的控制。为了保证计划执行结果能与计划预期目标相一致而采取的行动,一般包括事前控制、事中控制和事后控制。

(二)目标管理

军事装备的目标管理方法,是以确定和实现装备管理目标为中心,以自我控制为主要调控方式,以目标完成情况为主要依据实施奖惩的管理方法。

军事装备目标管理的主要内容包括:一是建立目标体系。在目标定位上,处理好先进性与可行性的关系,使目标具有激励性;在时间跨度上,长期、中期、短期目标相结合,使短期目标成为中、长期目标的时序分解;在目标层次上,各级装备管理目标相衔接,使下层目标成为上层目标的细化和分解。二是建立责权体系。明确各级各类装备管理目标的责任主体,并赋予其相应的管理职权,实现责任和权力的统一。三是建立控制体系。以自我控制为主,把自我控制、逐级控制和关键点控制结合起来,实现对管理活动的有效控制。四是建立考评体系。建立考评组织,制定考评标准,确定考评方式,保证考评的整体性、准确性和激励性。

军事装备目标管理的基本程序:首先在计划阶段,主要是制定装备管理目标,通过协商分解建立目标体系,落实目标责任制,并根据目标责任赋予责任单位和责任人相应的管理权限。其次在执行阶段,主要是以自我控制为主搞好协调控制,管理者给下级以指导,调节实现目标所需各种资源的配置,协调目标进度,保证目标顺利实现。最后在总结阶段,主要是考核评价装备管理绩效,根据目标达成度实施奖惩,并总结本期目标管理活动的经验教训。实施装备管理目标管理过程中,各阶段的工作互相联系、互相制约、以管理目标为主线形成有机的整体。

(三)系统工程

装备系统工程是以装备系统作为研究对象,从系统的整体目标出发,研究系统的论证、设计、试验、生产、使用和保障,以实现系统优化的科学方法。系统工程既是一个技术过程,又是一个管理过程,是系统形成的有序过程。装备系统工程主要包括全系统管理和全寿命管理。

1. 全系统管理

军事装备系统除了主装备(如舰艇、飞机、坦克)之外,还有装备保障系统。主装备与保障系统共同构成装备系统,它们之间具有有机的联系,是一个不可分割的整体,如果失去某一要素,该系统就不能完成其预定的功能。如果在论证、设计、研制时,只注意主装备,忽视装备保障系统诸要素,造成主装备与保障系统之间不匹配,必将制约装备系统效能的发挥。所以,在装备系统研制时,对主装备和保障系统要同步考虑。即在装备的最初设计阶段就考虑装备的保障要素,并随着研制工作的深入细化,要反复分析,综合权衡,使主装备与装备保障要素之间,以及各保障要素之间相互协调匹配,保证武器装备系统在交付使用之时就能形成有效的战斗力。

2. 全寿命管理

军事装备全寿命过程,是指装备从立项论证开始直到退役处理的整个过程。不同类型的军事装备,其全寿命过程的阶段,因性质、功能、复杂程度等的不同而有所不同。但一般装备的寿命周期大致可分为立项论证、初步设计、详细设计及研制、生产及部署、使用保障、退役处理等阶段。

军事装备的全寿命管理,可以理解为从纵向对装备寿命周期的各阶段实行统筹管理。因为装备全寿命过程的各阶段工作有着密切的关系,例如,前期可靠性设计较差,后期生产工艺再好,也生产不出高可靠性的装备,使用维修阶段装备就会经常发生故障,影响部队战斗力生成及其持续,所以,早期的装备管理工作,对装备系统研制的成败关系甚大。早期的科学管理和正确决策,将对武器系统的效能、费用和进度有着深远的影响,一旦进入生产及部署阶段,再要修改,不仅费时、费钱,有时甚至是不可能的,如果把问题遗留到作战使用阶段,将造成严重的后果。当然后期的管理也很重要,可靠性再好的武器装备,如果使用维修阶段违反操作规程,不进行科学维修,也会损坏装备,直接影响到装备的战斗力生成和装备的寿命周期。所以,必须对装备寿命周期的各阶段实施有机结合的管理,才能充分发挥装备系统的效能,延长装备的使用寿命,降低装备寿命周期费用。

(四)项目管理

军事装备的项目管理,是综合运用各种知识、技能、工具和方法,对项目及其资源进行的计划、组织、协调和控制活动。一般用于技术复杂、不确定性因素大、质量和进度要求高的项目。其主要内容包括范围管理、时间管理、成本管理、人力资源管理、经验管理、质量管理、采购管理、沟通管理和集成管理。基本过程主要有项目启动过程、项目计划过程、项目执行过程、项目控制过程、项目收尾过程。项目管理方法主要包括收益值分析、风险分析、决策树分析、模拟技术、计划评审技术、工作分解结构、甘特图、关键路径法、并行工程等。

项目管理始于20世纪40年代,其标志性项目是美国研制原子弹的“曼哈顿”计划。20世纪70年代末,日本科学家代表团在参观了美国的“阿波罗”登月工程后,曾不无感慨地说:“‘阿波罗’计划中的大多数技术,在日本也是能办到的。但是,这样一项规模庞大的航天工程的组织管理技术,却是日本望尘莫及的。”许多国家先后认同和采用了国防建设的“项目管理”原则和方法,并根据各自的管理体制和武器装备发展要求,在武器装备建设的规划计划(战略管理)、研制采办程序、全寿命费用管理以及综合后勤保障工程等方面建立了相应的机制和规范。自20世纪60年代起,中国在实施重大国防科研项目中也采用项目管理。

(五)风险管理

在军事装备管理领域内,风险可定义为:可能危及计划或工程项目的潜在问题,用问题发生的可能性及其后果的综合影响来度量。军事装备风险管理,就是预测、控制和处置各种风险,以最小风险实现管理目标的管理方法。

军事装备风险管理由风险预测、风险识别、风险评估、风险分析和风险处理五个环节组成。风险预测和风险识别是查找风险、诱因和可能造成的后果。风险评估和风险分析是定量分析风险因素产生的影响,估算各类风险发生的概率及损失程度,确定各类风险中的关键风险,为处置风险提供依据。风险处理是制定并实施风险处理计划,根据面临的各种风险,综合运用各种方法进行处理。其主要方法有风险规避、风险控制、风险自留和风险转移。

(六)责任制管理

军事装备的责任制管理,是通过明确责任主体、责任对象、责任目标、责任形式,并视责任目标完成情况实施奖惩的管理方法。

责任制管理的要素包括:一是责任主体,是装备管理责任的具体承担者,主要是指装备管理部门的某个人或组织;二是责任对象,是装备管理责任的具体对象,主要是指武器装备、附品工具器材、配套设施设备等;三是责任目标,是装备管理所需完成的任务,一般都有可量化的装备管理指标;四是责任形式,是装备管理责任主体所承担的责任类别,主要有直接责任、连带责任、分管责任和完全责任等;五是激励,有正激励和负激励两种,即奖励和处罚。责任制管理将责任对象赋予具体责任主体,规定责任主体拥有的管理权限和承担的责任形式,并根据责任主体完成责任目标的情况实施相应的奖惩,实现装备管理责、权、利的统一,充分发挥责任主体的积极性、主动性和创造性。

责任制管理在各国装备管理的各个方面得到广泛的运用,如美军武器装备项目管理制度，就通过制定项目基线为目标，将项目层层分解，落实到项目管理的各个部门和个人，并根据项目基线考核项目的执行和落实情况，对项目管理各责任主体给予相应的奖励和处罚。英军在武器装备管理中，将装备采办人员的各项工作表现作为考核内容，制定各项考核指标，进行经常性和年终考核，将考核成绩作为管理人员竞争上岗以及晋升和奖励的主要依据。责任制管理也是我军装备管理的基本方法之一。

（七）标准化管理

标准化管理，就是为制定、贯彻和修订标准而进行的一系列管理活动过程，是现代科学管理的重要组成部分。在军事装备管理领域实行标准化管理，是提高军事经济效益，增强装备管理统一性的有效手段。从一定意义上讲，标准化就是科学化和统一化。建立科学化、统一化的装备管理标准体系，是我军现代化建设的必然要求，也是加速我军装备建设重要环节。只有搞好装备管理工作的标准化，才能正确运用现代科学技术和管理手段，提高管理水平和装备管理能力。另外，现代军事装备管理工作是一个由多种业务部门和装备保障部队（分队）组成的复杂系统，客观上要求必须有统一的意志、统一的编制体制、统一的指挥、统一的制度和统一的行动准则。标准化是提高装备管理工作效益的有效措施。有了统一的标准，才能科学地检验和比较各部门、各部队（分队）及每个人员的工作好坏，才能有效地激发广大装备管理人员的积极性和创造性；有了科学的管理标准，才能够合理地分配与使用人力、财力、物力等各种资源，大大提高装备管理工作效益。

由于“标准”是标准化管理的核心与前提，标准化管理是以制定、贯彻和修订统一的技术标准为基本内容的活动过程，所以，装备技术标准化管理的一般实施程序是制定技术标准，贯彻技术标准，修订技术标准。制定标准是贯彻标准和修订标准的前提；而贯彻标准，既是实现制定标准之目的的唯一途径，也是修订标准之依据的主要来源；修订标准则是为了适应发展变化的情况，使标准更加符合实际，以便更好地贯彻执行标准，取得最佳的管理绩效。

二、军事装备管理的措施手段

军事装备管理的措施手段是装备管理实践中，为实现装备管理目标提高装备管理水平而采取的各项具体措施。主要可以分为行政手段、技术手段、经济手段、教育手段等。

（一）行政手段

行政手段是指按照装备管理系统中的行政组织或业务管理机构的权力，对装备管理的诸要素实施控制和管束的方法。从静态上看,装备管理人员或组织是通过组织机构,凭借赋予的权力实施管理的。从动态上看,行政管理的指令是在整个装备管理系统内自上而下垂直运动的。在装备管理系统中,行政手段的表现形式有很多。其主要形式表现为命令、指示、规定、通知、指令性计划等。主要方式表现为行政干预、行政委托与授权、行政奖励与处罚等。

行政手段的基本特征为:

(1)权威性。行政手段所依托的就是装备管理部门和管理者的权威。管理者的权威越高,其发出的指令接受率就越高。提高与确保管理者的权威,是进行行政管理的前提,是提高行政手段有效性的基础。管理者必须以优良的品质和卓越的才能去增强管理权威,而不能仅依靠职位带来的权力。

(2)强制性。装备管理人员和组织所发出的命令、指示、规定等,对管理对象具有程度不同的强制性。行政手段就是通过这种强制性来达到管理目的的。行政手段的强制性要求被管理者在行动目标上服从统一的意志、在行动原则上高度统一,但在实现目标的方法上可以灵活多样。

(3)层次性。行政手段是通过行政系统来实施管理活动的。在装备管理组织体系中,行政指令一般都是自上而下、纵向垂直传递的。在装备管理活动中,必须坚持自上而下垂直下达行政指令,以防止多头领导、政出多门。

(4)稳定性。在装备管理组织体系中,一般都有严密的组织机构、统一的目标、统一的行动以及强有力的调节和控制手段,对于外部因素的干扰具有较强的抵抗作用。所以,运用行政手段进行管理,可以使装备管理组织具有较高的稳定性。

(二)技术手段

装备管理的技术手段是指利用现代先进的技术,确保装备达到管理标准而采取的各项技术措施。由于装备管理工作是一项错综复杂的系统工程,为提高装备管理的绩效,发挥整个装备体系的最大作战效能,必须在装备管理活动中运用现代管理的技术方法,对装备活动进行技术管理与监督,以便在装备建设、科学管理、科技创新、质量保证、成本控制中,起到决策咨询、技术监督、技术服务等基础保障作用。

1. 主要特点

军事装备管理的技术手段通常具有以下特点:

(1)定量性。传统的管理以经验管理为主。这种管理已不适应对现代高技术武器装备管理的要求。现代科学管理,要求对装备管理的不同对象、各个环节、各项职能活动中的数据及其变化进行必要的分析和控制,也就是由传统的以定性为主的管理向定性与定量相结合的管理转变。技术手段有助于实施定量管理。

(2)准确性。军事装备管理的技术手段,一般都是以军事装备管理活动中的数量表现、数量关系和数量变化规律为研究对象,以数学方法为主要工具,以计算机为重要手段,通过测量、统计、分析、比较、计算来解决管理中的量化问题,寻求最优解和最佳行动方案,因此具有较高的准确性。

(3)通用性。技术手段具有很强的通用性。装备管理活动的不同领域、不同过程、不同问题往往可以抽象成类似的模型加以描述,运用大体相同的技术方法解决。

2. 信息化技术手段

装备发展的高技术化、信息化、智能化和体系化,以及现代战争的信息化发展,要求大力运用各种先进的信息化技术管理手段,提高装备管理水平和管理效益,提高装备指挥决策效率。

(1)要运用信息获取技术,及时掌控装备信息。随着部队信息化建设步伐的逐步加快,装备管理活动对信息的依赖性越来越大。无论是平时还是战时,只有掌握实时准确装备信息资源,才能保证装备指挥和管理决策的科学性。现代信息技术的发展,为开发高效的装备信息获取手段提供了技术支撑。综合运用自动识别、智能检测、遥感传感等先进技术,获取装备、人员、设施、设备、器材、弹药等管理目标的信息,准确掌握装备数质量情况,为实现对装备的全程、动态、可视管理及科学决策提供重要依据。

(2)要运用智能化信息处理技术,高效处理各种装备信息。装备管理活动的核心是对装备信息的处理和利用,为管理活动和管理决策提供科学的依据。由于装备的种类、数量越来越多,复杂程度越来越高,管理信息呈现出几何级数增长的趋势,对这些海量信息进行有效的处理,就必须运用智能化的信息处理技术。这些技术主要包括数据压缩、神经网络、虚拟现实和信息融合等。

(3)运用计算机网络技术,建立装备信息传输手段。从军事装备管理的角度看,管理人员需要不同地域、不同部门、不同层次的管理对象信息,要想保证装备管理人员能够实时获取各类数据信息,必须建立功能强大的装备管理综合信息网,将分布在各个单位、各个部门、各个场所的装备管理工作终端连接起来。而网络技术发展则为建立这样的装备管理综合网提供了必要条件。为此,大力推进装备信息网络建设,可以为装备管理信息资源开发利用和信息技术应用提供强大的支撑,也可为装备管理信息传输、交换、共享提供必要的手段。

(三)经济手段

军事装备管理的经济手段指的是按照客观经济规律,运用经济手段和经济方式管理军事装备活动,执行装备管理职能的方法。装备管理涉及大量的经费和物资,在装备管理的各个部门之间、各业务工作之间以及管理系统与外部之间都必然存在着一定的经济联系。调节这些复杂的经济关系,不仅要遵循军事规律,更要遵循经济规律,运用经济手段处理军队、集团和个人的利益关系。运用经济管理手段,必须针对管理对象选择具体的管理形式,切实将管理者的责任与利益密切联系,充分调动爱装管装的积极性和自觉性。可以综合运用经济定额、经济包干和经济奖励等多种经济管理方法。

1. 经济手段的特征

经济手段通常具有以下特征:

(1)利益性。经济手段就是通过利益机制引导被管理者去追求某种利益,以此来影响被管理者的行为的一种管理方法。

(2)平等性。经济手段承认各个装备部门和个人在获取经济利益的权利上是平等的,都是按照统一的价值尺度来计算经济成果,分配经济利益。

(3)非直接性。经济手段并不直接干预和控制各个装备部门和个人的经济活动,而是靠经济手段和经济方式,通过对经济利益的调节,来引导经济行为,起到指挥和调控经济的作用。

(4)多样性。对不同的业务部门、不同的装备项目,装备管理部门采取的经济手段也是不尽相同的。

2. 经济手段的运用

在军事装备管理工作中运用经济手段,应当注意以下几点:

(1)明确经济手段的适用范围。经济方法在一定程度上可以调节军事装备体系内不同部门和组织之间的经济利益关系。但装备管理不是单纯追求经济效益,更重要的还是军事效益。所以,运用经济方法要注意有“度”,要分析其可能带来的消极影响。不要由于经济利益的驱动,而影响到整个装备管理的目标实现。

(2)明确和落实责、权、利的关系。经济手段必须贯彻物质利益原则,但任何利益必须和相应的经济责任紧密联系,而履行责任也需要有一定的管理自主权。所以,运用经济管理手段,必须将利益、责任和相关的权力结合起来,处理好责、权、利三者的关系。

(3)处理好局部利益与整体利益、眼前利益与长远利益的关系。运用经济管理手段,必须树立整体的、长远的观念,防止和克服过分注重局部、眼前利益的行为。因此要注意经济方法的综合运用和不断完善。既要发挥各种经济手段各自的作用,更要重视整体上的协调配合。虽然经济方法是装备管理的重要方法之一,但是必须认清其在装备管理中的局限性。在实际运用中,应正确地确定经济利益的调节幅度,避免因单纯追求经济效益而引发管理行为的自发性和盲目性,影响装备管理的统一性和整体性。

(四)教育手段

教育手段是指为了提高装备管理效益,对相关人员的装备意识和装备素质等方面施加影响的一种手段。装备人才是装备活动的主导和主体,也是装备管理工作具有决定意义的因素。随着高新技术的快速发展和广泛运用,军事领域正在发生着深刻的变革,战争形态正由传统的机械化向信息化战争转变。为了适应这一发展趋势,世界各国在调整战略时都把争夺人才作为争夺新世纪战略主动权的关键。适应现代化装备管理的人才不是天生的,而是有组织、有目的、有计划地培养教育出来的。

1. 主要内容

教育的目的是不断提高相关人员的整体素质及装备管理意识、管理水平。教育内容主要包括以下几个方面:

(1)思想政治教育。任何时刻都必须把思想政治教育放在首要位置,确保装备相关人员在政治上永远合格。加强思想政治教育,就是坚定装备相关人员的政治信念,发扬无私奉献的精神,养成良好的职业道德,出色地完成本职工作。

(2)科学文化知识。在科学技术飞速发展的当今时代,知识的更新越来越快。作为知识和技术密集型的装备的相关人员,学习和掌握先进科学文化知识尤为重要。

(3)军事基础知识和技能。具备一定的军事知识、战术技术、身体和心理素质是一个合格军人的基本前提,是提高装备机关和部队(分队)应变战场环境的必备条件。

(4)装备专业知识和技能。为提高装备管理效益,必须把装备专业知识和技能作为教育的主体内容。通过装备专业知识和技能教育,使部队及装备相关人员熟悉装备的战术技术性能,掌握装备的正确使用和科学管理的技能。

2. 基本形式

根据军事装备管理教育的内容和对象,可以采取灵活多样的教育形式。我军坚持多年的爱装管装教育,是提高部队装备管理意识和管理素质的重要手段。实践证明,效果十分明显。爱装管装教育根据部队的任务和装备情况,利用新兵入伍,装备补充、调整、换装及执行重大任务等时机进行。通过爱装管装教育,可以提高部队对装备重要作用的认识,激发装备管理的自觉性和主动性;可以使部队掌握科学的装备管理知识、方法及手段;可以使部队熟悉装备的战术技术性能,掌握新装备使用和管理技能。

运用教育管理方法时应制定相应的教育计划,应根据部队任务要求、装备情况、人员素质情况等,编写有针对性的教材,提高装备管理教育的系统性、连续性、规范性;应确保部队进行装备管理教育的时间,以提高教育效果;应采取科研院所、军地院校和机关、部队相互结合的方法,提高装备管理教育的水平。

第三节　军事装备管理体制

军事装备管理体制是国家为保障武装力量完成作战、训练和实现装备建设的目标,进行决策与实施管理的组织领导系统和各种配套制度的总和,是国防领导体制和军队领导体制重要的组成部分。它主要包括国家领导和管理军事装备建设的机构设置、各级职责和权限划分,以及相应的法规和政策制度等。

一、军事装备管理体制的基本构成

军事装备管理体制是一个由多个层次、多种机构组成的综合系统,主要包括组织系统、运行机制和法规制度体系等。

(一)组织系统

组织系统,是指按照一定的目的、任务和形式加以编制组成的紧密联系的体系。根据军事装备管理客观规律要求,军事装备管理体制必须有科学、合理、严密的组织系统,它是军事装备管理的组织保证。从各国的情况来看,主要的组织系统构成如下:

(1)领导决策机构。军事装备的领导决策机构是军事装备管理的最高机构,由国家最高领导和最高权力机构组成。

(2)组织管理机构。这一机构是贯彻落实最高领导决策机构制定的方针、政策的组织,一般由国防部或有关的专门机构履行这一使命。

(3)组织实施机构。在军事装备管理的这一层次中,主要包括科研、生产和订购三个具体实施机构。

(4)部队装备调配和维修保障机构。部队军事装备调配和维修保障机构,是指部队承担军事装备从接收起到退役报废止的各级装备管理部门。

(二)运行机制

科学的军事装备管理体制,不仅要有合理的组织系统,还必须有一套良好的运行机制,才能保证整个体制健康、顺利地运转。军事装备管理体制运行机制主要包括宏观调控机制、评价监督机制和竞争机制。

1. 宏观调控机制

宏观调控机制是对军事装备的规划计划、经费分配、质量进度、总量规模、军品价格和科研生产能力等进行控制和协调的活动。军事装备是一种特殊的商品,具有商品的一般属性,其研制、生产和采购过程必然受到价值规律的制约,研制生产部门和企业追求利润是必然的。然而,由于军事装备又具有其特殊性,国家对其研制、生产过程的控制比一般商品更加严格。因此,作为特殊商品的军品市场是国家控制的买方市场,价格并不完全受供求关系的影响,供需双方应长期保持相对稳定的关系,政府(军队)必须对军事装备管理的全过程(特别是研制、生产、订购)实施宏观调控。实施宏观调控的具体方法,一般都是以法律、经济手段为主,行政手段为辅,通过在资金分配、人员流向、税收征集等方面施加影响来实现国家的宏观调控目标,最大限度地调动和发挥各方面的积极性,形成军事装备发展的整体合力。

2. 评价监督机制

评价监督机制也可以说是一种制约机制。军事装备管理涉及大量的财力、物力、人力,工作成效关系到战争的胜负和国家的安危。如何确保各项权力合理运用,最大限度地使用好有限的资源,发挥出最佳的效益,对军事装备管理具有重大意义。评价监督机制主要涉及权力机关和研究机构对装备项目的可行性分析、评估,立法机关对军事装备各管理系统的监督、检查,军方对军事装备科研、生产的监督,以及在各个环节都必不可少的财务监督检查制度等。由于军事装备管理工作是一项极其重要而又复杂的工作,一方面,军事装备的研制生产,投资巨大,周期较长,存在技术上的风险;另一方面,一些管理部门拥有极大的权力,能够调用巨额的资金,如果没有一个良好的评价监督机制,运作中容易产生不良的后果。评价监督机制一方面要从组织系统设立来着手,另一方面也依赖于严密的具体执行制度。目前,各国都建有相对完善的评价监督机构,在军队内部、军队对地方以及相互间都有监督机制,对重大项目,都必须经过充分的论证和评估。

3. 竞争机制

竞争机制是一种优胜劣汰的机制。在市场经济条件下,竞争机制可以说是最重要、最基本的经济运行机制之一。军事装备管理与国家经济生活息息相关,竞争机制必然成为军事装备管理体制的重要组成部分,在军事装备管理的研制、生产等环节能够发挥重要作用。良好的竞争机制,能使国家有限的资源达到较好的配置,以尽可能少的付出获得最好的军事效益。竞争机制主要在和平环境中采用,战时竞争机制就不显得那么突出了。因为如果国家处于战争状态,国家经济将转入战时经济,一切都要为战争服务,这时所有的部门和单位只能服从战争需要,再也不能为其他经济利益而竞争。

(三)法规制度

军事装备管理法规制度是规范与军事装备有关的政府部门、军队装备管理部门、科研生产单位之间的责权关系、协作关系和行为准则的法律文件,是军事装备系统得以正常运行的保证。完善的军事装备管理体制,除了有合理的组织系统、良好的运行机制外,还必须有健全严格的法规制度作为实现军事装备管理的法律保证。有关装备管理法规的详细讨论见本章第四节。

二、军事装备管理体制模式

由于政治经济制度、经济实力、军事战略及文化传统等方面的不同,各国军事装备管理体制有较大的差异。纵观世界各国的军事装备管理体制,大致有以下几种类型:

1. 国防部统一领导和各军种分散实施相结合的管理体制

美国是实行这种管理体制(西方称装备采办体制)最典型的国家,丹麦、巴西等国装备管理体制也与美国的相似。美国的该体制的组织机构系统大致分为三层。

第一层——最高决策层。美国国防采办的最高决策层是总统和国会。美国总统是军事装备发展的最高决策者,重大装备采办计划都是由总统亲自批准、宣布的,由总统主持的国家安全委员会负责对重要装备计划提出决策性建议。美国国会执行对装备采办的立法权和预算审核权,参众两院的军事委员会、拨款委员会和预算委员会以召开听证会的方式,审议装备采办计划,并作出批准、否决和修改装备采办计划及其预算提案的决定。

第二层——国防部。国防部是装备采办的最高领导机构,负责依据国会批准的预算和总统下达的指示来编制防务政策指南,承担装备采办的规划、计划、协调、审查和监督工作。

第三层——各军种总部。各军种总部是装备采办的具体实施机构。它们的主要工作有:分析军事任务,提出装备需求,编制采办预算,安排采办计划,探索技术途径,验证研制方案,选择承包厂商,签订研制合同,组织试验鉴定,进行生产部署和提供后勤保障。

美国这种军事装备管理体制有如下特点:一是统分结合,职责明确,各部门职责分工明确,既有集中统一,又有业务自主。二是分级管理,层次分明,国防部和军种均实行政策、计划和具体实施工作分开管理。三是军方牢牢把握军事装备发展的主动权。四是军事装备科研与采购紧密结合,避免了科研与采购的脱节。五是各项军事装备相关经费统一管理。

2. 国防部集中统一领导并负责实施的管理体制

西欧国家大多实行这种装备管理体制,如法国、英国、德国、瑞典、荷兰、奥地利、比利时、瑞士、西班牙等。这些国家均在国防部设立统一的装备发展管理机构，统管全军的装备采办工作。三军作为装备的用户，不设立相应的全面管理机构，各军种的装备部门只负责提出装备需求和战术技术要求，并在装备采办活动中协助国防部主管部门的工作。

以法国、英国、德国三国为例，法国装备采办管理机构是国防部下属的军事装备部，英国是国防部下属的装备采购部、管理预算局和国防参谋部的武器系统局，德国是国防部下属的装备部及该部所属的国防技术与采办总署。这三个国家装备发展管理机构的组成人员与工作是有所区别的。

3. 国防部统一领导的研制与采购分开的管理体制

采用这种军事装备管理体制的典型国家是日本，此外还有以色列、印度、澳大利亚、韩国、土耳其等一些国家。军事装备发展的规划计划由国防部负责制定，军事装备的研制和订购则分别由国防部下属的独立机构实施。各军种参谋部主要负责提出军事装备需求和战术技术要求，不参与对军事装备采办具体过程的管理。使用管理由各军种部队负责。

4. 政府和军队分阶段管理的管理体制

这种管理体制中，分政府和国防部两个系列，政府部门负责军事装备研制和生产的管理，军队则负责提出军事装备需求和战术技术要求，并负责军事装备的订购。采用这种体制的国家主要是俄罗斯。

第四节　军事装备管理法规

军事装备管理法规反映了一定历史条件下人们对军事装备管理规律的认识，并随着军事装备和管理理论、手段、方法的发展而不断发展和完善。它是调整国家、军队和地方各个层次、各个部门有关军事装备管理行为关系的基本准则，是进行军事装备管理活动的根本依据。

一、军事装备管理法规的概念与构成

（一）概念

军事装备管理法规是军事装备管理法律规范的统称，涉及国家、军队和地方的有关部门和领域，包括有关军事装备管理的各种法律、法规、条令、条例、规定、制度等。根据调整范围的不同，概念上有广义和狭义两种。

广义的军事装备管理法规，是指国家权力机关、授权的国家行政机关和军事机关按照法定的程序制定或认可，调整涉及装备管理领域各种军事社会关系的法律规范的统称。它由对全国、全军具有普遍约束力的装备管理的法律，对政府、军队、企业的特定部门有约束力的法规,以及微观层次的装备管理规章、军事规范性文件三部分组成。

狭义的军事装备管理法规,是指由军队统率机关根据宪法、军事法律的有关条款,对军队装备管理活动制定和颁布的条令、条例、决定、规定等规范性文件的统称。

(二)构成

军事装备管理法规是我军军事法规的一个重要组成部分,目前已形成一个门类齐全、层次分明、系统完整、覆盖全面的法规体系,是我军正规化建设中,实施依法管装的法律依据和基本准则。

从纵向上看,我军军事装备管理法规体系由不同效力等级的法律、法规、规章、规范性文件构成,是一个顶层有《军队装备条例》,中间有包括装备保障规定在内的多个法规和隶属于各法规的多种规章制度构成的金字塔形结构。高层次的法律和法规对低层次的法规、规章、规范性文件起统帅和制约作用,低层次的法规、规章、规范性文件对高层次的法律和法规起细化和补充作用。按法律、法规、规章、规范性文件的权限和效力等级,将其分为四个等级层次。

(1)有关装备管理的法律。指由全国人大及其常委会制定的有关军事装备管理方面的法律及有关条款,如《国防法》《国家安全法》《军事设施保护法》《中华人民共和国刑法》等法律中均有关于装备管理的规定。

(2)有关装备管理的法规。指由国务院、中央军委依据宪法和有关法律,按照一定的立法程序单独或联合制定的,在全国、全军或全国、全军的某一领域适用的有关军事装备管理方面的法规。装备管理的军事法规主要有《军队装备条例》《军队内务条令》《军队基层建设纲要》《军队安全管理条例》等。

(3)有关装备管理的军事规章。装备管理有关军事规章是由战区、军兵种按照一定的立法程序制定的,适用于本战区、本军兵种的有关装备管理的军事规章。有关装备管理的军事规章有《海军武器装备管理规定》《空军装备管理工作条例》等。

(4)军事规范性文件。指暂不具备制定军事法规、军事规章条件,由具有相应权限的单位制定印发的与装备管理有关的军事规范性文件。

二、军事装备管理法规的地位作用

装备实行集中统一管理制度,要求用各种法规规章来调节装备管理过程中的各种行为规范,保证装备管理体制运行通畅。装备管理法规在装备建设和发展过程中的地位作用更加重要和突出。

（一）装备管理法规是进行“依法管装”的基本依据

依法治国是我国的一项基本国策，依法治军是我军正规化建设的体现。装备的发展和使用涉及国家、军队、地方诸多部门和领域，其组织领导和协调关系十分复杂。要保证装备管理活动正常有序地进行，需要集中统一的领导指挥和社会各领域的协调配合。装备的科研与试验、生产和采购、保障与维修、退役与报废等需要科学合理的制度做保证。装备作为军事斗争的工具，需要遵守军事斗争的规律，遵守军队编制体制的规律，必须依靠军事法规制度进行装备管理。同时，装备的特殊商品属性及其在研制、生产和消费过程中所具有的特殊规律性，这就需要用军事法规和部分有关的非军事法规共同调节管理，实现“依法管装”。制定完善适用的装备法规是进行“依法管装”的重要措施，是“依法管装”的依据。

（二）装备管理法规是实行装备管理新体制的重要保证

随着国防和军队改革的深化，我军装备管理体制步入新的阶段。落实中央军委关于装备管理体制的重大决策，需要通过立法确立各级装备部门的任务和职责，理顺各方面的关系，使统率机关的决定能够通过法规和制度来实现，加快依法管理装备的进程。因此，加快装备管理法规建设，建立健全与新体制相适应的装备管理法规和制度体系，是在新形势下进行装备建设与发展的迫切要求。

（三）装备管理法规是适应社会主义市场经济的迫切需要

市场经济是法治经济，离开法律制度的市场经济不能正常运行。我国建设有中国特色的社会主义市场经济，必然要建立配套的社会主义市场经济法律体系来保证经济运行秩序，维护良好的市场环境。装备作为一种特殊的商品，在市场中的运行同样遵循一般的经济规律，要受到供求规律、竞争规律和价格机制的制约。无论是装备的科研、生产、采购，还是装备的维修保障，都将逐步通过竞争性采购形式，在市场中引入竞争机制，实行合同管理。装备管理必须以法律为依据，适应社会主义市场经济规律，保证装备管理的经常性和科学性。

（四）装备管理法规是推行科学管理装备的必要手段

高技术装备对战争胜负的影响越来越大，装备在军队建设中的地位和作用日益突出。装备管理在装备建设和发展中处于十分重要的地位，对装备形成战斗力，最大限度发挥装备的作战效能具有举足轻重的作用。装备的种类越来越多、性能越来越精良、科技含量越来越高，装备的管理难度越来越大。因此，形成科学、完善的装备管理体制，保证装备管理运行顺畅，发挥装备最大的战斗力是装备管理工作的重要内容，这一过程需要以加强装备法规建设为前提。装备管理是一个综合系统工程,主要包括组织系统、运行机制等,都需要以法律、法规和规章的形式确定和保障。

三、军事装备管理法规的制定和实施

装备管理法规的制定是指国家权力机关、国家行政机关和军事统率机关根据规定的权限,依照一定的立法程序,制定、修改或废止装备管理法规文件的活动。装备管理法规的实施是指装备管理法规通过一定的形式在现实装备管理活动中的贯彻和落实。

(一)法规制定

制定装备管理法规的程序,是指装备立法活动中必须遵循的法定步骤和履行的法定手续。装备法规的制定同其他法律法规的制定过程一样,需要按照国家一定的立法程序进行。制定和颁发装备法规、规章,通常按以下程序进行。

1. 编制规划计划

装备管理法规的规划计划,是指军事装备法规制定部门对一定时期内的立法项目、任务分工和完成时限等所做的规定,内容通常包括项目论证、制定依据、指导思想和原则,以及规范对象等。编制规划的具体步骤一般包括提出建议,拟制规划计划以及规划计划的批准与实施等。

2. 起草与修改

装备管理法规的起草是装备管理法规制定过程中的重要内容。凡是列入立法规划计划的装备管理法规项目,应按照规划计划的安排,分别由主管部门负责起草。装备管理法规的起草应注意:一是做好各种准备工作。法规的完整性是法规科学性的体现,只有完整的法规体系才能对法规所要调节的关系进行全面的调节。为保证装备法规的完整性,装备法规起草前要认真学习党和国家的有关方针、政策和法规,大量收集、整理有关资料,对有关学术问题进行研究论证,为起草做好准备。二是认真调查研究。装备领域的客观事物非常复杂,制定装备管理法规必须开展细致的调查研究,找出问题、找准问题,并找出解决问题的方法。调查研究要遵循调查研究的客观规律,要具有针对性。三是拟定纲目,分工起草。根据法规拟采取的结构形式,确定纲目的层次,报主管部门审批后,即可组织有关人员分工起草法规初稿。四是征求意见,反复修改。法规初稿起草完毕后,要采取多种形式广泛征求意见,然后进行反复修改,最后形成送审稿。

3. 送审和审定

装备管理法规草案送审,是制定装备法规、规章的必要步骤。送审的法规材料包括:请示报告,法规、规章草案文本,起草说明,其他有关材料。

装备法规、规章的审定,是指有立法权的机关按照一定的程序以一定的方式对呈报的法规、规章草案进行审议和确定的活动。它是制定装备法规、规章过程中的关键步骤。只有通过这个阶段的工作,草案才能成为正式的法律规范文件,才具有法律效力。审定装备法规和规章要注意把握好以下事项:一是装备管理法规、规章草案是否符合宪法规定和党的路线、方针、政策;二是装备管理法规、规章是否体现了我军的军事战略和军队建设方针以及为军队建设、为作战服务的原则;三是装备管理法规、规章草案与其他军事法规、规章的关系是否得当;四是装备管理法规、规章草案的规定是否符合我国国情、军情和装备管理工作的实际;五是装备管理法规、规章是否有立法技术的问题。有立法权的机关对装备管理法规草案进行审核后,要做出颁发或不颁发的决定。

4. 发布

装备管理法规、规章的发布,是指具有立法权的机关将已经审查批准的法规、规章,按照一定的形式和通过一定的媒介予以正式公布的过程。装备管理法规、规章的发布,是立法程序的必经阶段。只有按法定程序发布的法规、规章才具有法律效力。

根据有关法律规定,属于中央军委审批的装备管理法规,由中央军委主席发布。战区、军兵种装备管理规章,分别由战区、军兵种的最高首长发布。装备管理法规、规章,通常以发布令的形式公开发布。装备管理法规、规章发布后,还要按有关规定报送上级备案。

(二)法规实施

装备管理法规的实施,其实质是把装备管理法规中确定的权利与义务关系贯彻落实到装备活动中,即把体现在装备管理法规中的意志通过人们的行为方式表现出来,从而达到装备立法的预期目的。装备管理法规的实施分为以下两种。

1. 装备管理法规的适用

装备管理法规的适用是指国家行政机关或军队统率机关依照法定的权限和程序,具体应用和执行装备管理法律、规章等的活动。它具有两个显著特征:一是装备管理法规的适用是国家行政机关和军事统率机关及其工作人员的法律行为,是一种以国家和军队的名义进行的具体强制性活动;二是依照法定权限实施装备管理法规的专门活动,而不是国家行政机关和军事统率机关的一切活动。从一定意义上讲,装备管理法规的适用,也就是装备管理法规执行机关和执法人员运用装备法规,通过发布决定、指示、通报、批复等形式,确认或禁止某种行为,把法规中确定的权利和义务关系变成现实中的权利和义务关系。

装备管理执法机关及其执法人员在适用装备管理法规时必须做到正确、合法、及时。所谓正确是指适用有关装备管理法规的具体问题时,要做到事实清楚、定性准确、处理得当。在掌握事实的基础上,根据装备管理法规进行实事求是的分析,做出科学正确的判断,从而准确地适用装备管理法规。所谓合法是指在适用装备管理法规的过程中,必须严格依法办事,严格按照装备管理法规规定的权限和程序执法。所谓及时是指在正确、合法的前提下,装备管理执法机关要抓紧时间,提高工作效率,认真而又及时地解决问题。

2. 装备管理法规的遵守

装备管理法规的遵守是指装备管理法规效力所及范围内的单位和个人必须遵守装备管理法规,严格按照装备管理法规来规范自己的行为。装备管理法规是由国家权力机关、国家行政机关和军队统率机关制定颁发的,是代表人民意志、国家意志和军队意志的行为规范。凡与装备管理法规有关的军队、地方组织和个人都必须严格遵守。

3. 装备管理法规适用与遵守的关系

军事装备管理法规的适用和军事装备管理法规的遵守既有联系又有区别。它们二者都是军事装备管理法规实施的形式,都是对已颁发的军事装备管理法律规范的运用。二者的有机结合构成了军事装备管理法规实施的整体。其区别在于:一是军事装备管理法规的适用是通过军事法律关系来实现的,是一种强制性行为。军事装备管理法规的遵守既可以通过法律关系来实现,也可以不通过法律关系来实现;既可以是强制性行为,也可以是自律行为。二是军事装备管理法规的适用是把军事装备法规运用到具体的人或组织的专门活动,是运用国家和军队权力的个别法律活动;而军事装备管理法规的遵守则贯穿于军事装备管理法规实施的始终,普遍存在于军事装备管理活动之中,没有时空限制。

由此可见,军事装备管理法规实施的这两种形式相辅相成,相互补充,缺一不可。从某种意义上说,军事装备管理法规的遵守显得更为重要。因为军事装备管理法规的遵守与军事装备管理有关人员的素质直接相关。如果有关人员具备良好的素质,具有遵纪守法的习惯,就为军事装备管理法规的实施奠定了坚实的基础,相对减轻了军事装备管理法规适用的工作量。

思考题

1. 简述部队装备管理包括哪些管理活动。
2. 简述在装备管理实际中,如何贯彻装备“三化”管理要求。
3. 简述军事装备目标管理的主要内容。
4. 军事装备管理体制包括哪几个方面?
5. 简述军事装备法规体系的层次结构。
6. 试述军事装备管理法规适用与遵守的关系。

第十章　军事装备管理的主要工作

军事装备管理是指对军事装备的发展和使用所进行的一系列管理活动的总称,其主要工作包括装备发展战略及规划计划管理、装备科研生产管理、装备订购管理、装备调配管理、装备日常管理、装备维修管理、装备退役报废管理,以及装备安全管理、装备信息管理、战时装备管理等。关于装备建设发展和调配保障、维修保障等方面的内容,在前面几章已经进行了阐述,本章主要对装备日常管理、战场装备管理、装备安全管理、装备信息管理等工作进行重点论述。

第一节　军事装备日常管理

军事装备日常管理是装备全系统、全寿命管理的重要阶段,是人装结合不断完善、战斗力不断提高的过程。做好部队装备日常管理工作,对促进军队现代化正规化建设,提高部队战斗力,提高军事经济效益具有极为重要的作用。

一、军事装备日常管理的概念内涵

(一)定义、内容和任务

军事装备日常管理,是指为了保持装备经常处于良好的技术状况,保障部队完成作战、训练、执勤和其他各项任务,依据装备管理条令条例和相关规章制度,在平时对所属装备进行管理和控制的一系列活动。

军事装备日常管理是装备管理的重要内容,也是部队全面建设的基础性工作。主要包括装备的动用、使用、保养、保管、封存、启封、定级、登记、统计、点验、配套设施建设、检查、评比、总结、爱装管装教育、安全管理等内容。

军事装备日常管理的基本任务是通过实行"科学化、制度化、经常化"管理,保证装备达到规定的完好率(在航率),始终保持应有的配备水平和良好的技术状况,保障部队随时执行各项任务。

(二)主要特点

军事装备日常管理具有以下特点:

(1)基础性。装备日常管理是装备管理和经常性管理工作的重要组成部分,是军队基层建设的重要组成部分,是做好军事斗争准备的重要组成部分,是部队战斗力生成的基础。

(2)经常性。装备日常管理不是一朝一夕的事情,必须遵循装备日常管理的自身规律和要求,始终保持日常管理的稳定性和连续性,在管理各个环节,在各项具体管理工作中,在执行各种管理法规、制度等方面,都要坚持经常、不间断管理。

(3)群众性。装备日常管理不是个人行为,需要全体官兵齐抓共管。必须充分调动官兵爱装管装的热情,积极参与装备日常管理工作,才能确保装备日常管理各项制度的落实。

(4)技术性。装备日常管理必须根据装备的性能、原理和使用、保管等技术要求,正确实施装备的技术管理。只有重视技术,掌握技术,才能使装备经常处于良好的技术状况,符合使用要求,延长使用寿命,防止事故的发生。

(5)安全性。装备日常管理区别于一般的物资管理、人员管理,它对安全的要求非常高。装备上一个小零件、小电子元器件的损坏或丢失,可以使一门火炮或一部雷达失去作战效能;一支枪、一发弹的丢失,可能会给社会造成不安定因素。装备的安全管理工作关系到军队作战、训练和各项任务的完成,关系到部队战斗力巩固和提高。

(三)基本原则

我军在长期军队建设的实践中,形成了具有人民军队传统特色的装备日常管理原则。主要有:

(1)责权统一。系统按层次按专业实施管理,管理岗位与管理任务相一致。根据管理主体、管理对象、管理环境的不同,确定管理岗位,明确管理责任和管理权力,保证各级各类人员都能各司其职,各负其责。

(2)赏罚严明。严格按照管理绩效实施奖惩,将管理责任与利益联系起来,赏罚并举。

(3)科学管理。要严格依据条令、条例的有关规定,按照装备自身规律,发挥管理者主观能动性,实施正确的管理决策,采取科学的管理方法和管理手段,提高管理水平。

(4)战管一致。将装备管理与作战使用有机结合,既要尽可能满足军事需要,保证部队平、战时的需要,又要合理管理装备,保持良好的管理秩序。

(5)讲求效益。优化管理结构,将全局的、整体的、长远的宏观效益与局部的、单位的、当前的微观效益有机结合,优化管理资金配置,以最少的资源消耗,获得最大的管理效果,提高整体效益。

(四)基本要求

军事装备日常管理的基本要求包括:

(1)各级首长、机关对所属部队主要使用的装备应当做到熟悉数量质量情况、熟悉基本性能、熟悉日常管理制度、熟悉作战运用。装备操作人员应当熟练掌握配发或者分管装备的技术性能,会操作使用、会检查、会维护、会排除一般故障。装备维修人员应当对所保障的装备会检测、会调试、会维修。装备保管人员应当熟悉掌握所保管装备的品种、数量、质量以及保管要求等。

(2)部队应当按装备的编配用途、技术性能、操作规程、安全和保养规则,正确使用与保养装备。

(3)部队应加强对训练器材、教具和设备的管理,严格保管制度,认真维护保养,适时检查,正确使用,防止丢失和损坏。

(4)装备保管应当符合技术标准、战备和安全的要求,做到无丢失、无损坏、无锈蚀、无霉烂变质。

(5)严格按封存标准封存装备,保证封存效果。

(6)严格按照规定,做好装备的使用和维修、出入库以及弹药请领、消耗等登记工作。

(7)适时对部队实施装备点验和检查考评,及时发现问题。

(8)加强装备配套设施建设,改善装备管理条件。

(9)加强爱装管装教育,提高官兵爱护装备的自觉性。

(10)加强装备的安全管理工作,防止各类事故的发生。

二、军事装备动用与使用

装备的动用与使用是充分发挥军事装备使用效能的重要途径和手段,是装备日常管理的关键环节。

(一)装备动用

装备动用,是指军队为达到一定的军事目的而改变装备的静止状态。为了保持必要的装备随时处于良好状态,保证作战和其他行动的需要,通常要规定装备平时动用的数量和比例。

1. 装备动用要求

(1)严格制定动用规定。各级装备部门应当根据部队执行任务的类别以及保障正常训练、生活的需要等情况,分别规定各类部队日常动用装备的比例和数量,并严格按规定的装备日常动用数量和比例控制装备的动用。

(2)严格执行动用计划。装备动用计划,是控制装备动用的基本手段和措施。部队正常训练、执勤所需的装备,应制定年度动用计划,并严格按批准的计划执行。临时动用装备,应当报经上一级部队首长批准,并统一安排、派遣。

(3)严格按照规程操作。严格按照规程操作装备是对装备动用的技术要求,也是正确动用装备的根本保证。经批准可以动用的装备,应严格按照装备动用的目的、编配用途、技术性能、操作规程动用,不能将装备专用车辆作为乘坐车使用,不准将牵引车作为运输车使用等。

(4)严格控制动用范围。在编装备不得挪作他用,是部队自觉执行装备动用计划的具体体现,也是装备管理的基本要求。部队应统一组织、控制装备的动用范围,对于一切非军事活动,应严格按照规定执行。如任何单位和个人都不得动用装备从事生产经营活动,各部队用于生活保障的载重车辆不得超过规定数量。超出本级装备部门动用权限的装备,都不得动用。装备的编制、配备和动用范围的规定,具有法律效力。违反规定擅自动用在编装备的行为,属于违法违纪行为。有关责任人要对其行为后果承担法律或纪律责任。

2. 装备动用权限

装备动用权限是上级赋予的对所属装备实施控制、指挥、管理和调动的权力。确定装备动用权限的依据通常是:装备的性能、用途;装备的动用目的;装备动用的程度、范围等。装备的动用权限是部队动用装备的重要依据,确定装备动用权限是部队实施装备管理的重要措施。

确定装备动用权限应区分装备的种类、数量及其性能、用途。对主要装备与非主要装备,对大量装备与少量装备及单件装备的动用,其装备动用权限的确定应有所不同。对库存装备与非库存装备,对试用新型装备、参加试验的装备和执行其他任务的装备的动用,其动用权限应有所区别。对紧急情况与非紧急情况的装备动用,在制定装备动用权限时应针对不同状况具体处理。

(二)装备使用

装备使用,是通过装备操作来发挥其战术技术性能的过程。组织装备的正确使用是装备日常管理的重要一环,是保证军队各项任务顺利完成的必要途径。各单位应充分发挥装备的战术技术性能,提高装备的使用效能。各级装备部门应指导和督促部队正确使用、保管和保养装备。

1. 正确使用

保证装备的正确使用,是装备日常管理的重要任务。装备的正确使用,是指使用装备的部队和人员严格按照装备的编配用途、技术性能、操作规程和安全规定使用装备,防止违章操作和超强度、超负荷使用装备。

按编配用途使用装备。军队各种装备都有规定的编配用途,它是由装备本身的战术技术性能、部队作战和保障任务的需要决定的，是为特定作战目的服务的。只有严格地按照编配用途使用装备，才能充分发挥每一种装备特定的作战效能。因此，平时非经上级特别批准，战时非特殊情况，不得任意改变装备的编配用途，不得挪作他用。

按装备的战术技术性能和操作规程正确、安全地使用装备。装备的不同用途是由其战术技术性能体现的，性能不同则用途不同。如不能按性能和规范使用装备，就有可能影响装备的正常使用，情况严重时还会造成装备损坏和人员伤亡。对于复杂的装备系统来说，如果在操作使用的任一环节违背性能和技术要求，就可能使整个装备系统失灵或失控，造成重大的军事和经济损失。因此，应加强装备操作使用人员的训练，使他们熟练掌握操作技能，严格遵守操作规程，正确、规范、安全地使用装备。

2. 控制使用

按规定控制使用装备，就是军队平时对在编装备实行计划限量使用。控制使用的措施之一是确定合理的战备封存比例，其要求是既能满足训练和战备值勤的需要，又能最大限度地将暂时停用的装备封存保管起来。控制使用的措施之二就是限制某些在用装备，特别是一些重要在用装备的使用，以防止装备发生故障和技术状况下降，给以后的使用造成不利影响。例如，为战斗和运输车辆等规定摩托小时和车公里限额，以防止无节制使用，造成车辆技术状况出现整体滑坡。

3. 及时保养

及时保养是装备使用过程中的一个重要环节，其目的是及时恢复和经常保持装备的完好状态，保证装备按照战术技术性能和用途正常使用。

各种装备都有规定的保养时机、种类、范围、内容以及人力和资源（油料、备件）消耗标准等。一般情况下，装备运行了一定的时间或里程后，即应按规定进行某一种保养。保养的主要内容是清洁、调整、紧固、润滑、加添油液、补充备品备件以及检测诊断、排除故障等。

战时保养通常应由部队首长根据当前战况、可控时间及装备的技术状况等决定保养的时机、地域、种类和完成的时限。为了保证安全，保养应力求在隐藏地域进行，并搞好伪装和警戒。为了应对突发情况，保养工作应逐次展开或轮流进行。为了争取时间，应将定期保养与不定期保养结合起来，重点保养保证装备开得动、打得准、联得上的主要部位。保养人员应以装备操作人员（不含飞行人员）为主，必要时可派出修理人员协助解决技术难点问题，加快保养速度。

4. 妥善保管

装备保管，指装备的保存及其相关管理活动。装备的保管形式主要有仓库储存、室内存放、场地停放、随身携带等。各级装备部门应当组织部队严格按照职能分工和各类装备的保管规定、要求,妥善保管装备。

三、军事装备封存与保管

装备的封存与保管,是装备进入非使用状态后的管理,是装备日常管理的重要内容和关键环节。

(一)装备封存

装备封存是指对一定时间内不动用的装备进行必要的技术处理后,按规定的标准或要求进行存放保管。封存装备是保持装备完好,提高军事经济效益,适应战备需要的重要措施,因此搞好装备封存工作是装备部门的一项重要任务。

1. 封存装备的依据

装备的封存必须根据不同装备的特点和技术要求,科学计划,严密组织。拟封存的装备,一般应具备以下基本条件:

(1)具备作战使用价值。装备封存应着眼于战备需要,封存装备应具有较大的作战使用价值,保证启用时其战术技术性能仍能适应作战的需要。通常战术技术性能已较落后的装备,经长期封存后其作战使用价值将进一步降低,甚至可能完全丧失。因此,这类装备一般不宜封存。

(2)处于良好技术状况。拟封存装备应处于良好的技术状况,如果装备在封存前不能处于良好的技术状况,那么经过长期封存,其可靠性将进一步下降,启封使用将遇到很大问题。因此,拟封存装备在封存前必须进行必要的检修,保证其良好的技术状况。

(3)具有足够的寿命期。拟封存装备应具有足够的寿命期,以保证启封后仍有较长的作战和训练使用时间。计算拟封存装备的寿命期时,应充分考虑各类装备在封存期间的寿命消耗特点,优先选择那些寿命期限较长、封存期间寿命消耗较少的装备进行封存。

(4)较长时间不予动用。各国对装备平时的动用量通常都规定一定数量和比例,我军根据部队任务和装备的不同,对装备平时动用的数量、使用范围等,也规定了具体的标准。对于平时动用比例数量之外,在保证平时战备、执勤等任务的基本需要的前提下,较长时间可以不予动用的装备,按具体要求进行封存,以保持其随时处于良好的技战术状态。平时使用的装备,一般不宜封存。

2. 封存装备的组织

装备的封存是一项复杂细致、技术要求很高的工作,应周密组织,严格按照装备封存实施的步骤有条不紊地进行。

1)封存准备

军事装备种类繁多,各单位在组织装备封存前应做好充分准备。

(1)制定封存计划。装备部门应根据上级指示、封存任务以及部队的实际情况等制定周密的实施计划。其内容主要包括装备封存的组织领导,装备普查,技术骨干培训,封存试验,封存中修理力量的使用、分工以及时间进度等。封存计划报本级首长批准后,还应报送上一级装备部门备案。

(2)培训技术骨干。封存前,要适时举办技术骨干培训班,学习装备封存的技术规程,统一封存项目、封存工艺、封存部位、贴封尺寸、密封质量等技术标准,为检修和封存打下良好的基础。

(3)进行装备检查。封存前首先要组织装备普查或点验,详细弄清部队装备的数量、质量,并进行附件、工具的清点,检查配套情况,认真进行登记统计,做到项项有记载,封存有依据。此外,还应搞好封存器材的准备工作,把封存器材、工具准备就绪,并进行检查。

2)封存实施

完成封存准备后,应适时将有关人员编组成作业小组,全面展开装备封存工作。

(1)进行技术处理。要对拟封存装备进行检修,恢复其战术技术性能。同时,应补充短缺附件、工具,配齐装备的附件备品。还要对装备进行清洗和表面处理。在对装备进行技术处理的过程中,应确保不损伤装备。

(2)进行封存。对装备实施封存时,要严格遵守技术规范。如操作中断时间较长,必须采取暂时性保护措施。封存装备应着重做好除锈和密封两项关键工作。封存装备应强调采用科学而简易的技术。封存方法很多,应根据使用环境、分类和封存时间进行选择。除了按要求使用耐油包装、涂敷防锈剂外,还可视情使用防机械和物理损伤的包装(不用防锈剂)、防潮包装(根据需要使用防锈剂)、防水耐油包装(根据需要使用防锈剂)、可剥性塑料涂层包装和充氮封存等方法。无论采取哪种方法封存装备,都应做到利于运输、存放,便于启封。

(3)检验。封存的每一道工序都应有相应的检验项目和要求。例如,封存包装前,应检验包装材料的质量;装备清洗后应检验表面清洁度,看有无异物、悬浮物或沉淀物。对封存软包装的材料应进行减压保持试验,以检验其密封性能;对刚性容器则应进行压力保持试验。封存完毕的装备最后还要进行相应的试验,经质量检验确实不符合技术要求和标准的,不能入库存放。

(4)封存包装标记。封存装备应切实做好封存包装标记,以便于识别和管理。封存包装标记的主要内容为:使用防锈剂的种类或代号;应用包装方法的种类或代号;封存包装地点;封存时间;封存包装的年月或代号。

3. 封存装备的管理

封存装备在入库存放期间,要采取以下相应管理措施:

(1)定期检查。入库封存的装备要指定专人负责,做到定期进行质量检查。检查比例应视数量和保管条件而定。检查的主要内容包括:金属是否生锈,橡胶是否老化,油液是否变质,反后座装置、液泵是否漏气、漏液,电气元件有无锈蚀、氧化,各电气部分工作是否正常,光学部件是否生雾、生霉等。

(2)组织保养。封存装备应根据需要进行维护保养,如定期转动活动机件,定期进行通电检查,定期进行密封检查等。装备部门应根据各类装备的特点,制定封存期间的保养规定,并拟制实施计划,组织有关机构和部队(分队)展开工作。

(3)健全制度。要抓好装备封存入库后的管理工作必须建立一套严格的规章制度。这些规章制度主要包括管理责任制度、维护保养制度、登记统计制度、人员出入登记制度和检查制度。只有建立严格的规章制度并认真履行,才能提高封存装备管理的质量和效益。

4. 封存装备的启封

封存装备要制定启封方案,并按方案进行必要的训练,以便在紧急情况下迅速启封装备。在接到装备启封的命令后,应责成专门的部门和人员进行装备启封。从封存装备上拆下的封存设备和器材应妥善回收。

在装备封存期间负责管理的部门应将封存装备的履历书和装备在封存期间的技术状况记录等文件完整地移交给使用该装备的部队或承担该装备启封的部门,为以后的使用提供历史资料。

部队在接收启封的装备时,应进行详细检查,按清单清点装备及随装备携带的备品、工具等。所有交接事项均应有文字记录和交接双方负责人的签字。

(二)装备保管

装备保管应着眼战备,确保安全和质量,不断改善装备储存保管环境,做好安全防卫工作。应分类存放,并定期检查保养,做到“四无”(无丢失、无损坏、无锈蚀、无霉烂变质)、“三相符”(即账、物、卡相符)。除待修、待报废的装备外,所保管的装备应当保持良好的技术状况。部队装备保管一般可分为库存装备保管、停放装备保管、携行装备保管、特殊装备保管四种形式。

1. 库存装备保管

库存装备保管,应当根据技术标准和战备要求,按规定的顺序,统一排列,分类存放,配套保管;要尽量装箱上架,堆垛整齐稳固;要及时进行登记、统计。做到“三分”(携行、运行、后留)、“四定”(定人、定物、定车、定位)、“一垫五不靠”(下有垫木,上不靠房顶,四周不靠门窗和墙壁)、“十防”(即防潮、防热、防冻、防火、防雷、防洪、防尘、防盗窃破坏、防鼠咬虫蛀和防奸保密)。库区应清洁整齐,并有良好的消防设备和避雷装置；库房结构牢固，警戒严密，安全可靠。对库存保管的装备，还应定期进行检查和维护保养。

2. 停放装备保管

舰艇、航空、车、炮、机械等大型装备和数量较多且需要集中停放的主要装备，应当设置停放场所进行保管。装备停放场所一般分为永久性和野战性两种，前者设在营区，其建筑和设备是固定的，后者是作战或离开营区执行任务临时设置的，建筑简易，设备多是临时的或移动的。对场地停放装备的保管，应做到如下几点：

（1）要选择设置科学、合理的场地。场地应选择在平坦坚硬，且不易遭水、火和泥石沙等自然侵害的地方，应当便于装备的停放、机动、维护保养；应当便于疏散、隐蔽和伪装；应当有方便的水源和电源，能满足作业需要。永久性场区，应当建有停放装备的库房，检查、清洗装备的固定设施，维修车间和消防设备，以及围墙（或铁丝网）、哨位、值班和警卫人员的房舍，等等。野战性的场区，上述设施因地制宜，简易构筑。

（2）停放的装备，应当按照建制、种类和编号有序停放，做到整齐划一、稳固、安全，存放方式和状态符合管理规范和要求，达到规定标准。

（3）要建立严格的规章制度。在规章制度上，应有装备的停放、保管规则；人员、装备出入场区的规定和检查、登记制度；紧急情况下装备的疏散和后运计划；警卫、消防规则；值班、值日制度及职责分工，以及停放装备管理工作计划和登记等。

（4）要严格值班与警戒。停放装备出入场，要严格履行手续。值班、值勤人员要严格履行职责，管好场地设备、设施，防止装备零、部件的丢失、损坏。

3. 携行装备保管

携行装备保管主要做到“四定”（定人、定物、定车、定位），严防丢失与损坏。一是用于训练、执勤随身携带的装备，要严格遵守安全管理规定，用后应立即擦拭保养，并及时清点入库，防止丢失损坏；二是执行特殊任务携带的装备，应按规定的纪律、要求认真保管。

4. 特殊装备保管

特殊装备保管主要是指易燃、易爆危险装备的保管和部队历史展馆等展示装备的保管。保管易燃、易爆等危险装备应当有专库存放，并符合安全要求；部队历史展馆等场所展示的装备应当按照现役装备保管规定进行保管，并专门造册登记，在装备部门备案。

四、军事装备定级与转级

装备的定级与转级是对装备技术状况进行确定的重要途径和手段，是装备日常管理的工作之一。装备的定级是依据质量分级标准,确定装备质量等级的过程。装备的转级是经技术鉴定和定级后,改变原质量等级的过程。

(一)装备质量等级划分

不同类型的装备应有不同的质量分级标准。质量分级标准的级别划分和各质量等级的具体技术参数、指标,应能准确反映装备的实际技术状况和质量状况,以便正确区分装备等级,制定相应的使用、维修计划,达到装备分级管理的目的。通常依据装备的质量状况,将装备区分为新品、堪用品、待修品和废品四个等级。

(1)新品。主要指出厂后经检查合格的新装备;未经部队携行使用,储存年限符合规定,且配套齐全,能用于作战、训练的装备等。

(2)堪用品。主要指全部战术技术性能符合或者基本符合规定的要求,质量状况良好,能用于作战、训练、执勤或执行其他任务的装备。堪用品包括的面比较广,为了便于实施分级管理,有些装备可根据其剩余使用寿命(如发动机的剩余摩托小时等),将堪用品进一步细分为一级堪用品、二级堪用品等。

(3)待修品。指需要送修的装备。这一等级的装备,不修理不能遂行作战、训练任务,且不能由使用分队自行修理,需大修、中修才能用于作战、训练。

(4)废品。指达到总寿命规定,且无延寿、修复、使用价值的装备,或者未达到总寿命规定,但是已经无修复、使用价值的装备,以及超过储存年限并影响使用、储存安全的弹药等。

(二)装备定级与转级组织实施

装备定级与转级是一项政策性、技术性很强的工作,必须加强领导,严密组织。

1. 装备定级与转级准备

一是要做好人员准备。可根据具体情况,成立定级与转级工作小组及技术检查小组。二是要做好技术准备。进行必要的技术培训,使全体参与人员熟悉质量分级标准和检查实施步骤;准备相应的技术检查设备、工具和合适的场地;准备好各种技术资料,如分级标准、装备履历书、各种检查登记表格等。

2. 实施技术检查与鉴定

根据装备质量分级标准,对所有拟定级、转级装备逐一进行技术检查和鉴定。检查与鉴定应做到注重科学、实事求是、严宽适中、准确无误,并应细致进行登记统计。

3. 拟制转级计划

装备质量等级确定后,要依据有关规定,对质量下降的装备,拟制转级申请计划,并向上级装备部门逐级报批。

4. 做好善后处理

上级批准装备转级计划后,要根据装备及其质量等级情况,分别制定各类装备维修或报废计划,并对不同等级的装备按要求进行保管。

(三)装备定级与转级的要求

装备的定级与转级应符合以下要求:

1. 严格区分装备质量等级

区分装备质量等级,必须依据装备管理部门颁发的各种装备质量等级技术标准。确定具体装备的质量等级时,还应对大型装备逐件(部)进行技术状况检查和评定。

2. 严格报批程序

质量等级评定结果应按规定进行审核和报批,经批准后方可予以确认。之后应及时登记归档、上报,以便各级管理部门掌握。

3. 严格转级手续

装备质量发生较大变化时应当及时转级。应根据装备技术状况变化情况,确定装备的转级评定时机。当装备经检查、鉴定,确认应当转级时,应填报有关文书,按批准权限上报,经批准后方可转级。

五、军事装备登记与统计

装备的登记、统计是指对装备实力、质量等管理数据的记录、收集、整理和分析的工作过程。装备统计提供的大量信息,是各级装备部门了解情况、做出决策、指导工作、编制计划的基本依据。

(一)装备登记、统计的基本任务

装备登记统计工作的任务是:及时、准确、全面、系统地记录、收集、整理装备管理工作的各种数据,并进行统计分析,提供资料,为管理决策提供科学依据。其具体任务如下:

1. 登记和收集装备管理数据

认真收集及时登记装备管理中的各种数据,是装备登记统计的主要任务。登记和收集数据的对象主要有:各类装备、维修器材的数、质量和分布情况;各类修理机构的维修能力及维修设备的数量、质量和分布情况;各类仓库库存物资的数量、质量情况;各类装备经费的分配和使用情况;各项装备业务工作的进度和完成任务的情况;各类专业人员的数量、质量和训练情况;各项规章制度的贯彻执行情况,装备科研、学术研究情况;装备安全和防事故情况等。

2. 进行统计分析

对登记和收集到的装备管理数据,要用科学的方法,进行筛选、分类、排序和必要的计算,以便聚同分异、去伪存真,使之系统化、条理化。在此基础上,还应进行认真的统计分析,以达到揭示矛盾、总结经验、发现问题、找出问题、找出规律,为管理决策提供科学依据的目的。

3. 编制统计报表,及时实施上报

对登记和收集到的装备管理数据,在进行统计分析的基础上,应及时填写统计报表,按要求上报。

(二)装备登记、统计的要求

装备登记统计的基本要求是:以统计学原理为指导,结合各类装备的实际情况,坚持实事求是的原则,合理组织实施装备登记与统计,做到准确、及时、统一、保密。

1. 坚持登记统计的真实性

登记统计资料的真实性是登记统计工作的生命,只有掌握真实的数据资料,并进行科学的处理,才能获得可靠的、有用的装备管理信息。因此,登记统计必须认真细致,切实从基层抓起,坚持定期核对制度,把登记统计数据建立在真实可靠的基础上。

2. 保证登记统计的及时性

及时性是登记统计的重要质量标准。只有对装备管理数据及时登记、统计、分析、报告,才能充分发挥统计资料的使用价值。因此,必须重视和加强计算机在登记统计工作中的开发应用和数据传输技术的现代化建设。

3. 维护登记统计的严肃性

登记统计的严肃性,是指登记统计必须按照统一的规定填写,做到数据可靠,数量准确,字迹清晰,变动有序,手续完备,账面整洁。

4. 严守登记统计的保密性

登记统计资料大都具有军事机密的特性,统计资料的存放和传递,必须严格按照保密规定办理,严防失密、泄密现象发生。

六、爱装管装教育

爱装管装教育是部队思想政治教育和装备管理工作的重要内容,爱装管装教育是促进装备管理、实现人与装备有效结合、提高部队战斗力的重要思想保证,是提高部队广大官兵自觉爱装、科学管装、正确用装的有效途径。

（一）爱装管装教育的时机

部队爱装管装教育，应当列入年度思想政治教育计划。爱装管装教育的时机，一般有以下三种情况：

（1）按计划开展。部队将爱装管装教育列入年度教育计划，并按计划组织实施。

（2）特定时机开展。在新兵入伍、执行重大任务、年度装备普查时，进行爱装管装教育。部队在补充新兵、配发新装备时，还应当举行授装仪式，在老兵退伍、装备退役时，举行装备告别仪式。

（3）随机开展。部队（分队）根据任务转换、人员和装备管理工作的具体情况，随时对部队进行爱装管装教育。

（二）组织实施

部队爱装管装教育应根据装备管理的实际情况，有针对性地制定教育计划。在教育内容与时间的安排上要结合季节变化、装备特点以及广大官兵的思想状况，以保证教育效果。

1. 按级负责，密切配合

爱装管装教育是各级领导和机关的共同责任。各级领导应负责做好教育安排，组织备课试讲，召开教育准备会，抓好部队的集中教育，指导基层抓好教育的落实，检查考评和讲评总结教育情况，安排缺课人员的补课。分队应负责按照上级的安排组织好本单位教育的落实，并搞好思想调查，写出授课教案，组织好辅导和讨论消化等。

2. 区分层次，分类指导

爱装管装教育是一项全员性的工作，在教育中应有针对性，要做到有的放矢。既要考虑到教育的辐射面、广度和深度，又要有所侧重，突出层次，不搞上下一般粗、不分对象、千篇一律地实施一个内容。要根据直接管理和使用人员、基层军官和部队首长机关人员的不同情况，采取有分有合的办法，在普遍教育的基础上进行分类指导。

（1）直接管理和使用装备人员的教育。主要应围绕规定的内容，有计划、有步骤地进行专题教育和随机教育，并突出本职业务、技术指标、使用维护和维修技能的学习教育，使他们明确本专业的职责，牢固树立干一行、爱一行、专一行的思想，不断提高装备管理水平，达到业务娴熟，专业技能精湛，对所管辖的装备及设备会熟练使用、会检查、会调试、会排除一般故障等。

（2）部队基层军官的教育。一是参加各级统一组织的专题教育及有关配合活动，并指导和帮助士兵学习、讨论；二是要利用规定的干部学习日及装备管理集训等机会学习装备建设的有关重要文件和条例法规,力争比士兵学得深一点、好一点;三是要突出管理职责、管理制度、奖惩规定、操作规程等内容的教育,强化爱装管装的责任心,牢记职责和规定,掌握管理标准,自觉地执行装备管理的各项规章制度,确保装备管理达到规定的标准。

(3)部队首长机关人员。应着重强化装备管理的地位和作用、使用原则和标准、战术技术性能的教育学习。对装备管理专业技术人员,还要根据专业特点和需要,利用专业训练及其他机会进行有针对性的重点教育,使他们认清自己的重要责任,在装备管理中发挥骨干作用。

七、军事装备检查与考评

装备检查与考评是装备日常管理中经常性的工作,其目的是掌握装备数量、质量和配套状况以及管理情况,以便及时维修、补充、更新装备和改进装备管理工作,确保装备经常处于良好的状态。

部队在装备日常管理中,对装备进行定期与不定期检查。装备检查应坚持全面、准确、及时、安全、公正和高效的基本要求。

(一)管理情况的检查

管理情况检查的目的是了解部队(分队)装备的使用和保管、维护情况,及时发现管理中存在的问题,总结经验,纠正错误。这种检查一般应由各级领导组织实施,采用定期普查和不定期抽查的方式进行。管理情况检查的内容主要有如下几个方面:

(1)管理组织情况。部队(分队)党组织是否重视装备管理工作,是否经常研究装备管理工作和采取有力措施改善管理条件,是否有健全的装备管理组织;分管装备的干部是否尽职尽责,熟悉装备情况;各级各类装备管理人员是否按编制配齐,在职在位;装备管理的各项指标是否达到规定的要求。

(2)制度落实情况。各类装备管理责任制是否健全和落实;装备使用是否符合编配用途和操作规程;装备保养是否正常;各项登记统计和履历书填写是否及时、准确、清晰等。

(3)管理设施情况。各种装备配套设施(如兵器室、炮库、炮场、车场和军械库等)是否齐全、良好,管理是否符合要求。

(4)人员素质情况。各级各类人员是否具有相应的装备管理知识和技能,是否熟悉自己的管理职责。

(5)装备的查看和清点。擦拭保养是否良好,放置和保管是否符合要求,配套是否齐全,账物是否相符等。

(二)技术状况的检查

技术状况检查的目的是及时准确地掌握装备的技术状况,确定是否需要修理或转级,确定损坏的程度和修理范围、等级。同时,也为了解装备的使用、保管、保养情况,为评价和改进管理提供确切的依据。装备技术状况检查一般有如下几种情况:

(1)装备使用过程中的检查。装备在使用前、中、后,应适时检查各相关部位,以确定是否适合使用。这类检查应按装备技术勤务规程的要求进行。

(2)装备维修过程中的检查。当装备发生故障需要修理时,应着重检查发生故障的部位,以查明故障原因,确定修理范围和等级。修复以后,应着重检查修理过的部位,以确定是否达到规定的技术要求。这类检查应由修理人员按修理技术规程进行。

(3)装备交接时的检查。检查的详细程度应视装备的质量状况而定。一般新品只进行完整状态下的检查,对堪用品则要进行全面的检查。这类检查由交接双方共同进行。

(4)装备技术鉴定时检查。在进行装备分级和事故处理时,为了确定装备的质量等级,应按质量分级标准中规定的项目和标准进行检查。

(5)评定装备完好率时的检查。部队在评定装备完好率时,应进行全面的检查。上级装备部门在检查所属部队的装备完好率时,可以只检查规定的评定完好率的项目。

(6)装备技术普查。装备技术普查,是指部队根据战备和装备管理的需要,对所属装备进行的普遍性技术状况检查。技术普查一般应按照装备管理部门颁发的各类技术检查规定的项目和要求进行,也可以根据决定检查的领导机关的有关规定进行。

(三)装备管理考评

装备管理考评是检验和衡量部队装备管理情况而进行的考核、评比,是装备日常管理的主要方法之一,目的是促进装备管理工作的落实。

装备管理考评通常依据有关法规规章组织实施,其中,基层单位装备管理情况的考评,纳入基层建设达标的考评范围。对所属单位和人员的考评,通常按隶属关系组织实施。考评结果分为装备管理不达标、达标和达标先进单位。

第二节　战场军事装备管理

战场装备管理,是战时情况下,在各级指挥员及其指挥机构装备保障要素统一领导下,组织部队对战场上的装备实施的管理,指战场装备的使用管理、安全防护管理、信息管理及报废、缴获装备的管理等。战场装备管理是部队平时装备管理的延伸和继续,也是组织实施最为复杂、环境条件最为恶劣的阶段。

一、战场装备管理的特点和任务

研究战场装备管理,必须科学认识平时装备管理与战场装备管理的差异性,深入探讨战场装备管理的特点规律和方式方法,为战场装备管理的顺利开展奠定方法和理论基础。

(一)基本特点

由于管理环境的特殊性和任务的艰巨性,使装备战场管理与日常管理有很多差异,概括起来主要有以下特点:

1. 管理任务的复杂性

战场情况瞬息万变,装备管理活动渗透到全时空、全范围。装备始终处于高度机动和连续作业的状态,超负荷、超强度使用的情况经常发生,装备损坏率增加,修理难度和要求也不断加大,装备及物资器材的供给量增大,筹措组织极为困难。保养保管条件与自身技术要求有很大差异,容易出现受潮、发霉、冻裂、变质、老化等问题;装备高度分散,频繁使用,数量质量情况很难掌握。这些因素使战场装备管理任务十分艰巨。

2. 管理环境的恶劣性

在对抗激烈、时空变化的战场环境下组织实施装备管理,其管理活动空间分布广泛,装备管理体系生存及管理活动面临敌全时空摧毁打击的严重威胁和自然空间环境的严峻挑战。首先,随着高技术侦察监视手段和精确打击武器在战争中的广泛应用,战场装备管理活动时刻处于敌打击威胁之下,人员伤亡、器材短缺、时间紧迫,战场残酷性更加剧烈;其次,现代战争作战区域广阔,各作战方向、各种作战样式的自然地理环境差异较大,装备使用管理受其影响严重;再次,信息化条件下联合战役,信息攻防对抗激烈,指挥控制管理中心、武器装备软件系统都是敌打击、干扰、破坏的重点,战场装备管理必须适应复杂电磁对抗环境下联合作战要求,加强装备管理信息系统和装备管理信息的对抗、防护和保密工作。

3. 管理绩效的时效性

现代战争突然性强,战争节奏明显加快,战争进程十分短促,使战场装备管理的时间明显缩短,加之面临敌方对整个战场实施全时空打击破坏,装备、弹药、器材的补充和损坏装备的抢修、后送修理的有效时间大大减少,任务紧迫,时间有限，对装备管理的时效性提出了很高的要求，必须确保按质、保量、按时完成装备管理任务。

（二）主要任务

装备战场管理，主要包括组织实施战场装备保管维护、使用管控、伪装防护、信息管理、缴获装备处理，以及战场装备清理、统计及总结等。

1. 战场装备保管维护

任务部队根据装备管理分工和装备战场管理的特点和要求、作战地区的自然地理条件等因素，选择、修建装备存放保管场地（所），建立健全保管措施，制定紧急疏散预案，严格执行值班、警戒（警卫）、进出登记等制度。参战人员根据装备性能和战场环境条件，妥善保管配发、执掌或者分管的装备，及时维护，保证装备随时能够用于作战使用。

2. 战场装备使用管控

任务部队严格执行战时装备使用管控有关规定，加强装备及其保障资源的管理，减少损耗，控制消耗，及时抢救、抢修战损和失去自救能力的装备，保持装备各项隐身性能，提高装备战场再生能力，立足现有装备完成作战任务。任务部队还要加强新型武器装备平台和新质作战武器装备管理，严格落实使用管理、检测检查、保管维护和伪装防护等制度规定，确保安全可靠、发挥作战效能。当面临落入敌手严重威胁时，在场最高指挥员可以决定采取紧急措施予以处置，事后及时报告。

3. 战场装备伪装防护

任务部队严格执行装备、器材以及各种设施设备伪装防护规定，严密组织装备的防护，根据战场环境构筑防护工事，利用信息化技术手段和就便器材加强伪装防护，及时发现和纠正存在问题。

4. 战场装备信息管理

战场装备信息管理围绕情况掌握、任务筹划、指挥控制、保障实施等环节，为指挥员及其指挥机构提供装备数质量信息、装备保障综合态势、装备数据产品定制与推送等服务；为任务部队和装备保障部队（分队）提供装备操作使用、保管维护、应急修理等方面的技术资料和数据信息。

5. 缴获装备处理

任务部队要根据缴获装备的情况，及时组织技术检查，视情进行整修，恢复其技术性能，按种类和用途编配部队；选择具有研究价值的装备，送交有关部门处理。

6. 战场装备清理、统计及总结

各级指挥员、装备部门应当随时掌握装备的管理情况，及时组织战场装备的清理、统计;结束作战时,应当组织为部队补充急需装备,抢救、抢修和后运损坏装备,及时恢复装备作战能力,做好善后工作,并进行战时装备管理总结。

二、作战准备阶段的战场装备管理

作战准备阶段,装备部门应当在平时装备管理的基础上,根据作战决心和作战准备计划,组织指导部队按时完成装备管理的准备工作。

(一)制定战场装备管理计划

战场装备管理计划,是在平时战备计划基础上依据作战需要预先做出的管理工作安排,是组织实施战场装备管理活动的基本依据。战场装备管理计划的制定,必须统筹兼顾,周密组织,力求符合战场装备管理实际。

(二)明确战场装备管理规定与指标

装备部门应当依据平时装备管理规定,结合作战任务和战场情况,尤其是装备在战场上使用的特点和要求,及时明确各类战场装备管理规定,严格规范战场装备管理活动。其主要内容有:按编配装备的用途合理动用装备,按技术规程操作使用装备,按战术技术性能保管装备,按部队建制存放装备,按管理岗位明确相应的责任,按条令、条例规定的职责组织实施装备管理活动。在非紧急情况下,通常不得改变装备编配用途,不得改变装备使用技术规程,不得变更装备使用的任务和指标。战场装备管理指标,主要包括装备在编率、完好率和参战率。制定和提出战场装备管理指标是一项技术性强、难度大、涉及范围广的系统性工作,必须科学合理。

(三)建立战场装备管理信息服务平台

建立战场装备管理信息服务平台主要包括:建立“装备管理法规子系统”,收集和汇编所有参战装备的管理条令、条例和规定等规章制度,为部队组织实施装备战场管理提供法规支持。建立“装备战场分布子系统”,收集和处理各部队装备的配置地点、使用、损坏、在修、储备等有关动态信息,为战场装备管理决策提供信息保证;建立“装备技术标准子系统”,汇集所有参战装备的战术技术性能指标、使用技术要求、相关技术标准等资料,为各部队组织实施装备管理提供标准信息;建立“装备远程技术支援子系统”,由地方装备科研生产机构、部队院校的专家组成专家咨询组,通过网络为一线部队装备管理提供远程技术服务。

(四)组织战场装备管理的协同

战场装备管理涉及范围广,装备部门应主动加强与参谋部门、后(联)勤部门的协同,按职尽责,密切配合,形成抓战场装备管理的合力。应协同参谋部门将战场装备管理纳入战场管理计划,把装备人员使用训练作为临战训练的重要内容,按战前训练计划组织指导部队进行技术强化训练,以实现人与装备的最佳技术结合;应协同后(联)勤部门将装备管理设施建设纳入装备保障计划,协调构建野外车(炮)场、弹药库、装备储备库、导弹检测场、野战机场、临时码头等装备管理设施,抢建与扩建码头、机场,改善战场装备管理条件。

三、作战实施阶段的战场装备管理

作战实施阶段,装备部门和任务部队应当及时掌握各种装备战场管理情况,依据作战要求,根据战场实际情况实施装备管理。

(一)及时修改战场装备管理计划

在作战实施过程中,装备部门应当随时了解和掌握各种装备使用情况,按照作战指挥员的指示,根据作战行动和战场变化的实际,以作战急需装备的管理为重点,及时修改或调整战场装备管理计划,协调控制各部队的战场装备管理活动。

(三)指导部队合理使用装备

战时装备动用频繁,使用管理环境变化经常,特别是在紧急情况时,难以按装备使用规定动用装备,装备部门应当采取强有力的措施,指导各部队严格执行装备使用规定。就装备整体而言,要按编配用途使用装备,无特殊情况或不经作战指挥员批准,不允许随意更改装备的编配用途,不能将装备配套的器材挪作他用。就某一类型装备而言,要按战术、技术性能规定正确使用装备,依据装备的战术、技术参数和装备体系的结构特点,在规定的装备使用范围和限度内正确使用,以保证装备在最佳状态下发挥作战效能。

(四)指导部队实施装备的战场防卫与防护

装备战场防卫与防护特别是大型复杂装备及其系统的战场防卫与防护,是战场装备管理的一项主要工作。应在装备存(停)放场地部署必要的防卫警戒力量,修建必要的防护设施,搞好装备存(停)放场地的伪装,确保存(停)放装备安全。

四、作战结束阶段的战场装备管理

结束作战时,装备部门应当抓住部队休整准备、转移战场、集结等有利时机,及时组织部队清点、检查装备，妥善处理报废装备和缴获装备，做好遂行新任务的准备。

(一)组织部队进行装备整顿

在作战即将结束时，指挥机构装备保障要素应当及时下达装备整顿指示，指导各部队迅速展开装备整顿工作。一是组织装备普查统计。指导各部队及时统计上报装备的战场管理情况，收集并掌握部队所属装备的管理信息，向指挥员报告装备管理的有关情况。二是组织部队对现有装备进行检查。在部队休整、集结或待机地域，组织部队对现有装备进行全面技术检查和检修，提出继续使用、修理、转级的处理意见。三是及时进行战场装备管理指标考评。装备保障部门应当结合作战总结，对战场装备管理主要指标进行综合考评，并按照有关条令、条例的规定，及时实施奖惩。

(二)组织损坏、遗弃和缴获装备的收集与处理

在参谋部门的统一组织协调下，装备部门应当指导部队和装备保障力量，以及地方支前保障力量打扫战场，收集与处理战场损坏、遗弃和缴获的各种装备。一是划分打扫战场的任务分工。装备部门应当与参谋部门、后(联)勤部门加强协调，区分收集与处理战场损坏、遗弃和缴获装备的任务分工，搞好收集处理活动与战场防卫作战的协同，以及收集、后运损坏装备与战场运输的协同，保证收集和处理战场装备工作的顺利进行。二是明确战场装备处理的规定。装备部门应当根据作战结束时的战场情况，制定并下发战场装备处理规定，凡是能够现地用于作战的装备，应组织及时检修和鉴定，纳入装备调配与补充计划，补充到部队再使用；凡是不能现地使用和修复的装备，应组织收集并后运修理。

第三节　军事装备安全管理

装备安全管理是装备管理的重要内容之一，它渗透于装备管理的全过程，是所有装备管理人员必须始终关注的问题。为此，在装备管理中，各级、各部门都要从思想上加以重视，认真执行装备的有关规定，落实各项安全管理制度，坚决杜绝各种事故的发生，确保各项军事活动的顺利进行。

一、军事装备安全管理的作用

装备安全管理，是运用科学管理理论、原则、法规和手段，协调各种力量，预防装备事故和犯罪，避免装备非正常损失的活动，是部队一项经常性的工作。

(一)装备安全管理是生成、保持和提高战斗力的基础

人和武器是构成部队战斗力的基本要素,而事故、案件往往造成人员伤亡、装备损坏。装备是否安全无事故,直接关系到部队战斗力的生成、巩固和提高。特别是随着科学技术的迅猛发展,大量高技术的装备投入部队使用,成为军队战斗力的最明显的标志。这些装备使用得当,管理有方,就可以发挥出应有的效能;反之,如果装备在使用管理中出现问题,酿成事故,不但不能生成新的战斗力,还会影响甚至削弱部队战斗力。

(二)装备安全管理是完成作战任务的基础

军事行动离不开装备。军队人员只有在本职工作岗位上,不断研究和学习装备知识,熟悉装备的战术技术性能,掌握装备维护、使用的内在规律性,做到熟能生巧,在使用时灵活自如,出现问题和故障及时正确排除,这样才能保证装备的安全,否则难免发生事故。在当今高强度、高需求、高消耗的高技术战场上,装备就是战斗人员生命的保障,就是克敌制胜的利器,由于装备上的故障而发生事故,有可能影响战斗战役的进程,甚至影响整个战局。

(三)装备安全管理是部队全面建设的基础

装备安全管理是部队建设的一项经常性、综合性、基础性工作。平时当装备发生事故,特别是重大事故,直接损失人员与装备,对本单位工作造成不利后果。同时,还对官兵的心理和行为产生极大的消极影响,使一些人思想紧张,担惊受怕,谨小慎微,抑制工作活力,间接地削弱部队的战斗力,直接影响部队的全面建设。

(四)装备安全管理是装备可持续性发展的可靠保证

装备发展是一个动态的、不断发展的过程,只有加强装备安全管理,才能实现装备的可持续性发展。如果安全事故频发,将会制约或影响装备的可持续性发展。一是巨大经济损失,影响国防经费效益。任何新型武器装备的研制都需要人、财、物的巨大投入,而一旦发生事故,特别是在使用中出现事故,则可能使所有的投入都化为乌有。二是人员的损失,制约战斗力成长。培养熟练的武器装备使用维护人员,需要一个较长的过程,需要较大的投入,尤其是飞行、舰艇等特种专业技术人才的培养更是不易。发生事故直接损失原有的战斗力,迟滞新装备尽快形成战斗力,影响部队士气,甚至带来不良的社会影响。三是态势上的损失,迟滞发展进程。装备越先进、投入越多、地位越重要、任务越艰巨,一旦出现事故,损失就会越大,特别是对于一些不可替代的,一旦损失就会造成全局被

动。因此,在加快军队建设转型与抓紧军事斗争准备的形势下,安全管理成为装备持续性发展的重要保证。

二、军事装备安全管理的内容

装备安全管理,通常是指在装备全寿命过程中,为保证装备具有良好的安全特性和顺利遂行各种任务所进行的计划、组织、协调、控制、治理和贯穿其中的决策活动。概括起来,装备安全管理主要包括两个方面的内容。

(一)装备技术安全管理

装备技术安全管理,是在装备使用、维修与保管过程中,从技术的角度加强安全工作的组织管理,消除事故隐患,最大限度地避免因技术知识缺乏、技术操作不当、不按技术操作规程办事,蛮干、乱干、没有技术安全规程以及技术设备不完善、技术环境条件恶劣等引发的各类事故,有效利用和延长装备的使用寿命。

装备技术安全管理主要有以下三个方面的特征:一是技术性。技术事故是指由技术原因造成的对人员或装备不可挽回的较大损伤。技术原因主要包括人为因素和环境因素。人为因素是技术素质不高,业务不熟悉不会干、不按操作规程蛮干等。环境因素是装备、设备本身安全功能不完善,技术环境条件不良等。二是可控性。技术安全一般都可以通过正常的管理而得到加强,各级装备部门可以通过对加强装备可靠性及安全性设计、对装备保障人员进行技术训练、制定安全法规、改善技术条件等来保证技术上的安全。三是复杂性。由于技术事故的原因包括人的技术因素和客观技术因素,因而,一个事故可能有多种起因,后果可能是人身受到伤害,也可能造成装备损坏,使得技术事故处理起来相当困难。为此,加强技术安全管理既要控制人的技术因素,又要注重装备安全性,还要控制环境因素;既要防范人身受到伤害,又要防止装备受到损坏,增加了装备技术安全管理的复杂性。

(二)装备安全制度管理

装备安全制度管理就是通过建立健全安全管理制度,对装备安全工作实施有效的指导、督促与监控,保证各项管理制度落到实处,确保装备安全。

1. 装备安全管理首长负责制度

首长负责,是指在装备管理中,各级首长对本级所属装备安全管理负完全责任。由于首长权力集中,所以指挥高度统一、命令上通下达,对信息的获得速度和决策速度都比较快,因而管理效率高,管理责任明确。各级装备管理部门,都要从各自的工作任务和职责出发,制定本单位安全管理的具体制度,并抓好装备安全制度的管理工作,保证各项制度的落实,确保装备安全。各级装备部门对本单位装备管理工作负有直接的领导和监督责任;各级都应实行安全责任制,指定一名首长专门分管安全工作,并把装备安全管理列入议事日程,装备安全工作的绩效要与领导的政绩考核及奖惩任免相挂钩。

2. 装备安全学习教育制度

安全意识是安全管理的基础。安全教育应该具体、生动、及时、有效、有针对性地进行。特别是在新装备改装、重要科研试验、复杂条件训练、远程机动运输、实兵对抗演习、执行非战争军事行动任务等装备运用的关键环节,要坚持教育在先,预防为主,增强全体人员的安全意识,学习掌握装备安全知识,制定安全措施和应急处置方案,建立健全安全管理机制,提高安全防范和应急处置能力。

3. 装备安全检查和督促制度

部队装备管理和使用单位要建立严格科学的安全检查和督促制度。领导负责,亲自检查;机关尽责,经常抽查;基层落实,日常检查。基层一线单位都要指定安全员,按照需要定期或不定期地采取抽检或普检、自检或互检的方式,对装备安全管理进行检查。特别是航空装备的飞行安全、舰艇装备的航行安全、战略导弹的核安全影响重大,必须建立与落实严格的安全检查及监督制度,发现问题及时纠正解决。

4. 装备安全警卫工作制度

落实安全警卫工作制度是保证装备安全的重要措施。执勤人员要忠于职守,哨位要部署合理。外单位人员进入装备场所要经领导同意,并由有关人员陪同;车辆应检查证件并进行登记;库区严禁带入易燃易爆物品和点火用具,库区内严禁吸烟、烧荒、打猎、炸鱼等活动,未经批准,不得随意摄像、录像和绘图。同时,要对有关人员经常进行安全训练和演练,使其在遇到紧急情况时,会熟练使用有关安全设备,会处理有关的安全问题;还要注重运用电子识别、自动报警、远程监视等技术手段,完善配套安全设施设备。

5. 装备安全保密制度

要突出以装备信息安全保密为主的保密制度的建立与落实。装备信息涉及装备研制生产过程中的新材料、新技术、新工艺、新型号,装备管理中的规划计划、技术状态、运用方案、技术资料、保障能力、安全事故等重要保密信息,这些既是有关装备管理领导与职能部门履行管理职能的重要依据,又是不能对外公开,特别是不能被敌人窃取的重要情报。各类人员必须严格遵守装备安全保密规定,不得随意泄露有关装备重要信息。一方面,要严肃信息安全纪律,采取多种措施,严密防范网络泄密。另一方面,对机场、港口、阵地、库房、出入通道等重要场所,都要因地制宜地搞好伪装和防卫,并经常组织检查,落实安全保密制度。

6. 装备安全奖惩制度

落实安全奖惩制度是增强各类军事装备管理和技术人员的事业心和责任感,调动各级各类人员防事故保安全的积极性和主动性的重要手段。一是要建立安全奖励机制,制定可行的奖惩标准,明确装备安全管理的内容、标准和有关规范,做到有法可依。二是要奖罚适时,注重实效。对装备安全管理工作做得好,特别是做出重大贡献的单位和个人,要及时给予奖励,发挥引导激励作用。对屡出事故的单位和个人,要查明原因,果断处理,达到警示和教育效果。三是要把装备安全管理工作与单位和个人的实绩挂起钩来,把装备安全管理纳入军队整体建设之中,实行安全管理“一票否决制”,发生责任等级事故的单位当年一般不能被评为全面建设达标和先进单位。四是要全面总结安全管理工作的经验教训,探索新形势下信息化装备安全工作规律,创新安全管理新模式,促进装备安全管理的新发展。

7. 装备安全登记统计制度

装备安全登记统计制度是总结经验教训,分析事故发生原因,摸索事故发生、变化规律,以便及时采取有效措施,预防装备事故发生的有效手段。各单位应指定专人负责,对装备安全管理过程的各种情况,进行认真登记,并定期进行汇总上报。对装备安全登记统计的情况,各级装备部门要定期召开会议进行研究分析,对倾向性问题,及时对部队进行教育或整顿,修订安全措施,并把登记统计材料分类归档,及时用于指导安全管理工作。

8. 装备安全工作岗位责任制度

对装备安全管理的各项具体工作,都要建立明确的安全管理规定,做到职责到人、全程到位、不留死角。根据装备事故发生特点,预测事故发生频率,确定目标值,然后分门别类,层层分解落实到基层。在实施目标管理的同时,采取承包的方法,把岗位责任制真正落到实处,即从上到下,从单位到个人逐级承包,实行向上逐级负责,向下强化管理,承包双方签订安全合同,并把履行合同的优劣与实施奖惩结合起来,使目标与责任挂起钩来,达到各级既有明确的目标,又有明确的责任。

三、军事装备事故分析处理

装备事故的发生,将可能给部队装备建设乃至全面建设带来极大的危害,因此,各级各类人员,一方面要采取一切措施,防止和减少装备事故的发生;另一方面,要严肃、客观、正确地进行事故分析处理,杜绝类似问题的重复发生。

(一)事故的区分

装备事故按性质分为责任事故和非责任事故两类。责任事故,也称过失性事故。这种事故是由于主观上的原因造成了本来可以避免而未能避免的事故。如玩忽职守、不负责任、管理不善、指挥不当,或违反制度、规定、规程及技术要求,造成装备的丢失、损坏或性能严重下降等,均属责任事故。非责任事故,是由于产品质量上的缺陷、自然损耗或自然灾害等出现预想不到或不可抗拒的原因所造成的事故,如地震、洪水等造成的装备损坏,均属非责任事故。此外,对当事者来说,由于对方责任造成的事故,当事者一方是非责任事故。

(二)装备事故的表现形式

1. 人员伤亡

人员伤亡主要是指在装备事故中人体遭到不必要的伤害。主要有以下几种形式:一是撞击伤;二是切割伤;三是烫、烧伤;四是电伤;五是中毒。不管何种形式,带来的直接后果是人员的损失。

2. 装备损坏

装备损坏主要是在装备事故中装备遭到一定程度的损害,主要有以下几种情况:一是机械损坏;二是电器损坏;三是爆炸;四是失效。

(三)装备事故的原因分析

发生装备事故的原因主要有人的因素、装备因素以及环境因素三个方面。

1. 人的因素

保证装备安全关键在人。人的行为受到多方面的影响:一是思想麻痹。思想麻痹通常表现为领导和肇事者对事故丧失警惕性。二是违章操作。这主要是指违反条令条例、规章制度、操作规程等明文规定的程序和要领,从而造成事故。三是缺乏科学知识。当前部队部分官兵知识水平与军队现代化建设的要求还有一定的差距,因无知而导致事故。四是技术水平不高。因技术无能而导致事故。五是工作失职。主要是工作责任心不强、不履行职责而导致的装备事故。

2. 装备因素

影响装备安全的因素主要是装备的可靠性。一是装备安全性设计不完善,安全措施不得力,缺乏安全的预测、警告与识别,发生装备事故的概率必然较大。二是装备在生产制造时,个别零部件的质量不过关,特别是一些危及安全的主要零部件如果产品质量不过关,其装备的安全性也必然受到极大的影响。三是装备在使用过程中,部分零部件因磨损、老化失效等原因,其可靠性逐渐下降,当可靠性下降到一定程度后装备可能发生故障,若此时采取措施不得力,极易导致装备事故的发生。四是装备在维修过程中,由于检测、加工、制造设备的精度达不到要求,维修质量不高,导致装备的战术、技术性能不能得到很好的保证,在训练、作战、战备以及其他任务执行过程中,易造成装备损坏而发生事故。

3. 环境因素

造成装备事故的环境因素包括多个方面。气候环境的影响主要是指恶劣的大气影响装备的使用操作以及装备本身的技术状况。自然环境对装备事故也有很大的影响。对于以前的常规装备,影响较大的是温度和湿度,灰尘、阳光等也有影响。但是由于高技术装备大量使用电子、激光、夜视、计算机、隐身以及电磁等技术,这些装备的使用和保管对环境的要求增加了,不同的装备对雷电、静电、磁场、电磁场、光等条件要求很高,因此在保管、维修和使用过程中要注意其环境条件的要求。

(四)事故发生后的现场管理

事故发生后,现场人员应迅速采取一切应急措施,防止事故的扩大和蔓延。首先应迅速组织抢救受伤人员和重要物资,其次抢救一般物资。要想方设法采取一切措施减少损失,减轻事故的危害程度。要注意现场保护。在抢救伤员和物资的同时,现场人员还应注意事故现场的保护,不允许移动事故现场的装备和残留物,因抢救而移动现场者应设标志。事故发生后,应迅速设法向有关主管部门和自己的上级报告,在必要的情况下迅速报告当地公安、交通部门,听候处理。

(五)事故处理过程

处理装备事故是一项政策性、技术性都很强的工作,各级必须严肃认真,实事求是,尊重科学。在处理装备事故中要掌握以下几个要点:①客观事实是处理事故的依据;②各项技术规范、操作、使用规定是处理事故的准绳;③技术鉴定是处理事故的基础;④原因分析是处理事故的关键;⑤责任区分是处理事故的核心;⑥以责论处是处理事故的原则。

装备事故的处理过程一般分为技术鉴定、原因分析、责任区分、事故处理四个步骤。

1. 技术鉴定

技术鉴定是指对发生事故的装备进行技术勘查,对当事人进行调查并完整、准确记录下来的工作。装备事故发生后,各级应迅速组织有关技术人员,充分做好事故技术鉴定的各项准备。技术鉴定应注意和把握的几个问题:一是技术鉴定要保证其时效性,在短时间内迅速组织,不宜拖延时间过长;二是事故发生后,未经上级机关允许,装备所属部队(分队)人员不得擅自移动事故装备、破坏现场和分解检查;三是重大装备损坏事故技术鉴定,必须在上级机关的具体组织下进行,否则,鉴定结果不能作为事故处理的依据;四是装备损坏事故技术鉴定一般应在事故现场进行,若条件不具备,可经上级机关批准返厂进行鉴定;五是技术鉴定的步骤,拆卸、分解、检查部位应做好详细记录;六是技术鉴定后,机关人员应组织鉴定人员写出技术鉴定书面报告,参加鉴定的主要人员应在鉴定报告上签字,以示负责。

2. 原因分析

原因分析是在技术鉴定的基础上,找出造成事故的各种原因。原因分析是中间环节,既基于技术鉴定,又为正确鉴定当事人的责任提供依据。因此,它是处理事故的关键。原因分析的方法是在认定事实的基础上,依据装备操作使用规范及有关规定,明确当事人违章操作使用的成分,哪些是导致事故的主要原因和直接原因,哪些是次要原因和间接原因。同时,要区分造成事故的原因和造成后果的原因。

3. 责任区分

责任区分是处理事故的核心。事故当事人的责任,应在原因分析的基础上做出区分。在责任区分时,必须搞清事故的直接原因,因为它是造成事故的根本条件。第一,全部责任。完全由当事人违反装备操作使用规范造成的事故,其负全部责任。如超性能使用装备,造成装备损坏事故的操作使用人员应负全部责任。第二,主要责任、次要责任和一定责任。事故发生的直接起因者,负主要责任,其他与装备事故发生有关的人员或单位负次要责任或一定责任。第三,领导责任。发生装备责任事故单位的相关领导,负领导责任。

4. 事故处理

事故处理是善后工作最重要的部分,包括对人的处理和对安全状况的处理。对人的处理要特别慎重、准确,主要通过对有关责任人的惩罚和对有功人员的奖励等方式,改善人在安全系统中的作用。对安全状况的处理则是改善装备物质环境条件,消除不安全因素。尤其是对装备质量问题、性能问题、保障问题、管理问题造成的事故,要及时反馈到有关军工企业,通报有关部门及部队,要组织质量安全大检查,排除危及安全的故障隐患。对损坏装备的关键部件、客观图片、技术资料、处理记录等及时归档,妥善保存。

第四节　军事装备信息管理

军事装备信息管理是指对装备信息采集、存储、传输、分发、使用、安全防护等实施的管理活动。装备信息是指与装备工作有关的数据资料、情报、知识等。

一、军事装备信息管理的概念内涵

确定装备管理目标,进行装备管理决策,制定装备建设计划,实施装备工作的协调控制,都离不开信息。因此,加强装备信息管理,对于提高装备管理水平具有重要意义。

(一)基本任务

装备信息管理的基本任务:建立高效的装备管理信息系统,并实施有效的管理和控制;及时传递管理决策信息,并为决策提供充分的信息支持;制定并贯彻执行科学合理的信息管理规章制度;科学地组织装备科研、生产、使用保障过程中信息的采集、处理、传输、存储等工作,以较小的代价获取并及时地提供准确的信息;掌握信息使用流动情况,做好信息的使用跟踪和信息反馈工作;采用现代科学技术,不断提高信息的科学管理水平。

(二)基本原则

装备信息管理的基本原则主要包括:坚持集中统一领导,分级负责实施;强调注重效益,最大限度开发利用现有信息资源,提高提供装备信息的及时性、准确性、充分性、共享性和安全性,正确处理军事、经济、管理效益以及长期效益与短期效益之间的关系;坚持平战结合,既要提高平时装备建设的整体效益,更要适应战时装备指挥保障的需要;突出重点,全面规划,在保证重点方向、重点部位的基础上,带动装备管理信息化的全面发展;加强安全防卫,确保装备信息安全保密。

(三)主要要求

1. 实时

装备信息资源是一种流动性的开放式资源,而且具有一定的时效性,保持信息资源的动态更新,是不断保持和提升信息资源价值,以满足装备管理需要的基本要求。装备管理需要掌握部队的实时信息,装备信息资源保障应当优先满足快速、准确的现场实时信息需求。实时信息资源保障,需要尽快开发和研制实时信息资源融合技术,为部队提供实时信息融合所必需的信息感知技术、信息处理技术、信息分发与传输技术,以及相关的数据链设备。

2. 共享

共享不仅是信息资源的基本属性,也是实现信息资源价值最大化的基本要求。做到信息资源共享,需要提供共享所必需的网络环境和应用设备,同时,还需要制定适应信息资源共享的法律、法规、规章和技术标准,保证信息设备、武器平台、通信网络之间能够顺利接口,实现信息共享。

3. 可视

可视化是指通过数据转换使人们能够借助感官,直接接收和理解自己所需要的各种信息。这是实现人机互动(信息交换)、自动控制与自动化作战指挥的要求。

4. 规范

对装备信息资源实施规范化管理,目的就是保证信息资源无论出自何人之手,经过何种渠道,都能够顺利地实现信息的交流、交换和共享。

二、军事装备信息管理的主要内容

装备信息管理,是对装备信息流动全过程的管理,主要包括采取获取、分析处理、传输分发、信息存储、信息使用、信息反馈、安全防卫等内容。

(一)采集获取

采集获取是信息管理首要的、最基础性的工作环节,信息质量很大程度上取决于获取原始信息的质量。装备信息采集要做到准确、及时、全面。

为了提高信息采集工作的质量,应做到以下五个方面。第一,信息采集要有目的性。在装备管理工作中,装备部门可根据当前任务、以往的经验及上级的意图,利用装备管理信息系统,确定信息要求。信息采集要利用各种手段将尽可能多的真实数据采集到装备管理信息系统中。第二,信息采集要有时效性。要合理规划装备管理信息系统,合理使用高新技术装备信息采集的各种平台(如标准化、自动化的数据采集设备)和人力资源,讲究时效,主动采集,以保证信息提供的时效性。第三,信息采集要有准确性。真实可靠的信息是正确决策的重要保证。在信息采集过程中,必须坚持严肃认真的工作作风、实事求是的科学态度、科学严谨的采集方法。采集的原始信息一定要真实、准确,这是信息采集工作的最基本的要求。第四,信息采集要有系统性。在采集信息时,要开阔视野,保证原始装备信息采集的全面性,防止重要信息被遗漏。采集信息应系统完整,在纵的方面要保持历史连贯性,并反映出装备和装备管理发展演变的脉络;在横的方面要涵盖装备信息工作方方面面,并反映其相互印证的关系。第五,信息采集要有连续性。装备信息采集工作是连续的,只有连续的、动态的信息才能反映装备管理的规律。要对装备全系统、全寿命、全过程合理监控,以求掌握装备系统的发展变化。

(二)处理分析

处理分析是装备信息管理的关键环节,要对获取的大量原始信息进行分类归纳、融合处理和综合分析,聚同分异,去粗取精,去伪存真,使之系统化、条理化,以便保存、传输和使用。

(三)传输分发

信息只有及时有效地传送给使用者,才能起到应有的作用。在信息的传输过程中,必须高度重视传输效果。信息传输的效果主要表现在传输的速度和质量上。传输速度决定了信息传输的时效性,传输质量决定了信息传输过程的保真性,二者是密不可分的,高效的信息传输必须是时效性和保真性的统一。装备信息主要通过军用通信网络实现快速、准确的传输。

(四)信息存储

信息存储是信息管理的必要环节,是使信息得以持续运行的长期性工作,应注意信息储存的有序性、保真性、共享性和安全性。计算机的广泛应用和其他存储技术的发展,为信息存储工作创造了有利条件,不仅可以存储大量的信息,而且可以进行快速的检索查询,及时为用户提供所需信息。当然,信息的存储并非杂乱无章的信息堆积,而是在对信息进行科学分类和整理基础上的有序排列。

(五)信息使用

正确地使用信息是信息管理的最终目的,装备信息管理应对装备信息的使用进行跟踪监督,根据信息使用者的需求,及时准确地把有关信息提供给使用者。提供的信息既要简明扼要,又要完整全面。装备信息要突出技术质量状态、作战使用要求、安全管理信息等。装备信息管理还要协助使用者正确把握和理解所供信息,保证装备信息的科学合理安全使用。

(六)信息反馈

信息反馈是及时发现工作偏差、有效进行协调控制的重要手段,也是获取最新信息的重要途径。在装备管理活动中,把决策实施过程中产生的新的信息及时反馈给决策者,使决策者能够依据新的信息,及时调整、修正决策方案或制定新的管理决策。

(七)安全防卫

装备信息的安全防卫是贯穿整个装备管理体系以及所有装备信息管理活动始终的重要工作。由于装备管理信息系统是军事综合电子信息系统的重要组成部分,在信息化条件下的现代局部战争中,装备信息的安全管理就更凸显其特殊的重要性,必须建立完善装备信息安全体系,确保装备信息的安全保密。

三、军事装备信息管理的实现途径

由于现代科技飞速发展,大量高新技术不断应用在各种装备上,使得装备在研制、生产、采办和使用、保障过程中产生的信息量呈快速增长,装备全寿命不同阶段,不同部门间对本阶段、本部门,以及其他阶段、其他部门间的信息需求也不断增加。必须在全寿命各阶段、不同协作部门之间构建完善的信息流动和反馈渠道,营造全寿命信息要素的共享环境和共享平台,使军事装备生成、使用的各阶段、各部门能够及时、准确地获取各种装备信息。实现这一目标的途径主要如下:

(一)建立分层次的信息管理机构和相关体制

当人类社会发展到信息化时代时,传统的金字塔形组织管理体制因其管理层次多、组织机构庞杂,导致信息在体制内部的传输和反馈渠道受到阻隔,信息失真失效现象严重,不能适应信息技术广泛应用对组织体制的要求。根据信息技术的发展和应用需求,不断改革和调整组织管理体制,已经成为当代社会管理变革的重要内容。如美国海军部设立了信息主管职位和相应机构,规定以信息要素管理为其基本任务。

装备信息管理致力于研究信息技术发展与应用对装备全寿命组织体制的可能影响,并充分利用这种影响,对装备全寿命过程各阶段、各部门的业务工作流程进行重组,减少业务管理层次,调整和增加专门负责信息要素管理的组织机构和人员编制等,依靠管理体制的变革和调整不断提高信息技术的应用效益。

(二)规定装备信息管理的标准和方法

装备管理部门、企业、研究所、部队等各种部门或单位在装备全寿命过程中对信息需求往往不一致。由于缺乏统一的标准、要求、工作程序和方法,各具体部门或单位往往只对涉及自身的信息需求给予重视,对于其他部门或单位的信息需求不甚了解,影响全寿命过程中装备信息的共享。装备信息管理应有统一的数据格式标准、统一的统计登记指标、统一的信息分析处理程序和方法,以形成装备全寿命信息的共享环境,以便各部门或单位能够在正确的地点、合适的时间获得所需信息。

(三)建设并运行装备管理信息系统

装备管理信息系统是进行有效管理、正确决策和实现现代化管理的重要手段，也是装备管理信息化功能的载体和信息化建设的物化成果，体现了装备管理信息化建设实效。通过装备管理信息系统建设和运用，将先进的信息技术和手段，渗透和融入装备管理工作中，将装备管理工作的知识、流程、规则以及经验、技能等固化为信息化的智能工具，从而将装备管理的各个环节紧密地联系起来，形成一个有机的整体，互相协调一致，以提高装备管理的整体效益。

（四）构建装备信息安全体系

构建信息安全体系是实现信息和信息系统安全的前提条件，装备信息具有高度的涉密性，信息安全始终是一个难以回避又必须重视的问题。根据装备信息系统的实际情况，以及未来信息安全的发展趋势，结合信息安全防护技术和产品的现状，为确保装备信息与信息系统的安全，必须从整体上考虑信息安全，以自主研究开发为基础，构建一个技术先进、管理高效、防护严密的装备信息安全体系，确保海军装备信息的安全。

（五）为装备信息管理提供法规支持

装备信息运行的顺畅依赖于装备信息管理的法规制度。装备部门应制定相应的规章制度，确定装备信息管理的目标、重点、方式和方法；明确规定装备全寿命过程中各单位、各部门在装备信息采集、存储、传输、分发、使用方面的责任，形成与装备管理体制相适应的运行机制；规定信息系统开发、信息基础设施建设、信息系统和信息网络建设过程中必须遵循的原则和要求等。以确保装备全寿命各阶段、各相关部门能够以最低的制度成本、最便捷的方式，随时随地获得各种的装备信息。

思考题

1. 军事装备的日常管理主要包括哪些内容？
2. 如何理解军事装备日常管理“战管一致”的原则要求。
3. 现行的装备法规规章中，对于军事装备管理检查和考评，有哪些具体的要求？
4. 战场装备管理的主要任务有哪些？
5. 为什么说装备安全管理是保底工作，是圆满完成各项任务的“压舱石”？
6. 列举所熟悉装备的信息主要来源和采集方式。

参考文献

[1] 余高达,赵潞生. 军事装备学[M]. 2版. 北京:国防大学出版社,2007.
[2] 温熙森,匡兴华,陈英武. 军事装备学导论[M]. 长沙:国防科技大学出版社,2002.
[3] 李霖. 军事装备前沿理论与改革实践[M]. 北京:国防工业出版社,2010.
[4] 刘铁林. 军事装备学概要[M]. 北京:解放军出版社,2015.
[5] 李智舜,吴明曦. 军事装备保障学[M]. 北京:军事科学出版社,2009.
[6] 白凤凯. 军事装备采购管理[M]. 北京:国防工业出版社,2012.
[7] 郭世贞. 军事装备学经典原著选读[M]. 北京:军事科学出版社,2011.
[8] 徐永成. 装备保障工程学[M]. 北京:国防工业出版社,2013.
[9] 郭齐胜. 装备需求论证与方法[M]. 北京:电子工业出版社,2017.
[10] 张跃东. 竞争性装备采购论[M]. 北京:国防工业出版社,2015.
[11] 舒正平,等. 军事装备维修保障学[M]. 北京:国防工业出版社,2013.
[12] 苏宪程. 装备论证基础方法导论[M]. 北京:国防工业出版社,2017.
[13] 郭世贞. 军事装备思想研究[M]. 北京:国防工业出版社,2010.
[14] 赵卓. 颠覆性与战争形态演变[M]. 北京:国防大学出版社,2019.
[15] 周碧松. 国防科技创新和武器装备发展[M]. 北京:经济科学出版社,2017.
[16] 杨克巍,等. 武器装备采办管理[M]. 北京:科学出版社,2015.
[17] 毛国辉,刘宗胜. 军事装备法律制度概论[M]. 北京:国防工业出版社,2012.
[18] 于洪敏. 部队装备管理教程[M]. 北京:国防工业出版社,2014.
[19] 郭世贞. 马克思主义军事装备思想论纲[M]. 北京:军事科学出版社,2016.
[20] 陈新文,贺少华. 科技发展与战争形态演进透视[M]. 长沙:中南大学出版社,2016.
[21] 苏肆海. 战争的逻辑——从普鲁士崛起到两次世界大战[M]. 北京:新华出版社,2016.
[22] 徐英,王松山,等. 装备试验与评价概论[M]. 北京:北京理工大学出版社,2016.
[23] 李瑾,眷金生. 中外军事思想与战争实践[M]. 苏州:苏州大学出版社,2017.